갈무리 신서 7

소련의 해체와 그 이후의 동유럽

크리스 하먼·마이크 헤인즈 지음
이원영 편역

갈무리

1995

● 갈무리 신서 7

소련의 해체와 그 이후의 동유럽

- 초판인쇄 : 1995. 1. 25.
- 초판발행 : 1995. 2. 10.
- 지 은 이 : 크리스 하먼·마이크 헤인즈
- 편 역 자 : 이원영
- 펴 낸 이 : 서창현
- 펴 낸 곳 : 도서출판 **갈무리**
- 주   소 : 서울 영등포구 당산동 3가 327번지
- 전   화 : 635 - 6851 / 팩스 : 634 - 0768
- 등   록 : 1994. 3. 3. 제13 - 505호
- 값   : 7,000원

ISBN 89-86114-03-8 03920

★ 잘못 만들어진 책은 바꾸어 드립니다.

차례 / 소련의 해체와 그 이후의 동유럽

제1부 폭풍이 인다 : 소련과 동유럽에서의 혁명　크리스 하먼

소련의 해체와 그 이후의 동유럽 / 차례

제2부 계급과 위기 : 동유럽 사회들에서의 이행 마이크 헤인즈

【도 표】

편역자 서문

　소련과 동유럽이 서방 지배자들로부터는 철의 장막에 에워싸인 동토(凍土)로 비난되고 세계 각국의 좌익들로부터는 인간 해방의 위업을 이룬 '사회주의'로 칭송되던 시대는 지나갔다. 1985년 뻬레스트로이카의 개막과 더불어 세계 전역에서 타올랐던 뜨거웠던 논쟁들도 1991년 12월 소련의 해체와 때를 같이하여 깊이 가라앉았다. 오늘날 이곳은 더 큰 이윤을 찾아서라면 지구 끝이라도 마다하지 않는 투자자들의 관심거리로 변한 채 구유고슬라비아의 보스니아·헤르체고비나에서 1950년대초의 한국전쟁보다도 더 오래 지속되고 있는 기나긴 내전, 끊임없는 민족분쟁과 인종 청소, 거대 옐친 정권의 소국 체첸에 대한 무차별 침공, 시베리아를 비롯하여 구소련 각지를 뒤덮고 있는 환경오염, 날로 악화되는 경기침체 등 지옥을 방불케 하는 장면들을 나날이 새롭게 연출하고 있다. 이곳에서 앞으로 또 어떤 일이 더 전개될지에 대해서는 지금 그 어느 누구도 확신을 가지고 이야기할 수 없는 상황이 계속되고 있는 것이다.

　1989년을 전후해서 이루어진 구소련과 동유럽에서의 이러한 변화는 동과 서의 우익과 좌익 대부분에 의해 사회주의에서 자본주의로의 이행으로 받아들여지고 있다. 우익은 위에서 든 참상들을 '사회주의' 국가들이 봉쇄해 왔던 모순의 폭발로 설명하면서 시장경제로의 성공적 이행이 이루어지면 지금의 여러 문제들은 해결될 것이라고 주장하고 있다. 이런 가운데 좌익의 일부는 이러한 우익의 설명과 보조를 같이하면서 사회주

8

의가 아니라 시장의 도입과 활성화만이 현재의 문제들을 해결할 수 있는 마술적 힘을 갖는다고 주장하고 있다. 이들의 논리에 따르면 노동자계급은 시장의 마법이 불러오는 배고픔, 전쟁, 죽음과 추위를 언제까지고 끈기 있게 견뎌 나가야 할 것이다. 좌익의 또 다른 일부는 이 비참한 현실들을 자본주의 반혁명이 가져온 결과로 설명하면서 이를 옛 '사회주의' 시절의 '안정 및 번영'과 대비시키고 있다. 이들이 연방의 회복, 관료주도의 국가소유와 계획경제의 재확립 등의 복고적 방침에 이끌리게 될 것은 자명한 것이다. 이들의 논리에 따르면 노동자계급은 다시 거주 이전의 제한을 포함한 온갖 부자유, KGB와 강제노동 수용소, 노멘클라투라와 특권상점 앞에서의 소외의 시절로 되돌아가야 할 것이다.

이 책의 주요 내용

이 책은 최근 구소련과 동유럽에서의 이행이 '사회주의에서 자본주의로의 이행'이라는 널리 유행하고 있는 관념에 대한 도전이자 마르크스주의적 관점에서의 비판이다. 동유럽에서의 이행이 사회주의에서 자본주의로의 이행이라고 보는 관점은 1989년에서 1990년대초에 있었던 동유럽에서의 격변을 자본주의 반혁명(우익의 입장에서는 전체주의에 반대하는 민주주의 혁명)이라고 보는 관점과 결부되어 있다. 이러한 관점은, 동유럽에서의 이행 과정이 반혁명 과정으로서는 너무나 평화적으로 이루어졌다는 점과 이행 이후에도 구래의 지배계급이 그대로 새로운 사회의 지배계급으로 행세하고 있다는 점을 설명해 주지 못한다는 것이 크리스 하먼과 마이크 헤인즈의 주된 문제의식이다. 하먼은 1928년 전후 스딸린주의 형성기에 1989년보다도 오히려 더 많은 폭력이 동원되었다고 설명한다.(본서 59~60면) 루마니아를 제외하면 대부분의 나라에서의 이행은 평화적이었다. 게다가 이행 이후에도 지배계급의 중앙권력은 전혀 상처받지 않은 채 그대로 남아 있다.(본서 139면) 과거의 지배정당이었던 공산당이 몰락하고 일부의 지도급 인사들이 투옥되었지만 기업총수들, 각료들, 장군들, 심지어 대부분의 경찰서장들은 전과 다름없이 예전의 그 자리에 그대로 앉아 있는 것이다. 하면과 헤인즈는 어떻게 동유럽에서의 이행이 그토록 평화적일 수 있는지, 그리고 이행에도 불구하고 과거의 지배계급이 어떻게 아무런 상처도 받지 않고 사회에 대한 통제권을 여전히 장악할 수 있는지를 풀기 위해 이행 이전의 소련·동유럽 사회가 과연 어떤 사회였는가에 대한 분석에서부터 논의를 시작한다.

제1부 「폭풍이 인다: 소련과 동유럽에서의 혁명」의 전반부와 제2부 「계급과 위기: 동유럽 사회들에서의 이행」의 첫 세 개의 장은 이행 이전의 소련·동유럽 사회가 사회주의가 아니라 국가자본주의였다는 것과 그 국가자본주의의 위기가 이행의 전제조건임을 설명하는 데 할애되고 있다. 구소련과 동유럽이 사회주의가 아니라 국가자본주의라는 인식은 토니 클리프의 『소련 국가자본주의』(책갈피, 1993)에서 논리적으로 해명되었고 크리스 하먼의 『동유럽에서의 계급투쟁: 1945~1983』(갈무리, 1994)에서 역사적 실증을 거쳐 심화된 바 있다. 이 책에서 하먼과 헤인즈는 이전 논의의 기초 위에 서서 뻬레스트로이카 이후 소련과 동유럽에서의 이행을 강제한 사회역사적 조건과 위기의 성격을 치밀하게 분석한다. 국가자본주의는 상대적으로 후진적인 나라들에서 국제적 경쟁을 수행하는 방법이며 일국의 핵심적인 생산력을 국가가 장악할 수 있게 된 단계의 자본주의였다. 하먼은 이러한 국가자본주의에서도 지배계급은 온갖 대가를 치르고서라도 축적을 하지 않을 수 없고 그 결과 자신의 지배의 기반을 침식하는 부정적 결과를 낳는 것을 피할 수 없다고 말한다. 즉 축적의 진행은 외연적 축적의 기반을 허물어 착취 방식의 변경을 강요하며 자본의 유기적 구성을 상승시켜 평균이윤을 압박한다. 또 국가자본주의의 효율성을 입증하는 것으로 보였던 생산력의 지속적 성장은 생산의 국제화를 진전시키면서 생산을 협소한 국경내에 제한시키는 국가자본주의적 생산을 비효율적인 것으로 만든다. 그리고 무엇보다도 국가자본주의는 자신의 무덤을 파는 주체, 즉 대규모의 노동자계급을 형성시킨다. 바로 이러한 모순 이해에 기초하여 하먼과 헤인즈는, 동유럽과 소련에서의 이행이 세계경제의 압력에 대한 국가자본주의 관료 지배계급의 대응과 아래로부터의 노동자계급 대중의 압력이라는 두 가지 차원의 운

동이 합류한 산물이라고 이해하게 된다.(본서 174면)

하먼은 연방의 해체를 가속시킨 민족운동의 발전과 노동자 파업투쟁의 발전, 그리고 상층에서 전개된 보수파와 개혁파 사이의 투쟁을 국가자본주의의 위기의 발현으로 설명하면서 「동유럽에서의 옆걸음운동」과 「다국적 자본주의와 동유럽 반대파들」에서 이 위기가 어디로 귀착되고 있는지를 규명한다. 그것은 한 마디로 표현하여 '기업을 경영하는 사람들이 당이나 국가관료들의 개입 없이 일국내에서, 그리고 국제적으로 경쟁하는 그러한 사회질서, 즉 새로운 다국적적(多國籍的)이고 시장적인 축적 방법'(본서 143면)이었다. 이것은 폭력적 충돌의 위험을 전혀 내포하지 않는 정치적 변화의 길이었다. 이러한 전망 하에서 낡은 일당 체제를 해체하기 위해서는 상층 내부의 협상을 주로 하면서 거기에 매우 제한된 아래로부터의 대중 압력을 결합시키는 것만으로 충분했다는 것이 하먼의 설명이다.

지배계급은 이러한 이행을 보다 부드러운 방식으로 수행하기 위해 대중적 권위를 갖고 있는 반대파로부터 지원을 구했다. 반대파는 국가자본주의 체제에 대해 반대하면서도 명확한 정치적 전망을 갖고 있지는 못했다. 그럼에도 불구하고 그들은 시장경제로의 이행이 불가피한 것이라고 받아들이고 있었는데 이같은 반대파의 정치적 불명확성이 위기에 처한 지배계급을 도왔다. 폴란드에서 연대노조가, 체코슬로바키아에서 시민포럼의 하벨이 집권하게 된 논리가 바로 이것이다.

시장경제로의 이행이 무엇을 가져왔는가에 대해서는 제2부에 실린 헤인즈의 논문이 보다 많은 지면을 할애하여 상세하게 취급하고 있다. 「볼리비아 모델과 긴축의 논리」, 「시장 모델의 매력」을 비롯하여 그에 이어지는 일곱 개의 장들은 국가자본주의에서 다국적 자본주의(초국가자본주의)로의 이행이 국가자본주의에서 배태되어 온 사회적 위기의 해결이 아니라 그것의 심화임을 여실히 보여준다. 1991년 이후 동독과 동유럽, 그리고 소련에서 산업생산이 급격히 감소하였고 블록 내부의 무역에서 동서간의 무역으로 형태를 전환한 무역에서는 적자가 누증하고 있다. 80년대초 라틴 아메리카를 휩쓸었던 것과 같은 외채위기가 운위되고 있는 것은 이 때문이다. 천정부지로 치솟는 인플레이션과 대량 실업은 대중의 생활수준을 급격히 하락시켜 사회적 불안정을 키워 가고 있다. 시장경제로의 전환이 이루어지면 물밀듯이 몰려오리라고 기대했던 서방의 자본들은 투자와 원조에 극히 인색한 태도를 보이고 있다. 헤인즈에 따르면 서방 자본이 소련과 동유럽으로 진출하지 않고 있는 것은 세 가지의 현실적인 이유에서 비롯되고 있다. 첫째로 서방 자신이 당장, 동유럽 구제에 나설 수 없는 그들 자신의 실제적 문제들을 안고 있으며 둘째로 오늘날은 전후 미국이 주도하던 세계경제에서와는 달리 경제적 상황이 훨씬 더 경쟁적이기 때문에 서방 국가들이 다른 국가를 무임승차시켜 줄 여유가 없으며 셋째로 동유럽의 향후 전망이 매우 불투명하기 때문에 투자 위험이 지나치게 높다는 것이다.(본서 226~227면) 해외 자본의 유입이 미미한 것과는 대조적으로 외채에 대한 이자 지불과 불법적인 자금 유출로 해외로 빠져나가는 화폐량은 나날이 커 가고 있는 실정이다. 게다가 불안정이 커 가면서 동유럽 각국으로부터 다른 곳으로 빠져나가는 이주민 —— 숙련 노동자를 포함하여 —— 의 수는 늘어만 갔다. 이것이 이번에는 동과 서에 인종주의적 감정과 반인종주의적 폭력을 불러오고 있다.

시장경제로의 이행이 가져온 이같은 어려움들이 동유럽 사회들의 여러 계급들에게 균등하게 분배되고 있는 것이 아니라 노동자계급 및 농민 대중들에게 전가되고 있다는 것이 헤인즈가 제시하는 또 하나의 중요한 주장이다. 구래의 지배계급은 요란스런 사유화(私有化) 과정에서 과거의 정치적 권력을 지렛대로 이용하여 쉽사리 경제적 생산수단에 대한 사적 소유자로 변신하였다. 과거의 불평등이 그대로 온존된 것이다. 여기에 동유럽에 진출한 서방 기업들까지 동유럽에 존속해 온 과거의 불평등한 사회관계의 온존을 바랐다. 이 불평등한 사회관계가 착취의 안정을 꾀하는 데 더 도움이 되었기 때문이다. 이제 위기의 대가는 전적으로 동유럽의 노동자계급의 몫으로 지워져 이들은 앞서 언급한 실업의 증대와 물가상승 외에도 임금하락, 노동강도의 강화 등의 고통을 겪게 된다. 이로부터 헤인즈가 내리는 결론은 다음과 같다.

우리는 지금 계급사회들을 눈앞에 바라보고 있다. 이 계급사회들은 공통의 생산 양식에 뿌리를 두고 있으며 여기에서 변화하고 있는 것은 본질이 아니라 형식일 뿐이다. 이 점을 이해하지 못하면 도대체 어떻게 상층부의 전복에도 불구하고 똑같은 사람들, 똑같은 가족들, 똑같은 사회적 연계망들이 1980년대에 그랬던 것과 똑같이 1990년대에도 행복한 운명을 누리고 있는지 이해할 수 없게 된다. 그들이 서로 잡담을 나누며 서로 사귀어 나감에 따라 그들은 때때로, 이제는 사라지고 없는 약간의 옛 친구들을 위해 얼마간의 시간을 할애할지 모른다. 하지만 그들은 사회의 이행에도 불구하고 자신들이 여전히 상층에 있다는 보다 커다란 전체를 시야에서 놓치지는 않을 것이다. 그들의 발 아래에는 똑같은 노동자계급이 놓여 있다. 이들은, 과거에 그랬던 것과 똑같이, 상층계급의 부와 특권을, 그리고 자신들의 무능력을 어깨에 짊어지고 계속해서 이를 져 나르는 일을 하고 있다.(본서 248면)

바로 이러한 사실들로부터 우리에게는 '도대체 동유럽의 좌익은 어디에 있는가'라는 물음이 자연스럽게 떠오르게 된다. 하먼의 논문 중 「다국적 자본주의와 동유럽의 반대파들」에 이어지는 두 개의 장과 헤인즈의 논문 중 「좌익의 방향 상실」에 이어지는 두 개의 장은 이 물음에 대한 나름대로의 대답을 담고 있다. 동유럽의 좌익은, 국가자본주의의 폐해가 시장경제로의 이행을 통해 치유될 수 있다는 지배계급내 개혁파의 이데올로기에 동조한 바 있다. 바로 이 때문에 지금 분명하게 드러나고 있는 다국적 자본주의의 모순에 대해서는 속수무책의 처지에 놓여지게 되었다는 것이 하먼과 헤인즈의 진단이다. 이같은 좌익의 방향 상실로 인하여 노동자계급과 농민은, 자신을 착취하고 억압하는 지배계급이 아니라 이주민과 이민족에게 분노의 화살을 돌리도록 만드는 민족주의 정치 세력에게 이끌리고 있다. 이것이 이곳의 위기를 해결하기는커녕 그것을 장기화시키고 더욱 심화시키는 요인으로 될 수밖에 없다는 것은 지난 5년여에 걸친 민족 분쟁의 역사가 이미 생생하게 말해 주고 있는 것이다.

1990년대 남한에서 이루어진 소련·동유럽에서의 이행 연구

소련과 동유럽에서의 격변이 미친 영향은 전 세계적인 것이었다. 소련을 비롯한 동유럽 각국에서 공산당 활동이 불법화되면서 서방의 스딸린주의 좌익은 심각한 혼란에 빠져들었다. 세계 어느 나라보다도 스딸린주의에 대한 경사(傾斜)가 심했던 남한의 좌익도 예외가 아니었다. 1980년대 후반 뻬레스트로이카 논쟁에서 최근의 탈마르크스주의 논쟁에 이르는 남한 이론투쟁의 궤적 속에는 너무나 갑작스럽게 닥쳐온 소련 및 동유럽 정권들의 붕괴에 대한 당혹감이 깊게 아로새겨져 있다.

(1) 소련 해체 이전 남한에서의 소련·동유럽 이해

되돌아보면 남한의 좌익은 스딸린주의 붕괴 직전에 스딸린주의를 본격적으로 학습하기 시작하는 역설적 상황에 놓여 있었던 것으로 보인다. 분단으로 인해 냉전의 영향을 세계 어느 곳보다 직접적으로, 그리고 강하게 받게 되었던 남한에서 스딸린주의는 수십 년 동안 공안적 단속의 대상이었다. 스딸린주의가 해방의 이데올로기로 인식되고 스딸린주의 동유럽(과 북한)이 '현존하는 사회주의'로서 해방의 공간으로 동경되었던 것은 바로 이같은 공안 통치가 빚어낸 거울상(像)이기도 했다. 1980년대 중반에 마르크스주의 고전이 해금되자 소비에트 과학아카데미를 중심으로 하는 소련 저작들(과 한민전 방송)이 본격적으로 소개되었고 마르크스주의 고전들도 이 스딸린주의 저작(및 방송)들의 스펙트럼을 통해 굴절되어 받아들여졌다. 80년대초에 마르크스주의를 비춰 주던 색유리창 역할을 하던 프랑크, 아민 등의 종속이론과 루카치, 아도르노 등의 서구 마르크스주의는 이들 스딸린주의화된 '마르크스·레닌주의'에 길을 비켜 주어야 했다.

남한 이데올로기 지형의 이러한 변화는 물론 이데올로기 내적인 문제만은 아니다. 그것은 한국 자본주의의 발전과 긴밀히 결부되어 있다. 1960년대초 이래의 급속한 국가자본주의적 축적은 이농민들의 노동자로의 전화와 노동자 대중의 확대재생산을 촉진시킴으로써 거대한 노동자계급을 형성시켰다. 노동자계급의 운동은 80년대 중반까지 폭압적인 권

14

위주의 통치로 인해 봉쇄되고 있기는 했지만 그것의 분출이 불가피하리라는 것은 70년대말에 박정희 정권의 붕괴를 가져온 일련의 대중소요 속에서 이미 예고되고 있었다. 1987년 6월의 민주화투쟁을 계기로 마침내 터져 나온 그해 7~9월의 노동자계급 투쟁은 민족주의적 정치를 지시하는 종속이론과 학술주의적 경향의 서구 마르크스주의로부터의 전환을 촉구했다. 그 전환이 다른 방향이 아니고 '정통 마르크스·레닌주의'와 '주체사상'이라는 스딸린주의의 방향을 취하게 된 것은, 한편에서는 분단이라는 남한적 특수성과 결부되어 있으며 다른 한편에서는 당시의 운동이 노동자계급 대중운동의 고양에도 불구하고 정치적으로, 그리고 사상적으로는 여전히 지식인 및 학생층에 의해 선도되고 있었던 사실과 결부되어 있다. 이미 쇠퇴기에 접어든 스딸린주의적 일국사회주의와 신생의 노동자계급 운동을 결합시키려 했던 남한 스딸린주의 운동의 모순에 찬, 그리고 단명했던 일생은 이렇게 해서 시작된다.

이 운동은 소련이 수십 년간에 걸쳐 밟아 나간 스딸린주의의 전 과정을 짧은 기간 동안에 압축적으로 밟아 나가지 않으면 안되었다. 태생기의 남한 스딸린주의 운동에게 소련 '사회주의' 해체의 전주곡이었던 뻬레스트로이카가 당혹감이 깃든 논쟁의 불길을 지피지 않을 수 없었던 것은 이러한 사정에서 연유한다. 당시의 논쟁에서 남한의 스딸린주의 각 정파들과 논객들 대부분은 뻬레스트로이카에 대한 전폭적 지지인가(중도 개혁파를 지지한 황태연 등의 경우1)) 비판적 지지인가(보수파를 지지한 ND와 PD 일부의 경우)의 차이는 있었지만 뻬레스트로이카 그 자체가 '소련 사회주의'가 거쳐 나가지 않으면 안될 하나의 필연적 과정인 것으로 인식하고 있었다. 심지어 그것을 일보후퇴라고 바라보는 사람도 그것이 이보전진의 가능성을 담고 있다고 보았다. 그러나 뻬레스트로이카의 종착지는 '사회주의'의 강화가 아니라 하나의 소극(笑劇)으로 끝난 8월 쿠데타와 소비에트 연방의 해체였다. 쿠데타를 기회로 역이용하여

---

1) 황태연, 「소·동구권의 혁명적 체제 개혁과 사회주의 이념의 전면적 자기구현 과정」, 『사상문예운동』, 1989년 겨울.

정치적 주도권을 장악한 옐친은 이후 급진적 시장경제의 도입, 공산당의 불법화, 국유재산의 사유화 등 흔히 '자본주의로의 이행 정책'이라고 일컬어지는 정책들을 급속히 도입하게 된다.

(2) 동유럽·소련을 모종의 '사회주의'로 파악했던 관점에서의 이행 이해

1992년 이후 개막되는 남한에서의 탈마르크스주의 붐은 일차적으로는 소련 해체에 대한 즉자적이고 실용적인 대응에서 비롯되었다. 가장 발빠른 대응은 신식민지 국가독점자본주의론/PD 진영내에서 금융 종속의 약화 테제를 지지하고 있었던 이병천 씨로부터 나왔다. 그는 80년대 후반의 연구활동에서 소련 정치경제학자들로부터 지대한 영향을 받고 있었지만 1990년초에 들어서는 뻬레스트로이카/글라스노스트를 사회주의의 강화가 아니라 '마르크스주의의 위기'로 받아들이기 시작했다.2) 그의 방향전환을 매우 선언적인 형태로 표현하고 있는 논문 「맑스 역사관의 재검토」(1991년 10월 출간)에서 그는 마침내 이렇게 선언하기에 이른다.

> 오늘의 세계는 역사의 새로운 전환기에 들어섰다. 동구의 현존 사회주의가 붕괴되고 20세기초 러시아 혁명으로 시작된 역사의 한 순환이 끝나고 이제 새로운 순환이 시작되고 있다. 현존 사회주의 '진영'이 내재적으로 붕괴되면서 세계자본주의로의 통합 과정이 진행되고 있는 오늘, 현존 사회주의에서 프롤레타리아 정치와 사회의 공장화, 국가–당에 의한 시민사회의 파괴가 낳은 '좌익 전체주의', 국유화·계획화에 의한 '부족의 경제'를 수반하는 국가–당적 영유경제가 자본주의의 역사적 대안이 되지 못하고 실패로 종말을 고했다는 것은 이제 누구의 눈에도 명백한 사실로 되었다.3)

---

2) 이병천, 「현대 마르크스주의의 위기」, 『말』, 1990년 2월호 ; 이병천, 「현존 사회주의와 맑스주의의 종언」, 『전망』, 창간호 등 참조.
3) 이병천, 「맑스 역사관의 재검토」, 『사회경제평론』, 4호, 107면(강조는 인용자).

그는 자신이 '사회주의'라고 바라본 소련/동유럽 사회들의 붕괴와 그 것의 세계자본주의에의 통합을 목도한 후 곧장 정반대의 방향 즉 서방 자본주의에 대한 크나큰 신뢰를 표현하는 것으로 나아간다. '역사적 자 본주의에는 막다른 궁지, 종말적인 최후의 파국적 위기는 없었다'[4]거나 '현대 세계의 모든 혁명은 후진적·종속적 사회에서 일어났으며 …… 자본주의의 혁명적 붕괴는 선진 자본주의에서는 일어나지 않았고 앞으 로도 일어날 가능성은 없다'[5]는 자본주의 변호론적 인식이 그것이다. 그 러나 그는 '사회주의'에 대한 신뢰에서 자본주의에 대한 신뢰로의 이러 한 신념의 이동(이른바 개종)에만 머물지는 않는다. '사회주의' 붕괴의 책임을 묻는 그의 법정에는 마침내 죽은 마르크스가 불려 나오고 그에 게는 '합리주의적, 목적론적, 결정론적 역사철학'의 창시자라는 중죄가 부과된다. 바로 이것이, 그가 '사회주의'와 마르크스 앞에서의 '모든 의 혹'과 '모든 비겁'[6]을 버리는 방식이었다. 이렇게 해서 소련과 동유럽에 실존했던 사회는 ── 그에 의해 마르크스의 것이라고 주장된 ── '계몽의 교육독재론'과 '사회공장관', 그리고 '토대 상부구조론 및 프롤레타리아 독재론'[7]을 구현한 '사회주의' 사회로 남게 되었고 스딸린주의 공산당들 은 여전히 '사회주의' 이념의 담지자로 남게 되었다. 근본적 잘못은 그들 이 '사회주의자'였다는 데 있었던 것이 아니라 마르크스와 엥겔스가 창 시한 과학적 사회주의 그 자체에 있었던 것이다.

소련과 동유럽에 실존했던 사회를 '사회주의'로 보기 위해서는 생산수 단의 국가소유와 계획경제를 '사회주의'와 동일시해야 하며 생산수단을 둘러싸고 전개되는 인간집단들간의 실질적 사회관계, 즉 현실의 생산관 계가 어떠한지에 대해서는 눈을 감을 필요가 있다. 보다 정확하게 말하 면 생산수단에 대한 법적 소유관계와 경제운영의 형태를 실질적 생산관 계로 혼동할 필요가 있다. 이병천 교수를 뒤이어 나타난 남한의 이른바

---

4) 같은 책, 109면.
5) 같은 책, 108면.
6) 같은 책, 106면.
7) 같은 책, 144~148면.

'포스트마르크스주의자들'은 소련·동유럽 사회의 생산관계를 '사회주의적'인 것이었다고 승인한 위에서 낡은 생산관계의 파괴가 사회혁명의 중심 문제라는 마르크스의 인식을 폐기하고 생산관계 개념 대신 마르크스 이전적인 시민사회 개념으로 눈을 돌리게 된다.

> 동유럽 사회주의와 자본주의권의 사회주의 정치(사회민주주의를 포함해서)가 성공적이지 못했다는 것이 **자명해진** 마당에 전통적인 사고방식에 대한 의문은 어떤 방식으로든 제기되지 않을 수 없다. 비판 능력을 상실한 비판이론이라는 자가당착에 빠지지 않기 위해서는 낡은 개념을 새로 손질하고 생활력 있는 참신한 개념 장치를 발굴하며 현실이 요구하는 새로운 정치의 전망을 제시하지 않으면 안 될 것이다. 이 새로운 정치를 관통하는 맥관은 역시 '민주주의론의 현대적 재구성'이 될 수밖에 없다. …… 표준적인 마르크스주의의 입장에서 보면 이미 폐기 처분되어 창고에 박혀 있는 시민사회 개념을 다시 끄집어 내어 재구성하려는 시도도 이런 맥락에서 이해되어야 한다.8)

이런 인식 위에서 박형준 교수는 '마르크스가 시야에서 놓친 영역', 즉 '자본주의와 겹쳐지긴 했지만 자본주의의 총체화 논리에 모두 흡수될 수 없는 공적인 공간의 제도화와 그를 매개로 한 공론의 영역'9)을 경제로부터 독립된 하나의 자립적 영역으로 설정하게 된다. 그가 설정한 이 영역은 시민사회에 포함되어 있으면서도 생산의 영역이나 시장 및 교환의 영역으로 환원될 수 없는 영역들이다. 이렇게 해서 그에게서는 직접 생산자들의 생산수단으로부터의 분리 외에 가족, 학교, 교회, 다원적인 자발적 결사체, 여론매체, 규범적 제도, 병원 등 시민적 삶의 여러 형태들의 접합으로 이루어지는 공공적 시민사회의 분리가 근대의 또 다른 고유성으로 설정되게 된다. 이렇게 경제와 시민사회를 분리시킨 위에 그것들에서 독립된 국가 영역을 또 하나의 독립 영역으로 설정함으로써 일종의 3원구조론이 도출된다. 이같은 3원구조론이 토대·상부구조의

---

8) 박형준, 「시민사회론의 복권과 비판적 재구성」, 『마르크스주의의 위기와 포스트 마르크스주의·Ⅱ』, 9~10면(강조는 인용자).
9) 같은 책, 19~20면.

총체라는 마르크스의 개념보다 현실의 실상에 더 접근하는 개념인가 어떤 것인가는 하나의 쟁점이 될 수 있을 것이다. 하지만 이렇게 경제에서 자립적인 시민사회라는 공적 영역을 설정하고 그곳에서 사회변화의 주된 계기를 찾는 것이 '소련·동유럽 사회들의 경제, 즉 생산관계가 실제로 사회주의적이었는가'라는 문제제기를 억압하는 효과를 갖는다는 것만은 분명하다. 이병천 교수에게서도 그랬지만 박 교수에게서도 동유럽·소련의 사회가 사회주의였다는 것은 그것의 붕괴와 마찬가지로 분석의 대상이기보다는 그야말로 자명한 것이었을 뿐이다.

'화폐와 권력에 의해 물화된 영역 밖에서 의사소통 관계와 연대의 재출현에 의해 체계에 의한 생활세계의 식민화를 견제하고 시민사회의 이성적 자기조직화를 위한 제도를 형성해 가는 것'10)을 목표로 하는 포스트마르크스주의적 시민사회론의 정치학(이른바 급진민주주의론)은 특별히 동유럽 '사회주의'와 사회민주주의 국가에서 나타났던 '국가주의'적 정치에 대한 지양이라고 주장되어 왔다. 이러한 주장에 대한 가장 즉각적이고 직접적인 대응은 서관모 교수에게서 나왔다. 그는 포스트마르크스주의적 시민사회론이 '시민사회와 함께 국가의 민주화를 강조하는 것'이 아니라 시민사회에 어떤 특권적인 지위를 부여하는 자유주의적 경향을 띠고 있다면서 '시민사회에 대한 이러한 담론에 깔려 있는 것은 국가에 대한 패배주의'이며 '거수(巨獸)처럼 점점 더 강력해지는 것 같은 국가와 정면에서 유효한 투쟁을 할 의지나 전망의 부재가 이 국가 밖에서 민주주의의 왕국을 찾게 하는 것'11)이라고 비판했다. 경제에서의 자립화 경향을 갖는 포스트마르크스주의적 시민사회론의 문제점을 비판하는 것이 아니라 그것을 승인한 위에서, 그것에 국가라는 또 하나의 차원을 첨가하려는 이러한 비판 방향은 소련·동유럽의 경제적 생산관계 분석의 필요성을 은폐하는 또 다른 방식으로 보아야 할 것이다. 이같은 비판에서 그가 기대고 있는 입지점은 아이러니컬하게도 '국가·시민사회 대당

---

10) 같은 책, 27면.
11) 서관모, 「국가, 시민사회, 이데올로기」, 『이론』 1993년 가을호, 64면.

은 프롤레타리아트 정치의 무덤 또는 밀실이다'라는 발리바르의 1980년 대초·중반의 명제이다.12) 서 교수는 이러한 입장에 서서 마르크스에게 정치이론이 없는 것이 아니라 그의 프롤레타리아트 정치 개념에 뭔가 문제가 있다고 설명한 후, 마르크스도 국가·시민사회의 대당에서 완전히 벗어나지 못하고 '정치의 종언'과 '프롤레타리아트 정치', 무정부주의와 국가주의라는 두 축 사이에서 동요했다고 비판한다. 그러나 서 교수에 따르면 마르크스에게는 바로 이 동요를 넘어설 수 있는 이론적 영역이 존재한다. 그것은 그의 정치경제학 비판이다. 이곳에서 마르크스는 16~17세기 이래 부르주아 이데올로기의 모든 운동이 최대한 서로 격리하려 한 두 개의 현실, 즉 경제와 정치, 그리고 노동과정과 국가 사이를 단락(短絡 : short circuit)시킨다. 핵심적으로 그것은, '부불의 잉여노동이 직접적 생산자로부터 추출되는 종별적인 경제적 형태가 지배·종속관계를 결정한다. …… 우리가 전체 사회구조의, 그리하여 또한 주권·종속 관계의 정치적 형태, 요컨대 그때 그때의 종별적인 국가 형태의 가장 깊은 비밀과 은폐된 토대를 찾아내야 하는 곳은 …… 언제나 직접 생산자에 대한 생존조건 소유자의 직접적 [무매개적] 관계 속에서다'13) 라는 명제이다. 그러나 발리바르가 그랬듯이 서관모 교수는 이 명제를 이론적 사유의 한 계기 이상으로 취급하지 않았다. 만약 이 명제에 보다 진지하게 머무르면서 그것의 현실 연관성을 천착해 들어갔다면 소련·동유럽의 국가 형태와 전체 사회구조, 그리고 지배·종속 관계의 비밀은 그곳의 직접생산자들에 대한 생존조건 소유자의 직접적 관계 속에서 모색되었을 것이기 때문이다. 만약 그랬다면 '소련이 과연 생산수단에 대

---

12) 소련·동유럽의 붕괴가 갖는 의미를 분석하기 위해 서 교수가 '프롤레타리아 정치'라는 발리바르의 개념에 기댄 것은 알뛰세르주의의 역사에서 보면 하나의 시대착오였다. 정작 발리바르는 소련·동유럽의 붕괴가 확실해진 1990년대에 들어서는 '프롤레타리아 정치'로부터 '인권의 정치'로 이전했던 것이다(에띠엔느 발리바르 외, 『알뛰세르와 마르크스주의의 전화』, 이론, 1993년에 실린 「마르크스주의 전화'의 전망 : 인권의 정치와 정치의 탈소외」 참조).

13) 같은 책, 86~87면에서 인용.

한 직접생산자의 계획과 통제가 구현되는 사회주의 사회였는가'라는 보다 본질적인 문제 —— 알뛰세가 말년에 들어서 비로소 제기했던 질문 —— 를 진지하게 다시 제기하는 것이 가능했을 것이다.

정치경제학 비판을 보다 철저하게 현실적으로 밀고 나갈 것이 요구되는 바로 이 지점에서 서교수는 '마르크스의 단락은 노동의 정치에 있다'는 간단한 정리를 제시한 후 곧장 마르크스 정치경제학 비판의 한계를 설정하고자 하는 관념적 욕구에 이끌린다. 이후에 전개되는 그의 논리는 이렇게 요약될 수 있다. '마르크스의 역사철학의 기저에 있는 것은 노동의 인간학이다 ; 역사의 물질성을 사회적 관계에서 찾는다 할 때 물질적인 것이 노동관계만인가 ; 종족적 갈등, 성적 분할, 지식의 분배 및 성격에 관련된 적대도 보편적이다.'14) 마르크스는 '부불의 잉여노동이 직접적 생산자로부터 추출되는 종별적인 경제적 형태'가 전체 사회구조, 지배종속 관계, 특수한 국가 형태의 토대라고 설명했을 뿐이다. 이 명제로부터 '노동의 인간학이 마르크스 역사철학의 기저'라는 명제를 도출한 것은 전적으로 서 교수의 사변적 능력 —— 달리 말하면 정치경제학 비판을 철학으로 뒤바꾸는 능력 —— 혹은 경향이었다고 해야 할 것이다. 모든 것을 회색으로 만드는 사변 속에서 노동과 인종을, 인종과 성을 등가의 것으로 병렬해 보고 그들 복수적 적대들의 과잉결정을 사고해 보는 것도 즐거운 일일 것이다. 또 이러한 사변 속에서 각기 다른 성격과 질을 갖는 이 다양한 현상들이 보편적 적대들로 채색되어 역사 무대의 밖으로 사라지게 되는 것도 어찌 보면 자연스러운 일이다. 소련 '공산주의'의 붕괴는 서 교수에게 공산주의에 '보증'은 없다는 생각을 일깨운다.

> 모순의 과잉결정을, 다른 말로는 모순들의 환원할 수 없는 복잡성, 불균등성을 사고함으로써 마르크스주의가 잃은 것은 공산주의에 대한 '보증'뿐이다. 그러나 이것이 실제로 잃는 것인가? 잃는 것은 미몽일 뿐이다.15)

---

14) 같은 책, 90면 참조.
15) 같은 책, 92면.

그러나 과연 서 교수가 지금 잃고 있는 것은 공산주의에 대한 보증이라는 미몽뿐인가? 그는 모순의 과잉결정이라는 과정, 모순들의 환원할 수 없는 복잡성과 불균등성 속에 자신을 묻어 버림으로써 과학적 사유의 능력을 잃어버린다. 아울러 그는 자신의 사유의 현실성과 힘을, 그리고 그 현세성을 입증할 수단, 즉 실천의 지반을 잃어버린다. 바로 그 공백에 자리잡고 있는 것은 소련이 사회주의였다는 아직 입증되지 않은, 오직 전제되고 있을 뿐인 더 커다란 미몽일 뿐이다. 그러므로 역사적 미몽, 즉 이데올로기와의 투쟁을 통해 성장해 온 마르크스주의가 서 교수의 이데올로기적 태도와 화해되기는 어렵다. 이 상충을 풀어헤치는 서 교수의 방법은 그에 앞서 발리바르가 시도한 것과 동일한 방법, 즉 점점 스콜라적으로 변해 가는 자기 자신의 사유가 아니라 마르크스주의 그 자체를 '전화'시키는 것이다.

이상에서 우리는 소련을 '사회주의'로 파악했던 입장들이 소련·동유럽에서의 이행을 어떻게 이해했고 그것이 어떤 결과를 가져 왔는지에 대해 검토했다. 포스트마르크스주의 경향은 소련이 '사회주의'임이 자명했듯이 '사회주의'의 실패 역시 자명하다는 식의 태도에 입각하여 자본주의 변호론으로 전향했고 '마르크스주의의 전화' 경향은 마르크스의 정치경제학 비판의 의미를 승인하면서도 정작 소련·동유럽 사회에 대해서는 정치경제학 비판을 적용하기를 회피하면서 스콜라적 세계, 즉 사변적 공산주의의 세계로 도피했다.

(3) 동유럽·소련을 '새로운 착취사회'로 파악하는 관점에서의 이행 이해

서구에서 포스트마르크스주의는 포스트모더니즘과 마찬가지로, '1968년 이후의 환멸과, 상층 화이트칼라 계층이 레이건·대처 시대의 자본주의를 발판으로 과소비적인 생활양식을 누릴 수 있었던 기회가 결합되었던 것'16)에 뿌리를 두고 있다. 남한의 좌익은 비록 1968년 혁명의 환상은 공유한 바 없지만 소련과 동유럽이 사회주의라는 환상은 공유하고

있었다. 소련의 해체와 동유럽 정권들의 붕괴를 계기로 남한에서 탈마르크스주의적 담론 —— 넓게 보면 여기에는 '마르크스주의의 전화' 경향도 포함된다 —— 이 생성된 것은 이런 맥락에서이다. 그러나 남한에서 포스트마르크스주의의 개화는 이병천 교수가 강조하는 세계표준시(사실은 이병천 교수의 표준시이다!)에서 보면 10년이나 뒤진 것이었다. 85년 이래 4년간의 호황을 누린 남한 자본주의도 노동자계급 최상층부에 과소비적 생활양식을 누릴 만한 일부 계층을 형성한 것만은 사실이다. 그러나 그러한 생활양식을 지배적인 것으로 만들기에는 세계자본주의로부터의 경쟁 압력이 너무나 컸다. 1989년 이후 1994년초까지 한국 자본주의도 세계 여느 나라와 마찬가지로 경기침체를 경험했는데 남한의 포스트마르크스주의는 바로 이 경기침체의 상황 속에서 태어나는 불운을 겪었다. 포스트마르크스주의가 자라기에는 환경이 열악했던 것이다. 게다가 포스트마르크스주의의 본고장인 서방에서는 포스트마르크스주의가 저버렸던 노동자계급 운동의 파고가 새롭게 일기 시작했다. 이런 내외의 조건들 때문에 남한의 포스트마르크스주의적 조류는 벌써 깊은 정체의 수렁에 빠져들고 있다. 그것의 가장 뚜렷한 징표는 이들이 1990년대에 들어 나날이 새롭게 전개되는 세계사적 사건들에 대한 설명 능력을 갈수록 잃어 가고 있는 것이다.[17)

이렇게 탈마르크스주의 경향이 침체에 빠져 자기 자신의 전통을 세우는 일에 급급한 상황[18) 속에서 '맑스의 현실 분석의 방법, 즉 사적 유물론을 국가사회주의 및 그 이데올로기 해부에 적용함으로써 최근의 혼란

---

16) 알렉스 캘리니코스, 『포스트모더니즘 비판』, 성림, 1994, 20면.
17) 1980년대 조절이론의 생명력은 전후 장기호황이 어떻게 해서 1960년대말 이후 깊은 위기로 전환될 수 있었는가에 대한 나름대로의 설명 노력에 달려 있었으며 초기 서구의 포스트마르크스주의의 생명력도 1970년대 이후 소련·동유럽이 맞이한 위기에 대한 나름대로의 설명 노력에 달려 있었다.
18) 포스트마르크스주의 조류는 니체, 푸코에 이어 그람시를 더듬어 나가고 있고, 마르크스주의의 전화 조류는 프로이트, 스피노자에 이어 라깡을 더듬어 나가고 있다.

스러운 해체기의 사회주의뿐만 아니라 그 성립→발전→해체의 전 과정 및 각 발전단계에서 출현하는 제반 이데올로기를 법칙적으로 해명'[19] 하고자 하는 시도가 이루어지고 있다. 이러한 해명 시도는 앞서의 '탈마르크스주의/마르크스주의 전화' 경향에 결정적으로 결여되어 있었던 지점을 정확하게 포착한 올바른 태도이다. 조원희 교수는 국가사회주의 해부의 동기(動機)를, '국가사회주의 붕괴와 함께 사적 유물론과 마르크스의 정치경제학 자체의 유효성이 상실되었다는 잘못된 생각이 일반화되어 있기 때문'이라고 밝히고 있는데 이 역시 비록 일면적이지만 정당한 것이다.

이러한 동기에서 출발한 조 교수가 처음으로 직면한 문제는 '국가사회주의'의 성립 문제이다. 그는, 부르주아 세력을 격퇴하기 위해 볼셰비즘으로 무장한 전위당이 주도한 볼셰비키 혁명이 스딸린 체제의 존재 근거가 되었다고 주장한다. 이런 주장에 정당성을 부여하기 위해 그는 볼셰비키 혁명이 동원한 대중은 프롤레타리아트가 아니라 '전면적 예속과 동물적 억압 상태에 있었던 대중'[20]이었다고 말한다. 그에 따르면 이러한 대중이 원한 것은 계급적 착취로부터의 해방이 아니라 배고픔과 동물적 예속으로부터의 해방이었다. 볼셰비키 혁명이 최후의 해방이 될 수 없었고 세계 혁명으로 발전될 수 없었던 것도 이러한 조건에서 연유한다. 나아가 볼셰비키 혁명은 사회주의라는 이름으로 대중을 동원하지만 '계급 철폐를 실현시키기는커녕 내외의 적에 대한 대항을 위해 물적·인적 자원을 극대동원'[21]할 수밖에 없었다. 바로 이로부터 이 체제가 '당-국가에 의한 극대착취 체제'[22]로 되었다고 조 교수는 주장한다. 이 모든 주장은 1917년의 러시아 혁명이 사회주의 혁명이 아니었음을 시사하는 데로 모아지고 있다. 만약 그렇다면 조 교수는, 당시 러시아사회민주노동당의 지도 하에 혁명 과정에 참여했던 대중의 대다수가 노동자와

---

19) 조원희, 「국가사회주의 비판 서설」, 『사회경제평론』 7호, 1994년, 255면.
20) 같은 책, 259면.
21) 같은 책, 259면.
22) 같은 책, 259면.

농민(특히 반프롤레타리아트 빈농)이었고 이 대중들이 초기에는 '빵과 평화'라는 슬로건에 이끌렸지만 혁명의 승리는, 다수 대중이 국가권력을 노동자, 농민, 병사 소비에트의 수중으로 가져오는 것(즉 사회주의 혁명)을 통해서만 자신들의 열망이 충족될 수 있다는 사실을 자각하지 못했다면 불가능했으리라는 점을 어떻게 설명할 것인가? 조 교수는 자신이 주장하는 볼셰비키 혁명의 비사회주의적 특성론을 정당화하기 위해 당시 러시아 자본주의의 후진성을 과장하고 대중의 조직화 및 의식화 수준을 폄하하고 있는 것으로 보인다. 게다가 조 교수는 가치법칙에 기초한 부불 잉여노동의 전유를 뜻하는 자본주의적 착취의 개념을 전시의 인적·물적 자원의 동원과 동일시함으로써 그가 입각하겠다고 자처한 마르크스주의 과학에서 일탈하고 있다.

임의적 개념 사용과 의도의 과잉은 계속된다. 그러면 배고픔과 동물적 억압에서의 해방을 희구하는 대중 위에 군림하기 시작한 혁명정권은 어떻게 발전하는가? 그 정권은 외부의 적에 대한 동원 체제로 출발하여 위협, 테러 등의 수단으로 인적·물적 자원을 동원함으로써 외부의 적의 도전을 수습한 후 방향을 안으로 돌려 내부의 적을 제거하는 작업에 착수하는데, 내부의 적 가운데 핵심적 요소는 농촌의 광범한 소상품생산자였다고 조 교수는 주장한다.[23] 소상품생산자가 혁명정권의 적이 되는 이유는 간단하다. 부르주아적 발전의 가능성이 크고 혁명정권 자체를 위협한다는 것이다. 소농을 중심으로 하는 소상품생산자가 러시아 혁명기에 혁명의 열렬한 지지자였다는 사실이나 레닌이 소생산자와 함께 하는 사회주의 건설을 누누이 강조한 바 있다는 사실을 무시하는 이러한 단순 논리 위에서 조 교수는 '볼셰비키 혁명이란 …… 외부 그리고 내부에 존재하거나 또는 잠재적으로 생성될지 모르는 부르주아적 요소에 대한 타협하지 않는 공격과 배척만이 자기 생존의 유일한 방법이었다'[24]고 주장하기에 이른다.

---

23) 같은 책, 260면.
24) 같은 책, 261면.

그에 따르면 비타협적 공격과 배척을 생존의 유일한 방법으로 삼는 혁명정권 하에서도 명시적인 적의 격퇴가 일정하게 완료되면 어느새 대중은 주인으로 된다.25) 혁명정권이 자신의 '유일한' 생존 방법을 버리고서 어떻게 계속 생존할 수 있는지도 의문이거니와 혁명정권에 의해 착취당하고 있는 대중이 어느새 주인이 되어 '극히 취약한 물질적 생산 기반을 가장 빠른 시간 내에 확보하여 외부의 강력한 적인 자본주의 세력을 압도하는 일'을 자신들이 당면한 공동 과제로 받아들인다는 것도 이해할 수 없는 일이다. 사정이 어떠하든 조 교수의 논리 속에서 '주인으로서의 대중들'은 자신들이 풀어야 할 이 과제에 희생을 공평하게 분담하는 것으로 참여하고 자신들의 위에 우뚝 서는 '일반인민의지'로서의 지도자를 성립시키는 선한 우중(愚衆)으로 그려진다. 이 '일반인민의지'로서의 지도자가 성립되면 국가사회주의의 발전과 해체, 그리고 이행은 이에 기초하여 자동적으로 설명된다. 왜냐하면 일체의 사회 발전은 지도자에 체현된 인민 의지의 자기운동이기 때문이다.26)

1) 전제적 국가사회주의로의 이행 : 전제적 권력은 보편적 인민 의지로서의 지도자가 사회의 곳곳에 산재해 있는 사적 권력들, 상품생산자들을 분쇄하고 국가기구를 통해 수직적 위계구조 안에 모든 생산을 복종시킬 수 있을 때 발생한다.27) 이로써 국가사회주의는 전제적 국가사회주의라는 자기 충족적 유기체로 이행한다.

2) 국가사회주의의 신국가사회주의로의 이행 : 생산력의 발전은 사회적 관계를 복잡하게 하고 수평적 연계를 증대시키며 자율적 결정의 필요성을 증대시킨다. 이에 대해 국가사회주의는 분권화가 아니라 지도, 국가권력의 강화로 응답한다. 이러한 국가사회주의의 내부 모순은 지도자가 생존해 있는 동안은 그 강도와 관계없이 대부분 통제된다. 그러나 지도자

---

25) "생산 대중은 사회의 구성원 자체이면서 사회의 주인이 되었다!" (같은 책, 262면)
26) "국가사회주의에서 사회를 통합시키는 힘, 생산-분배를 조정하는 데 필요한 힘은 궁극적으로 지도자에 체현된 인민 의지로부터 나온다." (같은 책, 267면)
27) 같은 책, 264면.

의 사망과 함께 체제는 곧장 방향 상실, 권력 기반의 붕괴와 함께 위기에 빠진다. 이 국면에서 등장하는 것이 신국가사회주의이다.[28]

3) 신국가사회주의에서 체제 전환으로의 발전 : 신국가사회주의는 생산 결정의 분권화, 화폐의 도입, 개별 기업의 권한과 책임 강화를 경제 잉여의 사회적 관리, 즉 국가에 의한 투자 결정, 분배에 관한 사회적 고려와 결합시킨다. 이로써 책임은 국가에 돌아가고 권한은 경영자의 개인적 이권으로 되는 모순이 발생한다. 이 모순을 해결하기 위한 갖가지 시도는 지도자의 인격적 권위가 소멸한 이상 명백한 한계를 갖는다. 지배 체제의 하층부와 상층부의 분열이 심화된다. 중앙권력이 약화되는 동안 하층부는 노동자 집단에 접근한다. 자본주의로의 신속한 이행이 유일한 선택으로 된다. 국가권력은 공동 의지의 표현이 아니라 사유재산을 보호하고 거래질서를 유지하는 공권력으로 전환된다.[29]

결국 조 교수의 논리에서 국가사회주의의 성립과 위기, 이행의 계기는 지도자의 옹립, 지도자의 삶과 죽음에서 찾아지며 그 사회의 발전도 지도자의 의지에 의해 규정된다. 이러한 논리는 마르크스나 엥겔스보다 헤겔이나 듀링, 혹은 수령론의 사상에 더 가깝다. 그는 문득 '생산력의 발전'이라는 계기를 삽입해 보기도 하지만 실제의 생산관계에 대한 규명은 끝까지 외면한다. 마르크스에게서 착취 개념은 생산관계에 대한 해부의 산물이었다. 조 교수에게서 착취 개념은 지도자의 의지의 발현이다. 그가 소련·동유럽에서 노동자계급의 형성 메커니즘을 설명할 수 없는 것, 그리하여 자본주의로의 이행 과정상의 중대 문제가 노동자집단을 노동자계급으로 전환시키는 것이라고 보게 되는 것은 이 때문이다.[30] 그러나 1953년에 독일에서, 1956년에 헝가리에서, 그리고 1968년에 체코슬로바키아에서, 그리고 1991년에 소련에서 보였던 노동자계급의 독자

---

28) 같은 책, 268면.
29) 같은 책, 283면.
30) 노동자계급의 형성 메커니즘을 설명해 내지 못하는 한, '국가사회주의' 사회의 변혁은 오직 위로부터만 가능해지게 되며 대중은 수동적인 존재로 위치지워지게 된다.

적 행동은 소련·동유럽에서 이미 이행 이전부터 직접생산자가 생산수단으로부터 유리되어 있었을 뿐만 아니라 계급으로서의 정체성을 갖추어 나가고 있었음을 보여준다. 이러한 사실들은 결국 '마르크스의 현실분석의 방법을 …… 적용함으로써 최근의 해체기의 사회주의뿐만 아니라 제반 이데올로기를 법칙적으로 해명'하겠다던 조 교수의 약속이 공수표에 지나지 않으며 그 과제의 해명은 그와는 전혀 다른 출발점에서 다시 시작되어야 함을 보여주는 것이다.

(4) 소결

이상에서 우리는 소련·동유럽에서 작용하고 있었던 생산관계에 대한 과학적 해부 없이 그곳의 국가들을 '사회주의'로 전제하거나 혹은 자본주의도 사회주의도 아닌 '새로운 착취사회'로 규정하는 것이 갖는 논리 내적 문제와 그것의 효과에 대해 살펴보았다. 이러한 관점들은 소련의 해체와 동유럽의 붕괴를 '사회주의'의 운명 문제로서 해석해 왔다. 이 책에 실린 하먼과 헤인즈의 글은 이러한 관점에 반대한다. 이들은 구소련과 동유럽 사회들의 생산관계에 대한 분석을 통해 서방 자본주의와 마찬가지로 자본주의적 착취와 경쟁관계가 이 사회들의 동학(動學)을 구성하며 이 사회들이 봉착한 위기와 이행이 서방 자본주의들의 위기와 이행을 규정하는 것과 동일한 원리에 의해 규정되고 있음을 해명한다. 이들에게서 소련과 동유럽에서의 이행은 결코 직접적으로 '사회주의'의 운명과 관련된 문제가 아니다. 그것은 오히려 세계자본주의의 현단계가 무엇인가에 관한 문제이다. 만약 그것이 사회주의의 문제일 수 있다면 그것은 '현존하는 사회주의'의 운명이나 '사회주의 이념'의 문제가 아니라 사회 혁명의 주·객관적 조건의 발전수준의 문제일 뿐이다. 이 책의 초점이, 소련과 동유럽에서의 이행은 사회주의에서 자본주의로의 이행이 아니라 국가자본주의에서 다국적 자본주의(초국가자본주의)로의 이행임을 주장하는 데 맞추어지는 것은 바로 이런 이유 때문이다.

감사의 말

인명과 지명의 한국어 표기 문제에 있어서는 김형주 씨가 번역한 『동유럽에서의 계급투쟁 : 1945~1983』(갈무리, 1994)에서 많은 도움을 받았다. 신정 연휴에도 불구하고 편집과 교정, 교열을 하느라 수고해 주신 갈무리 출판사 직원들에게 감사드리며 인쇄 출간을 맡아 줄 인쇄 노동자 여러분께도 감사드린다. 아울러 이 책이 나오기까지 여러 가지로 힘을 보태 주신 많은 분들께 감사드린다. 지금 이 시간에도 체첸의 병사들은 소총 한 자루와 칼 한 자루로, 중무장한 소련군 탱크에 맞서 싸우고 있다. 동유럽과 소련에서 벌어지고 있는 일들을 올바르게 이해하는 것은 비단 동유럽 대중들만의 문제가 아니라 전 세계 인류가 직면한 보편적 문제이다. 이 책이 이 문제의 해결에 작게나마 보탬이 되기를 바란다.

1995년 1월 10일
이 원 영

제1부

폭풍이 인다 : 소련과 동유럽에서의 혁명

크리스 하먼

"…… 세계자본주의는 이제 국가자본주의 단계를 넘어섰다. 그러나 국가자본주의를 대체한 자본주의를 '사적 자본주의'나 '시장 자본주의'로 이름 붙인다면 그것은 아마도 잘못일 것이다. 왜냐하면 이런 이름들은 국가의 역할이 사라진 것 같은 평가를 담고 있기 때문이다. 지금 존재하고 있는 것은 국가자본주의와 다국적 자본주의의 결합이다. 나는 이것을 간단히 '다국적 자본주의'라고 부를 것이다. 그러나 이 다국적 자본주의의 요소들은 일국적 국가자본주의의 기반으로부터 발전한 것들이며 결코 그것과 완전히 단절될 수 없다. ……

그렇지만 이 새로운 단계는 국민적 한계내에 가두어져 있었던 과거의 국가자본주의가 번성할 수 있었던 조건들을 파괴한다. ……"

폭풍이 인다 :
소런과 동유럽에서의 혁명[*]

4년에 걸친 전면전 때문에 세 개의 제국이 붕괴했던 1917~18년 이래, 우리는 지난 반 년 동안에 엘베 강 동쪽에서 벌어진 것과 같은 정치적 소용돌이를 목격한 적이 없다. 거의 45년 동안 폴란드, 헝가리, 체코슬로바키아, 동독, 불가리아 그리고 루마니아를 지배했던 일당 정치구조들은 경제적 위기와 대중의 불만이라는 압력에 밀려 붕괴하였다. 이런 일이 진행되는 동안에, 이들 나라의 거대한 이웃인 소련을 바라보는 사람들은 누구나, 이 나라 역시 갑작스럽게 무너져 내리는 것이 아닐까 하고 묻지 않을 수 없었다. 지배정당은 경제적 위기, 기본 생필품의 부족, 소수 민족들 사이에서의 대중적 분리 운동, 그리고 1920년대 이래 가장 큰 규모의 노동자 파업들 등에 직면하여 날이 갈수록 무력해져 갔다.

그러한 사건들 때문에 동과 서에서 행세하고 있던 기존의 정치 분석들 대부분은 도전에 직면하지 않을 수 없었다. 냉전 전략가들, '전체주의'와의 대결주의를 주장한 이데올로그들, 오랫동안 '사회주의적 제3세계'를 숭배해 온 서방인들, 그리고 새로이 등장한 '고르비' 추종자들 등은 모두 자신들의 준거점이 갑작스럽게 사라지는 사태에 직면해야만 했다.

서방의 우익들에게 상황은 혼란스러운 것으로 다가왔다. 그들은 갑작

---

[*] Chris Harman, 'The storm breaks', *Internatonal Socialism*, 1990년 봄호에 처음 수록.

스럽게, 유럽의 미사일이 왜, 그 지도자들의 입으로 더 이상 '사회주의적'이 아니라고 주장되는 나라들을 향해 겨냥되고 있는지를 해명해야만 하는 처지에 놓이게 되었다. 물론 그들은 이럭저럭 이러한 상황에 대처할 수 있었다. 그들은, 동유럽 국가들의 소요가, '사회주의'의 지속적 생존은 불가능하며 '시장 자본주의'가 그것보다 훨씬 더 우월하다고 일관되게 주장해 온 자신들이 얼마나 옳았는가를 증명해 준다고 주장했다. 미국 정부의 자문 역할을 하는 어떤 학자[랜드 연구소의 고문 후꾸야마를 말한다 - 역자]는 '역사의 종말'에 대해 저술했고 대중 언론은 '공산주의의 종말'을 선언했다. 동유럽에 들어선 새로운 질서가 자유민주주의에 의해 특징지워지기보다는 쓰라린 민족갈등, 인민주의적 악선동, 그리고 두 대전 사이의 전간기(戰間期)에 영향력을 떨쳤던 일종의 우익 전체주의에 의해 특징지워지지 않을까 우려하는 평론가들조차도 사회주의적 언어로 말하는 사람들에게는 이제 아무런 미래가 없다고 보았다. 동유럽 국가들의 위기는 '사회주의의 위기'이자 '마르크스주의의 위기'를 의미하는 것으로 해석되었던 것이다.

불행하게도 좌익의 대다수는 이러한 도전에 제대로 대응할 수 없었다. 그들은 동유럽 국가들을 사회주의로 보면서 이들을 '사회주의적', '탈(脫)자본주의적', '변형된' 혹은 '타락한 노동자 국가'라고 불렀고 더욱 최근에는 이들을 '현존 사회주의' —— 이것은 사회주의에 대한 어떤 다른 개념이 있다 하더라도 그것은 완전히 유토피아적일 뿐이라는 식의 암시를 준다 —— 라고 불렀다. 그러나 지금 동유럽 국가들의 대중들은 이러한 '사회주의'를 구현한 당들을 거부하였고 옛 지배정당들의 지도자들은 이제, 자본주의만이 충실한 경제발전을 허용한다고 주장하고 있다. 동독의 공산주의 경제부 장관인 크리스타 루프트가 1990년 1월에 한 말은 이러한 변화를 전형적으로 보여준다. 그녀는, 동독은 지금 '실질적인 시장경제로의 이행'을 시작할 준비가 되어 있다고 말하고 이전에 자신이 강조했던 '자본주의와 중앙계획 사이의 중도를 찾는' 노선을 포기했다. 그녀가 사회주의 시장경제에 대해서는 아무런 언급도 더 이상 하지 않았음은 물론이다.[1]

전직 소련 정치국원이었던 보리스 옐친은 이렇게 선언하였다.

내가 당에 가입했을 때 나는 당연하게도 그 이데올로기적 교조를 믿었다. 나는 공산주의만이 유일한 길이라고 믿었다. 이제 나는 이 모든 이즘들(isms)이 중요하지 않다고 생각한다. …… 나는 생산수단과 토지에 대한 사적 소유를 지지한다. 새로운 모델이 필요하다. 가능하다면 사회주의적 영향력을 지니면서 사회주의의 긍정적 측면을 병합하는 한편 서방 민주주의의 성과들을 수용할 수도 있는 그러한 모델이 필요하다. 지난 가을 미국을 방문했을 때 나는 서방 민주주의의 성과들을 내 눈으로 직접 목격했다.[2]

기존의 서방 좌익들은, 사회주의란 경험적으로 볼 때, 자본주의에서 자본주의로의 발전 과정의 한 과도적 단계에 불과하다는 조롱 앞에서, 무기력을 보였다! 서방의 유로코뮤니스트들의 경우가 특히 그러했다. 서방에서 가장 큰 공산당이었던 이탈리아 공산당은, 곧 당명을 바꾸겠노라고 선언했다. 여전히 공산당의 당원이었던 영국의 역사가 에릭 홉스봄은 어떤 인터뷰에서, ‘세계 전역의 공산주의’는 이제 ‘막다른 골목’[3]에 다다른 것이 아니냐는 질문을 받고는 ‘그렇다’고 대답했다. 영국 공산당의 잡지인 『맑시즘 투데이』(*Marxism Today*)는, 공산주의는 죽었다는 결론을 내렸다. 불과 12년 전만 해도 1956년 헝가리 혁명에 대한 진압을 옹호했던 사람들도 이제는 우익 사회민주주의와 구별되지 않는 정치적 입장을 취하고 있다.

혼란에 빠진 것은 유로코뮤니스트들만이 아니다. 우익으로의 이동에 저항해 왔던 사람들도 역시 혼란에 빠졌다. 친소련 공산당들 가운데 가장 영향력 있던 당들 중 하나였던 그리스 공산당은 지난 2년 동안 30년 전에 이탈리아 공산당이 밟았던 것과 똑같은 궤도를 따라갔다. 이 당은 ‘혼합 경제’를 수용했고 연립정부에 가담하여 ‘긴축’의 시행에 공모했으며, 이이씨(EEC)와 나토(NATO) 가입에도 동의했다. 전직 공산당 산

---

1) *Financial Times*, 1990년 1월 24일.
2) *Financial Times*, 1990년 1월 19일자에서 인용한 옐친의 말.
3) *Independent on Sunday*, 1990년 2월 4일.

업조직가였던 영국의 버트 라멜슨(Bert Ramelson)이나[4] 1956년에 스딸린주의에 대해 가차없는 비판을 수행한 뉴 레프트 비평가 E. P. 톰슨이나 죤 서빌(John Saville) 같은 사람들[5]도 이제는, '레닌의 엘리트주의적 당 개념, 특히 민주집중제 사상은 사회주의 운동에 아무런 도움도 주지 못했다고 생각한다'고 선언한다. 지금까지 '강경노선'을 걸어온 『모닝 스타』(Morning Star) 지(誌)의 편집인은 이제 우리에게 '사적 소유와 자본주의적 기업이 존재하는 혼합 경제라고 해서 반드시 자본주의일 이유는 없다'[6]고 말한다.

그러한 결론에 저항하고자 하는 많은 사회주의자들도 있다. '현존 자본주의'의 실상을 자세히 살펴본 그들은, 사적 소유, '혼합' 경제, 그리고 시장이 인류에게 어떤 미래를 가져다 주리라고 믿지 않는다. 그러나 그들은 언제나 동방 블록을 자본주의에 대한 전 지구적 대안으로, 그리고 '국제적 수준에서의 계급전쟁'의 표현으로 간주해 왔다. 그러나 이제 그들도 그 블록이 해체되고 있다는 사실을 부정할 수 없게 되었다. 그들은, 『뉴 레프트 리뷰』(New Left Review)의 편집자들이 동유럽에서의 '복고' 경향이라고 부른 것을 두려워하면서 심각한 비관주의에 빠져 버렸다.[7]

그러한 비관주의적 결론을 피할 수 있는 길은 단 하나뿐이다. 그것은, 마르크스주의를 자임해 온 국가들에서 지금까지 무슨 일이 진행되어 왔는지를 철저히 분석하기 위해 마르크스주의를 사용하는 것이다. 오직 그러한 분석을 통해서만 좌익은 국제적 차원에서 새로운 방향 정립을 할

---

4) 요크셔 담당 조직가였던 라멜슨은, E. P. 톰슨과 죤 서빌을 공산당에서 축출한 것에 대해 직접 책임이 있다. 19년 전인 1937년 5월에 라멜슨은 바르셀로나의 무정부주의자들과 POUM에 대처하기 위해 스딸린주의 지도자들이 보낸 군대에 소속되어 있었다.

5) Guardian, 1990년 1월 13일자에서 인용.

6) Morning Star, 1990년 1월 19일.

7) 'Themes', New Left Review 178, 1989년 11·12월호. 들리는 바에 의하면 편집부에서 지적으로 가장 탁월한 위원인 페리 앤더슨은 세계적 차원의 우향 이동 — 그의 관점에서 보면 그렇다 — 에 직면하여 매우 침울해 하고 있다고 한다.

수 있고 또 살아남을 수 있다. 그리고 그러한 과정은 분석 방법으로서의
마르크스주의의 정당성을 확인해 줄 수 있을 것이다. 이 잡지, 『인터내
셔널 소셜리즘』(*International Socialism*)은 언제나 동유럽 사회들을
관료적 국가자본주의로 규정해 왔다.8) 이러한 관점은, 동유럽 사회들이
서방의 생산양식과는 근본적으로 구별되는 생산양식을 체현했다는 '상식
적' 편견과 충돌했다. 우리가 좌익 속에서 대중적 지지를 얻지 못했던
것은 바로 이 때문이다. 그러나 오직 이 이론만이 지난 수개월간의 사건
들 — 다른 관점을 통해서 보면 단지 혼란스럽기만 할 뿐인 사건들 —
을 제대로 이해할 수 있게 해 준다. 또 이 이론을 통해서만 우리는, 세
계의 지배계급들이 취할 미래적 선택이 무엇인가뿐만 아니라 그들과 투
쟁하고자 하는 우리들의 미래적 선택이 무엇이어야 하는가도 이해할 수
있다.

소련 : 잃어버린 환상

일반적으로 소련에서 변화가 시작된 기점은 1985년 고르바쵸프의 권
력 장악 이후인 것으로 간주된다. 고르바쵸프 자신은 개혁가로서 어떤
특별한 명성을 갖고 있지 못했다. 추방된 반체제 활동가 죠레스 메드베
제프(Zhores Medvedev)가 말했듯이 고르바쵸프는 '자유주의적 개혁가
도 강경한 개혁가도 아니었다.'9) 사실상 그는 고위층 인물 덕분에 최고
통수권자가 될 수 있었는데, 특히 전임 서기장 — 오랫동안 KGB의 의
장이었으며 1956년 헝가리 혁명을 진압하는 데 직접 가담하였던 안드로
포프 — 의 후원이 없었다면 그것은 불가능했을 것이다.10) 집권한 지

---

8) 일관된 형식으로는 Tony Cliff, *The Nature of Stalinist Russia*(London, 1948)에
　　서 처음으로 제시되었다. 이 책은 약간의 수정을 거쳐 *Stalinist Russia : A
　　Marxist Analysis*(London, 1955)과 *State Capitalism in Russia*(London, 1974 ·
　　1988[토니 클리프, 『소련 국가자본주의』, 책갈피, 1993])로 다시 출간되었다.
9) Z. Medvedev, *Gorbachev*(Oxford, 1988).

일 년도 안되어 고르바쵸프는 이전 20년의 노선과는 상이한 노선을 추진했다. 1986년의 당 대회에서 그는 뻬레스트로이카 — 즉 재구조화 — 및 글라스노스트라는 슬로건을 제기하였다. 그리고 그는 1987년 1월에 열린 중요한 당 중앙위원회 총회에서 이러한 변화들을 촉구하는 연설을 하였고 1988년 6월에는 거의 반세기 만에 지배정당의 첫번째 특별 대회를 개최하였다. 이리하여 1989년 봄에는 진정한 경쟁선거가 있게 되었다.

고르바쵸프가 '평화적 혁명'을 약속한 이후 저널리스트들은, 1920년대 중반 이래 처음으로, 소련에서의 실제 생활이 어떠한지에 대해 쓸 수 있도록 허용되었다. 이리하여 광범위하게 퍼져 있는 부패에 대한 보도들이 씌어지게 되었다. 마피아의 지배, 대규모의 빈곤과 미신, 건강 서비스의 악화, 심각한 오염과 거대한 환경문제들이 보도되었고 1988년 여름에는 상층 관료들의 막대한 특권들이 보도되었다. 중앙 신문이나 지방 신문에 기사를 쓰기 시작한 기자들 중에는 브레즈네프 시대에 '반체제 분자'라는 이유로 투옥되었던 경험이 있는 사람도 있었다. 그러나 이제는 사미즈다트[samizdat ; 옛 소련의 지하출판물 - 역자]를 출판한 사람들에 대한 구속 조치는 더 이상 없었다. 고르바쵸프는, 고리끼 시(市)로 유배되었던 반체제 물리학자 안드레이 사하로프에게 직접 전화를 걸어 모스크바로 돌아오도록 권했다.

'개방'은 매체에서 문화생활로 확대되었다. 금지되었던 소설들이 출판되기 시작했고 금지되었던 그림들이 화랑에서 기괴한 사회주의 리얼리즘 작품들을 대체하기 시작했다. 비록 방향이 불분명하긴 하지만 체제에

---

10) 1956년에 부다페스트 경찰서장이 안드로포프의 역할에 대해 설명한 것으로는 S. Kopacsi, *On the Side of the Working Class*(New york, 1987)를 보라[고르바쵸프는 1952년에 공산당에 입당하여 KGB 의장이었던 유리 안드로포프의 심복으로 1971년에 당 중앙위원에 피선되었다. 1982년에 안드로포프가 당 서기장이 되자 고르바쵸프는 그의 개혁정책을 지원했다. 1984년에 안드로포프가 죽고 나서 그를 이은 체르넨코의 단명한 통치기 동안에 당내에서 두각을 나타낸 고르바쵸프는 1985년 봄에 소련 공산당 총서기직에 올랐다 - 역자].

대한 매서운 분노를 표현했던 록 그룹들이 꼼소몰 같은 공식 청년조직
들의 초청을 받고 콘서트를 가졌다. 경제학자들은, 소련이 거두었던 경
제적 성과에 대한 60년간에 걸친 거짓말들의 실상을 드러냈고 역사학자
들은— 처음에는 서서히 — 스딸린 시대의 진실을 폭로하기 시작했다.
모스크바 재판을 다룬 한 편의 영화가, 1988년 1월에는 금지되었다가,
그로부터 4개월 후에는 텔레비전에 공개적으로 방영되었다. 그해 말이
되자 1930년대에 스딸린에 의해 출당되었던 당원 중의 한 사람이 '복권
되었다.' 1989년 중에는 뜨로츠키의 역사적 역할을 칭송하는 소수의 기
사들도 나타났다. 60년 동안 사람들의 마음을 짓눌러 왔던 이데올로기
가 마치 하룻밤 사이에 무너져 내린 것만 같았다.

사실상 고르바쵸프 취임 후 3년간의 소련에 대해 글을 쓴 사람들 모
두의 반응은 고르바쵸프를, 혼자 힘으로 거대한 진보적 변화를 불러일으
키고 있는 사람으로 보는 것이었다. 이 점에서는 좌익이나 우익이나 같
은 태도를 보였다. 당시의 영국 공산당에게 그는, 사회주의를 다시 대중
적인 것으로 만들려고 하는 사람이었다. 1989년에 출간된 『맑시즘 투데
이』의 기사 모음집은, 고르바쵸프가 알렉산더 야코블레프, 에두아르드
세바르드나제와 더불어 러시아 지도부 가운데 '진실로 민주적인 경향'을
대표한다고 썼다. 또 그 책은 그가, '대중의 주도권과 개인적 참여를 자
극하고 열성적으로 고무할 뿐만 아니라 ……' '제도적 타성이나 관료적
저항을 극복하기 위해 필요한 일단의 활동적인 사회 세력을 창출하는
것 — 이것은 분명 이탈리아 마르크스주의자 안토니오 그람시에게 빚지
고 있는 접근 방식이다 — 을 강조하고 또 강제보다는 동의를 강조한다'
고 썼다.11) 타리크 알리(Tariq Ali)에게는, 고르바쵸프의 개혁이 '사회
주의적 기획을 …… 크게 부양(浮揚)시킬' 일종의 '정치 혁명'의 개시에
값하는 것으로 보였다.12)

고르바쵸프에 대한 무조건적인 지지는 소련 자체내에서 옛 체제에 비

---

11) J. Bloomfield(편), *The Soviet Revolution*(London, 1989).
12) T. Ali, *Revolution From Above*(London, 1988), p. xiii.

판적이었던 사람들 사이에서도 광범위하게 퍼져 있었다. 새로 출현한 많은 수의 비공식적 조직들은 스스로를 '뻬레스트로이카를 위한' 클럽이라고 이름붙였다. 브레즈네프 치하에서 투옥된 바 있는 보리스 까갈리츠끼 주변의 좌익 사회주의자 그룹은 모스크바에서 '뻬레스트로이카를 위한 사회적 이니셔티브'라고 이름붙인 회의를 소집했다.13) 또 한 사람의 정치적 투옥자였고 지금은 『모스크바 인민전선』 지(誌)를 편집하고 있는 알렉산더 페도로프스끼는 '당시에 우리는 모두 고르바쵸프 지지자였다'고 말했다.14)

당시에는, 좌익이 고르바쵸프를 믿어서는 안된다고 ── 지금 우리가 이 잡지[『인터내셔널 소셜리즘』을 말한다 - 역자]에서 하고 있는 것처럼 ── 주장할 준비가 되어 있는 사람은 극소수에 불과했다. 그러나 환멸은 머지 않아서 닥쳐왔다. 고르바쵸프는 뻬레스트로이카나 글라스노스트를 '방해한' 사람들을 거의 비판하지 않았으며 이것들을 '너무 빨리' 진행시키려 한 사람들도 공격하지 않았다. 그러나 1987년 가을이 되자 그는 너무 빨리 나아가려 한다는 이유로 당시 모스크바 당 조직의 의장이었던 보리스 엘친과 관계를 끊고 그 자리에 보다 보수적인 인물인 자이코프(Zaikov)를 앉혔다. 사람들은 1917년 혁명을 기념하는 기조연설에서 그가 좀더 빠른 변화를 추진하리라 기대하고 있었다. 그러나 기대와는 달리 그는 좀더 빠른 변화를 원하는 사람들과 좀더 늦은 변화를 원하는 사람들 사이에서 조심스러운 균형을 취하는 태도를 보였다. 고르바쵸프는 1988년 6월 특별 당 대회에서 더 많은 글라스노스트를 채택했는데 이때는, 앞의 기조연설이 있은 지 5개월 뒤였으며 어떠한 글라스노스트에 대해서도 반대하고 있던 정치국원들이, 사태가 너무 멀리 진행되어 가고 있다고 주장하는 내용의 기사를 『소비에츠까야 로시야』(*Sovietsk-aya Rossia*) 지(誌)에 실으려 했던 때였다. 비판적 지식인들은 이전에는 던져진 적이 없었던 질문들, 즉 소비에트 사회, 소비에트 역사는 무

---

13) *Labour Focus on Eastern Europe*, 1987년 7·8월호에 실린 보도.
14) 1990년 1월, 런던에서 있었던 인터뷰.

엇이었는가 하는 질문을 던질 기회를 포착했다. 60년 만에 처음으로 많은 지역들에서 공개적이고 합법적인 시위가 개최되어 당 대회에 참석한 대표자들이 뻬레스트로이카와 글라스노스트, 그리고 고르바쵸프를 지지할 것을 요구했다.

그러나 대회에서 고르바쵸프는 옐친으로부터의 비판에 대한 응답으로 유명한 보수주의자 리가쵸프의 편을 들었다. 새로 조직된 극장 노동자 조합의 의장이었던 미하일 울랴노프가, 모스크바 외부에서 언론은 아직도 지역 당 수뇌들의 통제를 받고 있다고 불평하자 '뒤에 앉아 있던 고르바쵸프가 끼어 들었다. 내가 기억하기로 그는, 지역 신문들은 모스크바 신문에서 때때로 보이는 과도함만은 범하지 말아야 할 것이라고 주장했던 것 같다.'15)

새로운 하원 회의의 구성에 대해 고르바쵸프가 제안한 '자유선거제'는 공식 (즉 당이 통제하는) 조직의 지명자들에게 전체 자리의 3분의 1을 미리 할당해 두었고 선거구 후보자 회의로 하여금 바람직하지 못한 후보를 솎아 내도록 사전 여과 과정을 설정해 두었다. 다음달에 그는, 경찰이 '인가받지 않은' 시위에 참가하는 사람들을 체포하도록 허용하는 법령에 서명했고 지역 기관원들이 선거구 회합에서 자신들의 후보가 당선되도록 전력을 다하도록 내버려두었다.

첫번째 회기 동안에 하원은 당 관료의 특권, 끔찍할 정도의 소비재 부족, 나라 전역에 광범위하게 퍼진 빈곤, 스딸린의 공포스러운 유산, KGB의 행동, 그루지아에서의 특수 군대의 사용, 소수 민족에 대한 차별 대우, 시위의 권리나 정부를 비판할 권리 혹은 고르바쵸프 그 자신의 결정을 비판할 권리 등을 제한하는 법령들 중 그 어느 것에 대해서도 실질적으로 불만을 토로할 수 없었고 또 토로하지도 못했다.

전체 정치 과정은 그러한 불만들이 어떤 민주적 의사결정을 밟아 나가지 못하도록 세심하게 조직되어 있었다. 의회가 열리기 전에, 지배정당의 중앙위원회 회합은 하원의 70퍼센트를 차지하는 당원들에게, 고르

---

15) *Independent*, 1988년 6월 30일.

바쵸프가 한 사람의 반대도 없이 대통령에 선출되도록 투표해야만 한다는 지시를 했다. 그 후 고르바쵸프는 부통령의 선출권과 다른 정부 핵심 요직에 대한 지명권을 자신이 갖는다고 주장했다. 이보다 규모가 작은 상설 의회인 최고 소비에트의 선거인 명부는 다수 후보들 사이에서의 선출을 전적으로 부정하는 방식으로 작성되었다.

하원에서 논쟁의 여지가 있는 쟁점들이 제기되면 이들은 하원 자신에 의해 투표되기보다는 최고 소비에트에 보고할 의무를 갖는 위원회들에로 회부되었다. 그루지아인 학살 사건, 당 최고위층의 부패를 고발한 두 명의 국가 검찰을 해고한 사건, 그리고 발틱 해안의 공화국들을 소련에 합병한 스딸린·히틀러 협약의 정당성에 의문을 제기한 사건 등등이 이런 식으로 처리되었다.

회의의 의장을 맡거나 아니면 의장의 바로 뒤에 앉아 자신이 원할 때면 언제나 회의에 끼어들면서 고르바쵸프는, 급진적 의원들이 발언하게 허용하고 나서 실제로는 보수적 다수파의 열렬한 지지를 받은 결정들을 통과시켰다. 사하로프가 아프가니스탄에서 자행한 소련군의 잔학 행위를 고발하는 연설을 했을 때에도, 또 로쟈노프 장군이 트빌리시의 시위자들에 대한 내무부 군대의 잔악한 공격을 옹호했을 때에도 고르바쵸프 자신은 정작 아무런 관심도 보이지 않았다.

이렇게 되자 일 년 전만 해도 고르바쵸프에게 가장 호의적이었던 급진파 인사들은 그를 가차없이 공격하기 시작했다. 사학자 유리 아파나셰프는 의회 그 자체에 대해 불만을 터뜨렸다.

> …… 우리는 스딸린-브레즈네프형(型)의 최고 소비에트를 구성하고 말았습니다. …… 어제 이 회의에서 …… 모양을 갖춘 다수파는 인민들이 우리에게 기대하고 있는 일체의 결정들을 저지하고 있습니다. …… 그리고 다름 아닌 당신 미하일 세르게예비치 고르바쵸프는 이 다수파의 목소리를 귀담아 듣거나 그렇지 않으면 그들에게 영리하게 영향력을 행사하고 있습니다. …… 우리는, 누가 우리를 이곳, 의회로 보냈는지를 잠시라도 잊지 말아야 합니다.16)

---

16) 1989년 5월 26일, 연방의회(Congress of Delegates)에서의 연설.

　　의사당 밖에서의 급진적 태도는 이보다 더 통렬했다. 여론조사를 보면 다수의 사람들이 의회에 실망하고 있었던 것으로 나타난다. 그리고 루즈니끼 경기장에서는 거의 매일 집회가 열리고 있었다. 리투아니아 라디오 방송의 보도에 의하면,

　　한 관측통에 의하면 집회 참석자 수는 15만 명에 이른다. 15만 명의 사람들이 거대한 아스팔트 경기장에 서 있는 것이다. …… 집회는 메모리얼 소사이어티(Memorial Society)와 모스크바 인민전선에 의해 조직되었다. …… 보리스 옐친의 이름이 불려지기만 해도 군중들은 환호의 소리를 질러 댄다. 학자 사하로프가 참석했다는 소식은 군중들을 흥분시키고 있다. ……17)

　　어떤 집회에서 모스크바 인민전선의 비탈리 포노마료프는, '우리는 고르바쵸프를 믿지 않는다. 고르바쵸프는 인민들에 대한 권위를 잃어 버렸다'18)고 선언하였고 이 말로써 참석자들로부터 큰 박수갈채를 받았다.

　　그해 말 고르바쵸프가, 전국에서 가장 빠르게 성장하고 있던 신문 『아르규멘티 이 팍티』(*Argumenty i fakty*) 지(誌)의 편집인을 해직시키려 하고19) 제2차 의회 대표자 회의에서 사하로프가 연설하는 도중에 마이크를 꺼 버리는 것을 목격한 후 급진적 인텔리겐찌아 사이에서의 환멸은 매우 깊어졌다. 죽기 전에 사하로프가 한 마지막 정치적 행동은 민주화를 제약하는 것에 항의하여 파업을 요청하는 것이었다. 다른 당들의 존재를 승인하기로 한 1990년 2월 중앙위원회 결정은 서방의 매체들로부터 커다란 환호를 받았다. 그러나 그것이 소련 내부의 환멸을 멈추게 할 수는 없었다. 어느 서방 기자도 인정했듯이, '비공식 그룹들은, 개혁이 뒤뚱대고 있는 것에 불만을 갖고 있으며 어째서 보수파들이 제거되지 않고 여전히 행세를 하고 있는지를 알고 싶어했다.'20)

---

17) 1979년 5월에 방송된 BBC 모니터부(部) 보고에서 녹취(錄取).
18) *Socialist Worker*, 1989년 5월 29일자에 실린 보리스 까갈리츠끼의 보고.
19) 1989년 12월 8일, BBC 모니터부(部) 보고에 들어 있는 *Argumenty i facty* 편집자와의 인터뷰 녹취록을 보라.
20) *Independent*, 1990년 2월 9일자의 Helen Womack의 보노.

소련의 경제위기

고르바쵸프에 대한 불만이 커 가고 있는 것은 급진적 인텔리겐찌아 사이에서만이 아니었다. 대중들 사이에서도 환멸의 분위기가 점차 커 가고 있었다. 1989년 봄의 선거에서 이미 이 점은 분명해졌다. 이때 옐친은 모스크바에서 공식 당 지명자를 눌렀고 당 후보들은 레닌그라드와 키에프에서도 패배했다. 결정적 요인은, 대부분의 사람들에게, 경제적 상황이 뻬레스트로이카의 진척과 더불어 향상되기보다는 더욱 악화되고 있는 것으로 보이고 있는 데 있었다.

고르바쵸프의 자문위원인 아벨 아간베기얀은 1989년초에 이렇게 말했다.

> 대다수의 소련 가구들은 상황이 뭔가 나아지고 있다는 것을 느끼지 못하고 있는 것으로 보인다. …… 소비자 시장으로의 상품 공급은 1987년 하반기와 특히 1988년에 들어서 '갑작스럽게' 크게 악화되기 시작했다.[21]

그해 초여름에 있었던 지배정당의 중앙위원회 회의에서 연설자들은 하나같이 점증하는 대중의 분노에 대해 경고했다. 블라디미르에서 온 당 의장인 보보비코프는, '집회에서 노동자들은 "만약 청산되어야 할 것이 전혀 없다면 우리의 체제는 대체 어떤 종류의 것이란 말인가?"라고 분개해서 말한다'고 전했다. 카자흐스탄에서 온 당 의장인 콜빈은, 자신의 '경보 감각'에 따르면, 소련의 일부 지역에서 '인민들은 분개하여 끓어오르고 있고 시위와 집회와 파업 쪽으로 이끌리고 있다'고 말했다. 거의 모든 연설자들은 하나같이, 매체들이 상황의 '부정적 특징들'만을 조명하고 있으며 민주연합(Democratic Union) 같은 '비공식 그룹들'과 '반소비에트 조직들'이 청년대중들 사이에서 갈수록 더 큰 지지를 얻어 가고 있다고 불평을 터뜨렸다.[22]

---

21) *Pravda*, 1989년 2월 6일.
22) 1989년 7월 18일 중앙위원회 총회. 1989년 7월 24일, BBC 모니터부(部) 보고에

　중앙위원회 회의는, 파업의 파도가 시베리아의 보르쿠타와 쿠즈바스에서 그로부터 수천 마일 이상 떨어진 우크라이나의 돈바스에까지 걸친 전국의 석탄 광산들을 휩쓸고 있을 때에 열렸다. 그 파업은, 수상인 리즈코프가 모스크바에 있는 파업 위원회를 만나 그들의 직접적인 경제적 요구를 들어주겠다고 동의하고 나서야 비로소 끝났다. 파업이 끝난 후에 고르바쵸프는 '우리는 이미 경제에 대한 통제를 상실하기 시작했다. …… 만약 다른 곳에서도 상황이 통제를 벗어나 폭발하게 된다면, 국민 경제의 정상적 작동을 보장하기 위해서 그것을 확고히 장악해야만 한다'고 주장하면서 최고 소비에트를 통해 반(反)파업 법률을 통과시켰다.23) 리즈코프는, '경제 상황이 악화되었다. 특히 3/4분기의 경제 상황은 크게 악화되었다. 9월에 들어서는 경제활동에 있어서도 심각한 하락이 나타나고 있다'24)고 인정했다.

　상황에 대한 통제를 되찾기 위한 필사적 시도를 하면서 리즈코프는 12월에 하원에서 일련의 비상 조치를 선포했다. 그것은, 뻬레스트로이카의 핵심이라 할 수 있는 중앙 명령 경제로부터의 이동을 실질적으로 폐기처분하는 것이었다.25) 옐친은 당시 널리 퍼져 있던 대중들의 회의주의적 분위기를 집약하여 하원에서 다음과 같이 말했다.

　　우리가, 뻬레스트로이카는 모든 사람들을 포섭하면서 더욱 깊고 넓게 진척되고 있다고 끊임없이 떠들고 있는 동안에 인민은 믿음을 잃어 가고 있다. …… 이번의 개혁은 국가경제를 개혁하고자 하는 것으로서는 30년 동안에 벌써 다섯 번째로 시도되는 것이다. 1956년, 1966년, 1979년, 그리고 1983년의 개혁들을 상기해 보라. 도대체 우리가 이룬 것이 무엇인가? 우리의 다섯 번째 시도 역시 벌써 5년이 흘렀건만 아직 아무 것도 이루어 내지 못하고 있다.26)

　번역, 녹취되어 있다.

23) Supreme Soviet, 1989년 10월 2~3일. 흥미롭게도 그 주제에 관한 소비에트의 논쟁은 방영되지 않았다. *Moscow News*, 1989년 10월 22일자를 보라.

24) *Pravda*, 1989년 10월 21일.

25) Congress of Deputies, 1989년 12월 13일, 또 12월 15, 16일자도 보라. 1989년 12월, BBC 모니터부(部)의 보고에서 발견된 녹취.

소련의 민족문제

고르바쵸프에 대한 점증하는 환멸의 근저에 깔려 있는 마지막 요인이 있다. 그것은, 경제위기가 심화되어 감에 따라 점차 커 가는 대중의 불만에 대처함에 있어, 그가 보여준 무능력이었다.

1989년 여름과 가을의 광산 노동자 파업은 이러한 불만의 표현 중의 하나였다. 그러나 소련 인구의 반을 차지하는 비러시아계 인종 집단 사이에서 민족주의가 분출함으로써 1988년과 1989년 동안 거의 내내 계급투쟁의 직접적 표현들은 흐려지고 말았다. 뻬레스트로이카를 개시했을 때 고르바쵸프는 그러한 민족주의의 가능성에 대해서는 전혀 알지 못했다. 그는 1987년 여름에 휘황한 언어들을 구사하며 이렇게 썼다.

> 민족적 경쟁이 세계의 가장 선진적인 나라들도 피하지 못한 문제임을 고려할 때, 소련은 인류 문명의 역사상 진실로 독특한 사례를 대표한다. 러시아 민족은 민족 문제의 해결에 있어서 탁월한 역할을 수행하였다.[27]

당시에 고르바쵸프를 찬양했던 전 세계의 좌익들은 근시안적이었다.[28] 사실, 민족적 불만의 씨앗은 이미 오래 전부터 뿌려져 왔기 때문에 이데올로기적으로 그것을 살펴볼 준비가 된 사람들의 눈에 그것은 이미 가

---

26) 1989년 12월 30일, BBC 모니터부(部) 보고에 있는 연설을 녹취한 것.

27) Gorbachev, *Perestroika*. p.119.

28) 그래서 1988년초에 씌어진 타리크 알리의 책 *Revolution From Above*는 마지막 15페이지를 남겨 두고서야 비로소 민족문제를 취급한다. 이 대목은 아르메니아에서 민족주의의 파고가 갑작스레 고조되고 나서야 끝에 덧붙여진 인상을 준다. 타리크는 서론에서 '소련의 해체'는 '워싱턴의 미치광이 같은 계획 중의 하나'라고 서술한다. T. Ali, 앞의 책, p. xiii을 보라. 타리크가 소비에트의 현실에 얼마나 예민한가는, 3년 전 그가 타쉬켄트를 공식 방문하고 나서 '나는 소비에트 중앙아시아에서 종교가 부활하고 있다는 어떠한 증거도 보지 못했다. …… 이곳에 호메이니 유형의 소요가 일고 있다는 서방 "분석가"들의 언급은 과녁을 빗나간 것이다'라고 썼을 때 이미 보여졌던 것이다.

시적인 것이었다.29)

　민족문제에 대한 보편적 맹목성은, 카자흐 지역의 당 지도자인 쿠내프를 파면하고 그 대신 러시아인 콜빈을 앉힌 데 대한 민족주의적 저항이 일자, 이를 처리하기 위해 1986년말에 알마아타로 군대가 파견된 이후에도 지속되고 있었다. 동과 서의 평론가들은, 시위자들은 파면된 지도자의 지지자들이 준 마약에 심각하게 중독되어 있었다는 공식 발표를 받아들였다.30)

　그 후 1988년 2월에는 1927년 이래 소련 어디에서도 볼 수 없었던 대규모의 시위가 아르메니아의 수도 예레반을 쓸고 지나갔다. 그것은 아제르바이잔 공화국 인근 지역인 나고르노 카라바흐가 아르메니아 공화국에 통합되어야 한다고 주장하는 것이었다. 이 지역 외부 사람들은 겨우 18만 인구가 살고 있을 뿐이고 산으로 둘러싸여 있는 가난한 지역인 카라바흐에 대해 거의 들어본 적이 없었다. 예를 들어 그곳은 반세기 만에 단 한번 『뉴욕 타임즈』에서 언급되었을 뿐이다.31) 그러나 그것은 이후 2년 동안 민족 정치에 어두운 그림자를 드리웠다.

　첫번째 시위대는 고르바쵸프의 사진을 들고 행진하면서 ‘카라바흐는 뻬레스트로이카의 시험대’ 같은 슬로건을 되풀이해서 외쳤다. 고르바쵸프는 아르메니아 텔레비전에서 한 시간 반 동안 연설을 했고 정치국원들이 모스크바에서 아르메니아와 아제르바이잔으로 몰려들었으며 군인들을 실은 29대의 비행기가 날아와 이들을 예레반에 배치했다. 그러나 시위는, 고르바쵸프가 거대한 군중집회에서 선출된 대표들과의 전례 없

---

29) 예를 들어, 이 문제에 관한 논의는, 토니 클리프의 *State Capitalism in Russia* [토니 클리프, 『소련 국가자본주의』, 책갈피, 1993]와 그 이전 판(版)들인, *The Nature of Stalinist Russia, Stalinist Russia : A Marxist Analysis*, 그리고 *International Socialism* 42(old series), 1970년 2 · 3월호에 실린 크리스 하먼의 ‘Prospects for the 70s : The Stalinist States’를 보라.

30) 예를 들어, 이러한 주장들은 *Guardian's Martin Walker*에 의해 아무런 비판적 논평도 가하지 않은 채 출판되었다. 1986년 12월 셋째 주에 발행된 *Guardian*의 발행물들을 보라.

31) G. J. Libaridian, *The Karabagh File*(Cambridge Mass, 1988)을 보라.

는 협상에 동의할 때까지 계속되었다.

그러는 동안에 바쿠 인근의 카스피 해(海)에 있는 아제르바이잔의 산업항구인 섬게이트(Sumgait)에서는 갑작스러운 — 그리고 원인 불명의 — 폭동이 터졌다. 아제르바이잔 군중들은 이곳의 아르메니아인을 학살하기 시작해 적어도 31명을 살해했다.32) 이 사건에 대한 모스크바 당국의 반응은, 아제르바이잔 폭동자들 중 몇몇을 체포하고 그들을 재판에 회부하며 아르메니아와 카라바흐에 군대를 보내 그곳에서 민족적 동요가 있게 한 지역사회 지도자들을 체포하는 것이었다. 『프라우다』에 실린 한 기사는, 시위는 '정치적 출세주의자들과 모험주의자들'에 의해 촉발되었고 '그들 중에는 아르메니아를 비공산당 공화국으로 바꾸려고 획책하는 인물들이 끼어 있다'33)고 단언했다.

이리하여 그 이후 여러 차례 되풀이된 하나의 패턴이 정착되었다. 3월에는 아르메니아와 카라바흐에서 시위와 총파업이 일어났다. 예레반 공항에서 군대가 피켓시위를 하던 사람을 쏘아 죽인 후인 7월에는 또 다른 파업들이 일어났다.

> 주민들에 따르면, 토요일에도 소련 군대는 도시 상공을 순회하는 헬리콥터와 더불어 거리에 깔려 있다. 하룻밤을 지나고 나면 중무장한 군대가 병력 보강을 위해 진입했다는 소식이 보도된다. …… 34)

러시아 신문에서, '최고회의 간부회의의 호소를 분석한 기사들은 한결같이 아르메니아 파업자들을 비난했다. …… 카라바흐 지역 위원회의 위원들 중 11명은 "모험주의자들"이며 무책임한 사람들이라는 낙인을 받았다.'35)

그러나 9월에 카라바흐와 아르메니아에서는, 주요 도시들이 군사점령

---

32) TASS 통신. *Independent*, 1988년 3월 5일자에서 인용.
33) *Independent*, 1988년 4월 3일자에서 인용.
34) *Independent*, 1988년 7월 16일.
35) *Le Monde*, 1988년 7월 26일.

상태에 있었음에도 불구하고, 더 많은 파업들이 일어났다. 그리고 아르메니아인들은 스스로 무장을 하기 시작했고 러시아군의 헬리콥터들을 '뻬레스트로이카의 제비들'[36]이라고 비난했다. 불길하게도, 카라바흐와 그에 이웃한 아그담(Agdam)이라는 아제르바이잔 지역에 사는 아르메니아인들과 아제르바이잔인들 사이에 최초의 지역 분쟁이 일어났다. 아르메니아인들은 아제르바이잔 지역으로 몰려들어가기 시작했고 아제르바이잔인들은 아르메니아 지역으로 몰려들어가기 시작했다. 11월말에 양측에서는 천 명 이상의 난민이 발생했다. 아제르바이잔의 수도 바쿠와 아르메니아의 수도 예레반에서는 총파업과 시위가 일어났다. 탱크가 두 도시의 거리를 순찰하고 있었다.

지역적 폭력, 대중파업, 그리고 시위 등은 1988년 겨울 아르메니아에서 지진이 터지자 일시 줄어들었다. 그러나 소련의 지도자들이 문제의 해결책을 제시할 능력이 없기는 지난 9개월 동안이나 마찬가지였다. 그 대신 고르바쵸프는 지진이 일어난 지역을 방문하여 전국에 방영되는 텔레비전 방송에서, 그가 늘 그렇게 하듯이, 주먹으로 책상을 치면서 카라바흐의 아르메니아인 위원회를 비난했다. 군대가 그 위원회 위원들을 체포하는 동안에[37] 러시아 언론은 '카라바흐의 지도자들은 의욕적이다. 하지만 알맹이는 다수의 부패한 투기꾼들과 지역 마피아의 대부들이 집어먹고 있다'[38]는 내용의 메시지를 실었다.

결국 1989년초에 고르바쵸프는, 아르메니아나 아제르바이잔 둘 중 어느 한 쪽 편을 들어야만 하는 상황을 모면하기 위해, 모스크바가 정한 규율을 직접 카라바흐에 부과했다. 그러나 그것으로는 어떠한 문제도 풀리지 않았다. 여름과 가을에 아제르바이잔인의 새로운 비공식 대중조직인 아제르바이잔 인민전선이 아르메니아 접경으로 가는 철도를 멈추게 하는 파업을 조직하는 데 성공했다. 카라바흐를 아제르바이잔식 규율로 복귀시키려는 고르바쵸프의 시도는 어떠한 문제도 풀지 못했다. 1990년

---

36) *Times*, 1988년 9월 3일자에서 인용.
37) TASS, 1988년 12월 16일.
38) *Pravda*, 1988년 12월 16일.

1월경 양측의 비공식 조직들이 무기를 들게 되자 접경지대에서는 내전에 가까운 전투가 발생했고 바쿠에서는 아르메니아인에 대한 새로운 학살이 있었다.

고르바쵸프는 탱크로 중무장한 수만 명의 군대를 아제르바이잔으로 파견했다. 그러나 이것이 학살을 끝내지는 못했다. 사실상 바쿠에 거주하던 대부분의 아르메니아인들은 군대가 도시에 강제적 평온을 부과하기 이미 오래 전에 이곳을 빠져나간 상태였다. 고르바쵸프는 텔레비전을 통해, 자신은 소련에서 아제르바이잔 공화국을 독립시키려는 시도를 중지할 것이며, 이란 영토의 아제르바이잔과 소련 영토의 아제르바이잔의 국경 팻말—이것을 지역 주민들은 '아제르바이잔 장벽'이라고 불렀다—을 뽑아 버리려던 시도를 중지할 것이라고 설명했다.

그러한 결정은 그 어느 누구로부터도 지지를 받지 못했다. 소수 민족들에게 어떠한 양보를 하는 것에 대해서도 반대하고 있었던 러시아 관료내의 보수 분자들은 왜 그가 좀더 일찍, 그리고 좀더 강경하게 의견 차이를 억누르려 하지 않았는가를 물었다. 급진파들은 왜 학살이 한창 진행중일 때 군대를 보내지 않고 아제르바이잔인들이 연방 탈퇴를 이야기하기 시작했을 때에야 군대를 보냈느냐고 따졌다.

아르메니아와 아제르바이잔의 분쟁은 고르바쵸프를 곤혹스럽게 만든 여러 민족운동들 가운데에서 단지 첫번째 사례에 불과했다. 1988년 여름에는 1939년의 스딸린·히틀러 협약 이후 스딸린에 의해 합병된 세 개의 발틱 공화국—라트비아, 에스토니아, 리투아니아—에서 갑작스럽게 민족운동들이 일어났다. 이곳 주민들이 처음으로, 이전에 독립국이었던 자신들이 소련에 강제 합병된 것에 대해, 그리고 이어서 수만 명의 주민들이 시베리아로 강제 이주된 것에 대해 터놓고 토론할 수 있다는 사실을 알게 되면서 이곳에서는 일련의 거대한 시위가 발발하였다. 그들은 '재구조화를 위한 운동'—이것은 곧 인민전선으로 알려지게 된다—을 조직했다. 이들의 집회가 있을 때에는 수십만의 사람들이 이 지역의 모든 주요 도시들의 거리로 몰려 나왔다. 처음에 고르바쵸프는 자신이 이 운동들을 쉽게 억누를 수 있을 것이라고 믿었다. 그는 이 공화국들의 기존 당 지도자들을 자신의 지명자들 —— 이들은 일반적으로 연방기구에서 성공적인 경력을 쌓은 지역 민족주의자들이었다 —— 로 교체했고 이들로 하여금 민족적 정체성과 변화를 추구하는 운동들의 선두에 나서도록 지시했다. 1988년 10월에 있었던 각 공화국의 인민전선 창립대회에서는 이들 새로운 공산당 지도부가 나타나 고르바쵸프에 의해 설정된 목표들에 대한 지지를 담은 성명서를 낭독했다.39)

그러나 앞서 언급한 코카서스 지역에서와 마찬가지로 고르바쵸프는 민족운동의 배후에서 작동하고 있는 동력을 장악할 수 없었다. 토착 리투아니아인, 에스토니아인, 라트비아인들의 불만감은 너무나 커서 인민전선은 날이 갈수록 급진화되었고 지역 당 지도자들이 따라잡기 어렵게 되었다. 오히려 그것을 따라잡으려는 그들의 시도가 완전한 선동의 자유와 언론의 자유를 실질적으로 보장할 수밖에 없도록 강요했다. 1988년 초가 되자 지역 라디오 방송국들은 소련의 지배에 대한 공개적인 비판을 방송하고 있었고 소련의 여타 지역에서는, 예컨대 발틱 공화국에서는 아직도 반쯤 금지되어 있는 민주연합(Democratic Union)이나 백러시아 인민전선 같은 조직들이 공공연히 집회를 할 수 있었다. 인민전선은 1989년 봄의 하원 선거에서 지역 의석의 거의 대부분을 장악했다. 그러나 지역 공산당 지도자들은 자신들이 아직 인민전선으로부터 지지를 받지 못하고 있다는 사실을 알게 되었다. 당원들은 인민전선을 장악할 목적으로 인민전선 속으로 투입되었으나 실제로 이들은 당 지령을 완전히 무시하게 되었고 스스로를 무엇보다도 인민전선의 멤버로 간주하게 되었다. 나중에 고르바쵸프는 이 점에 대해 다음과 같이 불평을 터뜨렸다.

리투아니아 중앙위원회의 공산당 지도부는 공격을 가할 결의와 힘을 결여하고 있었다. …… 3월 선거 이후에 조직적, 정치적 마비가 증가되었다. 1989년 4월에 사주디스[리투아니아 인민전선]는 리투아니아 공산당이 [모스크바 공산당으로부터] 독립한다는 결의를 채택했다. …… 공산당 분파를 민족주의적 색조의 운동과

---

39) 창립대회의 전 과정에 대한 보도는 1988년 10월의 BBC 모니터부 보고에 실려 있다.

조직으로 용해시키는 과정이 힘을 얻기 시작했다. 당 규율은 급격히 땅에 떨어졌
다.40)

1989년 말경 이 세 공화국의 인민전선은 소련에서의 완전한 독립을
공개적으로 선언했고 지역 공산당 지도부를 이와 같은 방향으로 몰아세
웠다. 게다가 발틱 지역 민족운동의 합법화는 소련의 여타 지역의 민족
감정을 불러일으키는 촉매제가 되었다. 얼마 전만 해도 감옥형을 받았음
직한 요구들이 자유롭게 제기되었다. 한편 지역 공화국의 관료들은 대중
적 지지를 얻기 위해서는 그러한 요구들의 꽁무니를 쫓아다니는 것이
옳은 전술이라고 믿었다.

발틱 국가들에서의 민족운동과 비슷한 힘을 지닌 민족운동들이 곧 그
루지아와 몰다비아에서 확고히 자리를 잡았고 1989년 중반에는 아르메
니아와 아제르바이잔에서도 자리를 잡았다. 그리고 민족선동은 백러시아
와 서우크라이나에서 —— 비록 그 이전의 모든 것들을 휩쓸어 버리지는
못하고 있었다 하더라도 —— 커다란 반향을 얻고 있었다. 그러는 동안에
우즈벡, 타지크, 카자흐, 메스케티안 터키, 아브카쟌 그리고 많은 다른
민족집단들 사이에서 다수의 새로운 민족운동들이 출현하고 있었다.

이 새로운 운동들은 두 종류의 동학(動學)을 보여준다. 첫번째의 것이
며 고르바쵸프가 다스리고 있는 모스크바의 중앙 관료제에 가장 위협적
인 동학은 연방 분리를 향한 움직임이다. 두 번째의 것은 상호간의 치열
한 지역 분쟁을 향한 움직임이다.

지역 공화국 관료들이 자신들의 대중적 지지도와 입지를 높이기 위해
민족 카드를, 특히 언어 카드를 들고 뛰어 다님에 따라 러시아 관료내의
보수 분자들은, 러시아어를 말하는 경영자와 노동자를 단합시키면서, 변
화에 반대하는 '내부운동(intermovements)'을 조직해 나갈 수 있었다.
이리하여 소비에트 연방내에서 러시아어를 말하는 핵심 내부의 보수 분
자들은 깊이 뿌리박은 쇼비니즘적 사상에 기름을 부으면서 러시아 민족

---

40) 12월 25일, CPSU의 중앙위원회에서 고르바쵸프가 한 연설, 앞의 책.

주의적 선동에 박차를 가할 수 있었다. 짜리즘과 스딸린주의는, 러시아 인은 우월한 민족이며 러시아 제국의 다른 민족집단들을 '문명화'시킬 짐을 지고 태어났다고 가르쳤다. 그러나 이러는 동안에 러시아인들 개개인은, 어떤 낯선 힘들에 의해 자신들이 유태인으로 조작당하는 어처구니 없는 고통을 겪고 있었다.

러시아 쇼비니즘과 반(反)유태주의가 실로 얼마나 깊이 뿌리박고 있었는가를 말로 설명하기는 어렵다. 그러나 그것이 1989년말에 친(親)고르바쵸프 인텔리겐찌아들 사이에 ——『모스크바 뉴스』(*Moscow News*)에 실린 그들 사이의 토론이 보여주듯 —— 심각한 공포를 야기하고 있었음은 의심할 여지가 없다.

옛 보수 세력들이 선동을 하고 대중들로부터 지지를 이끌어 내는 방식은 거의 공포에 가까운 느낌을 자아내고 있었다. 암바르트수모프(Ambartsumov)는 '뻬레스트로이카의 출발기에 우리가 가졌던 희망은 오늘날은 실망으로 바뀌었으며 때로는 원한으로까지 되고 있다. ……'고 말했다. 카핀스키에 의하면,

> 보수파들은, 전국이 지금 겪고 있는 일반적으로 인정되는 어려움들을 지적한다. 경제의 곳곳에 들이닥친 위기, 물자부족, 불균형적인 시장, 새로운 관계가 들어서기 전에 낡은 관계가 붕괴해 버린 것 …… 등이 그것이다. 보수 세력은 불확실한 전망과 기근의 분위기 속에서 번창하고 있다. ……
> 국가기관들의 이익을 특정계층의 주민들이 느끼고 있는 기분과 연결지으려는 시도도 이루어지고 있다. ……41)

소련의 침체상태

'기차는 출발 준비를 완료했다. 그러나 우리를 끌고 갈 엔진이 없다.' 레닌그라드의 록 그룹인 아쿠아리우스의 서정시는 1990년초 소련의 보

---

41) *Moscow News*, 1989년 10월 25일.

편적인 침체상태를 요약한다. 그것은 사회생활의 모든 부분에 그리고 모든 사회계층에 영향을 미친 것으로 보인다. 경제가 통제불능의 상태에 빠지자, 개혁파 경제학자이자 부수상인 아발킨은 이렇게 불평하고 있다.

> 파업의 물결이 경제를 삼켜 버렸다. 긴장은 계속 고조되고 있으며 '만약 당신이 이 문제를 풀지 못하면 우리는 파업을 하겠다'는 식의 협박 편지가 줄을 잇고 있다.42)

소련의 이쪽 끝에서 저쪽 끝까지 전역에 걸쳐 소수 민족들이 불만을 털어놓고 있었다. 라트비아, 에스토니아, 몰다비아, 그루지아에서는 파업이 일어났다. 리투아니아는 독립을 요구하고 있었다. 『프라우다』는 '여러 달 동안 타쉬켄트와 우즈베키스탄의 여러 도시들의 주민들은 평화를 알지 못했다. …… 인가받지 않은 집회들이 거리에서 늘상 열리고 있다. ……'43)고 보도했다. 아르메니아와 아제르바이잔에서는 내전이 터졌다. 어느 곳에서나 점점 가장 기본적인 생필품마저 부족해져 갔고 그와 더불어 불만도 커져 갔다. 러시아에서는 볼고그라드(옛 스딸린그라드), 체르니고우, 튜멘 등 매우 중요한 석유화학 단지들이 들어서 있는 도시들에서 대중적 저항이 일어나 지역 당 위원회로 하여금 사임하라는 압력을 넣고 있었다.44) 이보다 수천 배나 강력한 크라스노다르와 스타브로폴에서 일어난 시위들은 코카서스로 보낼 예비군 소집 명령을 중지하도록 압력을 가했다.45) 우크라이나 당 지도자인 아바쉬코는 이렇게 경고했다.

> 우크라이나의 일반적 분위기와 정치적 상황은 리투아니아, 트랜스코카시아, 그리고 동유럽에서 일어난 사건들에 의해 영향을 받지 않을 수 없다. 사람들은 흥분하고 있다. 수많은 요인들이 그들을 불안하게 만들고 있는 것이다.46)

---

42) TASS, 1989년 10월 25일.
43) *Pravda*, 1989년 10월 2일.
44) *Izvestia*, 1990년 2월 5일.
45) Soviet TV, 1990년 1월 22일. 1990년 1월 19일의 BBC 모니터부 보고에서 인용.

이 공화국의 국가가 운영하는 공식 노조의 의장은 '대중의 불만은 팽배해 가고 있어 대규모의 노동 분쟁을 가져올지 모른다'[47]고 경고했다. 『이즈베스챠』(*Izvestia*)는 '트랜스코카시아에서 우리가 이미 목격한 바 있는 첨예한 긴장이 몰다비아 전역에 흐르고 있다'[48]고 보도했다. 예전에 『꼼소몰스까야 프라우다』의 바르샤바 통신원이었던 한 기자는 이렇게 쓰고 있다.

> 나는 마치 내가 한 편의 영화를 다시 보고 있는 듯한 느낌이 든다. …… 9년이 지난 뒤에 쿠즈바스와 돈바스의 광부들이 시위를 벌이고 있는데 이곳 광산 노동자들의 저항과 그단스크 조선 노동자들의 저항 사이에는 유감스럽게도 수많은 유사점이 있다.[49]

'동의'의 기초 위에서 나라 전체를 장악하리라 기대되었던 새로운 기구들 — 하원과 개혁된 최고 소비에트 — 은, 비록 그들이 여러 사건들에 큰 영향력을 미치고 있는 것처럼 과장된 외관을 띠고 있었지만, 실제로는 사회 전반의 분열을 그대로 반영할 뿐이었다. 이 기구들은 소수의 급진 개혁파와 그와 비슷한 규모의 친고르바쵸프 '온건파', 그리고 공공연한 보수파로 분열되어 있었다. 의회나 최고 소비에트가 '전권'을 쥐리라는 생각은 점점 더 공허해져 갔다. 왜냐하면 이들은 작은 문제들을 놓고 옥신각신 입씨름을 할 뿐이었고 정작 커다란 문제는 정치국이 하고 싶은 대로 내버려두었기 때문이다.

대중의 원한은 이제 지배정당의 심장부를 향했다. 60년 이상 동안 지배정당은 경제관료와 정부관료들 내부의 서로 상이한 이해관계들을 총서기와 정치국 치하의 단일한 위계제로 묶어 세우면서 그것에 철의 규율을 부과해 왔다. 이제 지배정당 자신은 통일된 방식으로 기능하기를

---

46) Kiev Radio, 1990년 1월 15일. 1990년 1월 17일의 BBC 모니터부 보고에서 인용.
47) TASS, 1990년 2월 1일.
48) *Izvestia*, 1990년 2월 2일.
49) *Komsomolskaya Pravda*, 1990년 1월 11일.

54

중지하고 있었다. 이 사실은, 당 자체의 제 기구들, 주요 기업들과 정부 부서들, 그리고 경찰과 군대의 간부직 등에 인력을 배치하는 사람들의 집결체인 중앙위원회 회의에서 나타났다. 어떤 지각 있는 러시아 사회학자는 이렇게 말했다.

> 지역 당 기구와 당 중앙 지도부 사이의 점증하는 갈등의 징후들이 [1989년] 4월에 열린 소련 공산당 중앙위원회 총회에서 나타났다. 이 총회에서 많은 중앙위원들과 주(州) 위원회 서기들은 연설을 통해 자신들의 불만을 노골적으로 털어놓았다. 그들은 당과 국가에서 일어나고 있는 과정들을 지도함에 있어 정치국과 서기국이 옳은 입장을 취하지 못하고 있다고 보고 있었다. 이러한 불만은 최근 개최된 당 활동가 회의와 지역 당 위원회 총회에서 더욱 크게 표현되었다.50)

7월 총회의 분위기도 이와 마찬가지였다. 12월 회의에서 벌어진 토론은 너무나 격렬해서 당 지도부는 자신의 일상적 실천을 중단해야만 했고 회의록을 출판하지도 못했다. 그렇지만 보도들을 보면 고르바쵸프의 개막 연설이, 바로 그 자신이 최근 레닌그라드 책임자로 앉힌 기다스포프로부터 시작하여, 하부로부터 즉각 빗발치는 듯한 비판을 받았음을 알 수 있다. 어떤 대표자는 『모스크바 뉴스』에서 자신의 소감을 아래와 같이 적고 있다.

> 이제 우리는, '신사고'가 보수파와 교조주의자들이 가하는 여러 각도에서의 반대에 직면하고 있다는 사실을 알았다. 그리고 그때 나는 처음으로 고르바쵸프의 책임을 묻는 소리를 들을 수 있었다. 즉 그의 노선이 틀렸고 '이제 우리가 옳은 길로 돌아갈 때'라는 것이었다.51)

그해 말경에 당내의 '급진파'와 '보수파'는 공공연히 서로를 욕하고 있었다. 그리고 이 두 분파는 점차 자신들의 화살을 고르바쵸프를 향해 쏘기 시작했다. 고르바쵸프에게는 불행한 일이었지만, 그해 말에 소련의

---

50) N. Mikhailov, *Moskovksaya Pravda*, 1989년 8월 18일.
51) D. Granin, *Moscow News*, 1989년 12월 17일.

두 번째 도시인 레닌그라드에서는 지역 당 기구가 조직한 두 개의 경쟁적 집회가 개최되었다. 새해의 시작에는 급진적 반대 분파인 민주 플랫폼(Democratic Platform)이 공개적으로 조직되었고[52] 여기에 당 외의 '비공식 그룹들'이 가세하여 2월초에 모스크바에서 그때까지는 가장 큰 규모의 시위를 조직했다.

군대 세력도 사회 전체의 해체 감정으로부터 면제되어 있지 않았다. 그 기저의 일반사병들은 여러 가지의 인민전선에 가담하고 있었고 토론모임의 일원으로 참여하였으며 집회에서 연설을 하고 개혁운동 단체인 실드(Shield)에 가담했다.[53] 중앙아시아의 여러 단위에서 온 아제르바이잔인 대표자들의 비밀 회의에 대한 보도[54]에 따르면 예레반에서는 2개월 동안이나 '신병들이 집회에 참석했다. …… 여러 참석자들은 고향을 떠난 상태였고 자신들의 배속부대로 돌아가려 하지 않았다.'[55] 군 고위층에서는 개혁을 아주 못마땅해 하는 장교들과 그것에 공감하는 장교들 사이의 분할이 분명해졌다. 군 신문인 『크라스나야 즈베즈다』(*Krasnaya Svezda*)는 가장 보수적인 출판물 중의 하나였다. 그러나 하원 제2차 회의에서는 '의회의 군 임원들은 특별히 의욕적이었다. …… 보수파와 중앙의 분열은 모든 문제에 걸쳐 분명히 나타났다. 특히 군사문제에서 그러했는데, 군대내의 부관들 사이에서조차 그러한 분열이 나타났던 것이다.'[56]

고르바쵸프는 1987년과 1988년에는 여러 사태들의 주인처럼 보였지만 날이 갈수록 그것들의 포로로 보여지게 되었다. 그는 중앙위원회 위원 전원을 사퇴시키고 정치국을 개편하여 자신의 덕으로 승진한 사람들을 기용하는 한편 쉬체르비츠키나 체브리코프 같은 옛 '보수파' 사람들

---

52) Soviet TV, 1990년 1월 19일, 1990년 1월 27일의 BBC 모니터부 보고에서 인용.
53) 나는 모스크바 인민전선 대회에 옵서버로 참석했는데 제복입은 병사들이 나를 의장들이 앉는 자리에 앉혔다.
54) *Krasnaya Zvezda*, 1989년 11월 3일.
55) Yerevan Radio, 1989년 9월 29일. 1989년 10월 3일의 BBC에서 녹취.
56) A. Gelman, *Moscow News*, 1989년 12월 31일.

을 제거했다. 그러나 사태를 주도할 수 있는 그의 능력은 계속 하락해 갔다. 그는 '인가되지 않은 시위'를 금지하는 포고령에 서명을 했다. 그러나 시위들은 전보다 더 큰 규모로 일어났다. 그는 '민족적·인종적 적대나 분쟁을 불러일으키려는 고의적 행동'을 금지시켰다. 그러나 '민족 분쟁'은 전에 없을 정도로 늘어났다. 그는 파업에 관한 법률을 통과시켰다. 그러나 대중들은 그런 것에는 아랑곳 않고 파업을 벌였다. 8월말에 그는, 민족적 압력에 굴복하지 말도록 경고하는 편지를 발틱 공화국 지도부에게 보낼 것을 승인했다. 누가 보기에도 그것은 러시아 군대를 그곳으로 파견하겠다는 은폐된 협박이었다. 그러나 리투아니아 당이 12월에 소련 공산당에서 독립을 선언하기로 결정함에 따라 고르바쵸프가 할 수 있는 일이라곤 중앙위원회를 소집하여 리투아니아 지도자들에게 다시 생각할 것을 당부하는 또 다른 결의를 통과시키는 것뿐이었다.

당 지도부와 군 사령부는 점증하는 아래로부터의 소요를 단지 무시하고 있지만은 않았다. 그들은 운동을 파괴할 목적으로 매우 강경한 조치를 취했다. 그들은 출판을 금지하고 반대파를 억누르고, 시위를 파괴했다. 4월에 내무부 장관의 특별 부대는 트빌리시에서 수십 명의 시위자들을 학살했다. 그들은 아르메니아와 카라바흐에서 18개월 이상 동안 작전을 수행했다. 그들은 몰다비아에서 11월 7일의 축전(祝典)이 파괴된 지 2~3일 뒤에 민족주의적 시위대들을 분쇄하기 위해 그곳으로 이동했다. 그러나 글라스노스트가 일관되지 못했던 것과 마찬가지로 억압 역시 일관되게 이루어지지 못했고 일정한 '민주화'가 이루어졌다. 억압은 참혹함을 빚어내기에 충분할 만큼 지독했지만, 그 참혹함을 한발 더 나아간 새로운 행동으로 전환시키려는 의지를 분쇄하기에 충분할 만큼 지독하지는 못했다.

서방의 매체들은 오랫동안 고르바쵸프의 열렬한 팬이었다. 그들은, 고르바쵸프가 1990년 2월초에 당의 지도적 역할을 규정한 소련 헌법 6조를 수정하기로 했을 때 그를 단호한 혁명적 자세를 취하고 있는 인물로 보았다. 그러나 사실은 그와는 달랐다. 2주 전에 코카서스에 군대를 파견하기로 한 그의 결정이 단호하지도 과단성 있지도 않았던 것과 마찬가지로 이 결정 역시 전혀 단호하거나 과단성 있는 것이 아니었다. 이 두 결정 모두가 소련의 한 쪽 끝에서 다른 쪽 끝까지에 걸쳐 소요가 점점 더 들끓는 가운데 궁여지책으로 나오게 된 것이다. 이 두 결정은 이 소요에 의해 야기된 정치구조의 균열을 봉합하려는 필사적인 시도를 반영하는 것이다. 그리고 이 두 결정은 체제가 맞이한 궁극적 곤란을 더욱 악화시킬 수 있을 뿐이었다.

국제정책 : 양날의 칼

고르바쵸프가 1989년 가을까지 행한 것 중에서 성공을 거둔 것은 단한 가지뿐이었다. 그것은 그의 국제정책이었다. 그는, 카불 정부의 즉각적 붕괴 없이, 1989년 2월에 아프가니스탄에 주둔하던 마지막 소련 부대를 철수시킬 수 있었다. 그는 러시아 지도자로서는 흐루시쵸프 시대 이래 처음으로 중국을 방문할 수 있었고 이란 정권과 새로운 협력관계를 맺을 수 있었다. 무엇보다도 그는 미국과의 일련의 군비축소 협정을 통해 '신냉전'을 끝낼 수 있었고 이로써 소련 경제의 군비부담을 감축시킬 수 있었다. 그리고 그는 미국과의 새로운 협력정책을 통해 남아프리카와 중앙아프리카에서의 지역적 갈등을 감소시킬 수 있었다. 그는 국내에서 자신이 처한 처지를 해외에서의 인기를 통해 보강할 수 있었다. 그를 넘어뜨리고자 하는 사람은 누구나, 매우 성공적인 것으로 보이는 그의 국제 전략을 엉클어 놓는 모험을 하지 않으면 안되었다.

그러나 그 전략에는 지불되어야 할 대가가 있었다. 그것은 서방 권력들, 특히 미국에게 소련의 해외정책 결정에 대한 일정한 거부권을 부여하였다. 소련은 미국의 뒷마당인 중앙아메리카에 간섭하지 않는 데 동의했고 서방 권력이 개혁과 억압을 결합시켜 남아프리카를 안정화시키는 것을 돕는 데 동의했다. 러시아의 전략가들은, 이러한 정책들이 '자유화 운동'과 우방 정부에 대한 — 별다른 수익을 가져다 주지 못하는 — 해외지출을 감축할 수 있게 했다고 주장한다. 고르바쵸프는 또한 소련을, 자신의 영향력권을 방어하기 위해 행동을 취함에 있어 매우 조심스러워 해야 하는 처지에 갖다 놓았다. 즉 그는 그러한 행동이, 미국 정부가 약속을 어기고 소련의 군사지출에 새로운 압박을 가하게 될 핑계거리로 사용되지 않도록 해야 했던 것이다.

이러한 사태의 의미는 1989년 가을이 되자 매우 분명해졌다. 러시아의 영향력을 구체적으로 표현했던 정권들은 동유럽 전역에 걸쳐 산산조각이 나기 시작했다. 그리고 소련의 외무장관인 셰바르드나제가 유럽의 전후 국경들의 신성함에 대해 그토록 떠들어댔지만 그나 고르바쵸프가 자신들의 종속 정부들을 봉합시킬 수 있는 방법은 거의 없는 것으로 보였다. 1956년에 부다페스트에서, 그리고 1968년에 프라하에서 효과를 보았던 시위적이고 난폭한 행동은 불가능하게 되었다. 그들에게 남아 있는 일이란 미소를 가장하면서 제2차 대전기에 획득한 전략적 이득의 대부분이 사라지는 것을 달게 받아들이는 일뿐이었다. 1990년 1월말에 셰바르드나제가 갑자기 외교적 재주넘기를 하면서 독일의 재통일은 불가피한 것이었다고 말했을 때 여기에서 이 점이 특히 분명히 드러난다. 그러나 이것은 소련의 지배자들에게서 훨씬 더 결정적인 질문이 제기되는 것을 멈추게 할 수는 없었다. 즉 만약 자신들이 서방의 신경을 건드리지 않기 위해 동유럽에서 행동을 취할 수 없다면 발틱 국가들에 대해서는 자신들이 과연 행동을 취할 수 있겠는가 하는 질문이 그것이었다. 이를 다른 말로 표현하면 고르바쵸프의 정책들은 자신들의 외부 제국뿐만 아니라 내부 제국까지 상실하게 만드는 것이 아닌가 하는 것이었다.

1990년초가 되자 고르바쵸프에 대한 환멸은, 소련에서 더 많은 민주화를 요구하는 사람들 사이에서뿐만 아니라 그리고 옛날식의 '질서'를 요구하는 사람들 사이에서도 뚜렷해졌다. 고르바쵸프 정부가 전복되어서는 안된다고 주장하는 사람들이 드는 주요 이유는 단지 그를 대체할 인물이 없다는 것뿐이었다.

동유럽 : 누적적 붕괴

고르바쵸프의 실험이 경제적 혼란, 사회적 위기 그리고 내전으로 발전하면서 붕괴하게 되자 기존 좌익의 교의들은 혼미 상태에 빠지게 되었다. 그러나 동유럽 정권들의 붕괴 역시 이 교의들의 가장 중요한 이론적 전제들을 침식하였다. 왜냐하면 기존의 좌익은 언제나, 동유럽에 세계의 나머지 지역과는 다른 생산양식이 존재하고 있었다고 주장해 왔기 때문이다. 이 점은 동유럽을 '사회주의' 국가, '타락한 노동자' 국가, 혹은 '탈(脫)자본주의' 국가라고 설명해 온 경우뿐만 아니라 최근에 들어 더 인기를 얻은 설명, 즉 동유럽 사회를 새로운 형태의 계급사회 —— 관료적 집산주의, 국가주의, 심지어는 동양적 전제주의의 현대판 등 —— 로 설명하는 경우에도 해당된다.

그러나 만약 동유럽의 생산양식이 세계 나머지 지역의 생산양식과 그렇게 달랐다면 지난 몇 개월 동안의 변화들은 어떻게 설명될 수 있겠는가? 도대체 완전히 '비(非)자본주의적인' 생산양식에 국제통화기금의 회원이나 이윤을 위한 생산, 생산물을 적정 '수익률'로 팔 수 없는 기업들의 파산, 갑작스런 실업 증가, 심지어 주식거래와 같은 특징들을 접목시키는 것이 어떻게 가능한가?

마르크스주의자들은 일반적으로, 하나의 생산양식에서 다른 생산양식으로의 이행은 낡은 것과 새 것 사이의 폭력적 단절을 포함한다고 주장해 왔다. 예를 들어 뜨로츠키는 1920년대의 소련에서 사회적 반혁명은 일어나지 않았다고 주장했다. 이에 대해 그가 제시한 이유는 그와 같은 폭력적 단절이 없었기 때문이라는 것이었다. 그가 보기에, 폭력적 단절 없이 생산양식의 변화에 대해 이야기하는 것은 '개량주의의 필름을 다시 돌리는 것'이었다.

그러나 1920년대말에 있었던 스딸린의 '제2차 혁명'의 폭력성은 우리가 지난 해에 동유럽에서 본 그 어느 것보다도 더 큰 것이었다. 스딸린은 토지로부터 수백만의 농민을 내쫓기 위해 농촌으로 군대를 파견했다.

그는 공장에서의 임금삭감에 대한 노동자계급의 항의를 깨뜨리기 위해 경찰과 군대를 사용했다. 그는 지배정당내에서 자신의 지배에 대해 의문을 제기하는 사람이 있으면 그를 제거하기 위해 비밀경찰과 GPU를 사용했다. 뜨로츠키의 말을 빌리면 그는 스딸린주의와 볼셰비즘 사이에 피의 강을 만들었다. 스딸린 쪽이 무장을 했고 그의 반대자들이 무장을 하지 못한 채 전개되었던 이 내전에는 숱한 인과관계들이 존재했다. 이와는 대조적으로 지난 해에 걸쳐 진행된 동유럽의 변형은 루마니아만을 예외로 하고는 매우 평화적이었다.

변화의 과정은 폴란드와 헝가리에서 시작되었다. 폴란드에는 1980~81년에 사회적 갈등의 거대한 분출이 있었다. 이것은 15개월 이상씩이나 국가의 활동을 마비시켰었다. 그러나 1981년의 군사쿠데타는 독립 연대노조를 파괴했다. 물론 그것이 정권에 대한 지하 반대파의 영향력까지 파괴할 수 있었던 것은 아니다. 그 후 1988년 봄과 여름에 두 번의 파업 물결이 일어났다. 이들은 정권뿐만 아니라 대부분의 옛 연대노조 지도부까지 놀라게 했다. 첫번째 파업 동안에 연대노조의 지식인 고문들은 그 파업이 실수였다는 느낌을 매우 강하게 가졌다. 두 번째 파업에서는 첫번째 파업만한 열광도 없었다. 하지만 가장 많이 알려진 연대노조의 전국 지도자인 레흐 바웬사는, 자신이 그단스크에 있는 레닌조선소 점거에 참여해야 할 정치적 입장에 놓여 있다는 것을 깨닫게 되었다.

연대노조 지도부는, 파업이 네 개의 핵심 사업장에 국한될 것이고 1980~81년과 같은 정도로 확산되지는 않을 것이라고 보고 있었다.[57] 물론 파업들은 지배계급 권력을 깨뜨리고 사회를 혁명적으로 바꿀 정도의 규모는 아니었다. 그렇지만 그것들은 폴란드 사회의 지배층내에, 어떻게 그들이 자신들의 미래를 보호해야 하는 것인가를 둘러싼 격렬한 논쟁을 불러일으킬 수 있었다. 마침내 그들은 내무부 장관 키스치착

---

57) 파업에 적극적으로 참여했던 폴란드 사회주의자들과의 토론에 기초해서 씌어진, 이곳의 파업들에 대한 풍부한 설명을 보기 위해서는 *Socialist Worker*, 1988년 8월 27일, 1988년 9월 3일, 1988년 9월 10일자를 보라.

(Kisczcak)에 의해 제안된 전략을 채택했다. 그들은 연대노조 전국 지도부가 노동자들에게 파업을 중지하도록 말해 주는 것을 대가로 반대파 및 이들 '독립주의자들'과 원탁 토론을 벌이는 것에 동의했다. 원탁 토론에서 반(半)자유선거에 대한 동의가 있었고 또 이곳에서 연대노조의 고문이, IMF와의 협정을 거쳐, 통제경제를 재구조화하고 광범위한 사유화(私有化)58)를 실시할 정부의 수상이 되어야 한다는 제안이 구지배정당의 지도부에 의해 받아들여졌다.

그럼에도 불구하고 전과 마찬가지로 기업이나 경찰, 군대는 똑같은 사람들이 책임을 맡고 있었다. 언론방송 매체는 이전의 군사통치기에 거드름을 피웠던 사람들을 제거했고, 연대노조를 지지했다는 이유로 해고되었던 기자들이 복직되었지만 언론과 텔레비전에서 여타 인사상의 변화는 거의 없었다. 판사들은 이제부터는 '정치적 중립'을 지키겠다고 말하면 그만이었다. 그러는 동안에 구(舊)노멘클라투라의 일부로서 지금의 자리에 오른 경영자들은 여러 부문의 산업들을 매입하는 데 자신들의 부와 영향력을 사용했다. 약 15,000개의 주식회사가 노멘클라투라에 속하는 사람들에 의해 창설되었다.59) 이같은 일련의 사건들 속에서 '혁명'이나 혹은 '반혁명'이라고 불릴 수 있는 것을 찾기란 어렵다.

폴란드에 못지않은 경제적 변화가 이루어진 헝가리에서는 사회적 갈등이 폴란드에서보다 더 적었다. 헝가리의 조직된 반대파는 1987년말까지 매우 적었다. 1980년대초에 노동자계급 사이에서 지지를 얻고자 한 그들의 시도는 나약했을 뿐만 아니라 성공적이지도 못했다. 1987년과 1988년의 첫번째 시위는 2~3천 명에 불과했고 그것도 참석자의 대부분이 학생들이었다.60)

---

58)'privatisation'은 흔히 민영화로 번역되지만, 이 책에서는 '경영권' 변경보다는 '소유권' 변경을 분명히 하기 위해 사유화(私有化)라고 번역했다. [역자주]

59) 이 수치는, 바르샤바의 폴란드 사회당(민주적 혁명파)의 당원 중 한 명이 제공해 준 것이다.

60) 당시 반체제 인사였던 미클로스 하라즈티(Miklos Haraszti)는 *Socialist Worker Review*, 1988년 7월호에서, 1988년 3월 15일의 시위에는 1만여 명이 참가했다

 ‘민주주의’를 향한 서막은 아래로부터의 압력 때문에 열린 것이 아니었다. 오히려 그것은, 날로 증가하는 국제외채와 경제위기에 대한 공포가 고위층 당 지도자들 사이에 균열을 가져왔기 때문이었다. 소수의 고위 당 지도자들은 1988년 봄의 당 대회에서 늙은 당 지도자 야노스 카다르를 축출하기로 공모했다. 그들은, 완전한 시장 체제로의 경제개혁을 좀더 강력하게 밀어붙이는 것이 필요하다고 믿었다. 그들 모두는 이른바 ‘대처주의’ 정책을 지지했다. 그들은 또한, 자신들이 이러한 조치들을 시행하기 위해 필요한 지지를 획득하려면 정치구조를 개방해야 할 필요가 있다는 데에 동의하고 있었다. 그러나 그 후 이곳에서는 폴란드에서와 마찬가지로 정치적 지도 방향을 둘러싸고 새로운 지배집단 사이에 격렬한 노선 대결이 벌어졌다. 그중 일파인 임레 포즈가이 주변의 분파는 반대파와의 협력을 통해 자신들의 힘을 강화하려고 했다.

 이 새로운 정치적 분위기 속에서, 과거에는 반대파 집단에 가담하기를 거부했던 사람들이 때로는 공포에서 벗어나서 또 때로는 지배할 당에게 열려진 사회적 출셋길을 찾아서 갑작스럽게 반대파에 가담하기 위해 몰려들었다. 반대파의 정치적 시위들은 갑작스럽게 수십만이나 모일 정도로 강력해졌다. 지배정당의 후보들은 일련의 보궐선거에서 패배했다. 그 후 당은 공식적으로 두 조각으로 갈라졌다.

 그러나 사회적 갈등이 결여된 이같은 변화 과정 전체에도 하나의 강력한 연속성이 존재했다. 어떤 반대파 정당의 지도자이자 자유민주주의자인 가스파르 타마스는 이렇게 쓰고 있다.

> 군대, 경찰, 공무원 등은 아직 정치적으로 중립적이지 않다. …… 경제는 명목상으로만 사유화(私有化)될 것이며 똑같은 우두머리들이 경영자들이 될 것이다. 그들은 재산상의 위협을 전혀 받지 않을 것이다. ……
> 다수의 반대파 정치가들은 사이비들이다. 공산당에 대해 가장 시끄럽게 반대의 목소리를 질러 대는 사람들이 실은 몇 달 아니 몇 주 전에 그 당의 지도적 대표자들이었던 사람들이다. 기독민주당의 제2인자인 사람은 20년 동안이나 검사 생

고 말했다.

활을 한 사람이다.[61]

헝가리에서의 변화는 동독에서의 변화의 촉매제였다. 취약하기 그지 없는 상태에서 반대파의 지지를 고대하고 있던 헝가리 정부는, 관광객을 가장하여 서방을 경유하여 이 나라로 들어온 동독 사람들을 보호해 줄 처지에 있지 않았다. 동독은, 1961년에 베를린 장벽이 세워진 이후 처음으로, 숙련 노동자의 유출을 겪기 시작했다.

갑작스럽게 드러난 동독 정부의 취약함은 이전에는 매우 적고 또 쉽게 억압되었던 이 나라의 반대파 집단들을 소생시켰다. 그들은 10월초에 드레스덴에서 수천 명이 참석한 첫번째 시위를 개최했다. 참석자들은 '우리는 여기에 남아 있다', '고르비, 고르비' 등의 구호를 외쳤다. 이 시위에 대한 경찰 공격의 폭력성은 다음날에는 열두 개의 도시에서 수천 명도 더 되는 인원을 거리로 나오게 만들었다. 갑작스럽게 지배정당의 지도부는 고립되고 절망적으로 되었다. 노쇠한 당 지도자 호네커 주위의 한 그룹이 시위자에게 발포할 준비를 시작했다.[62] 지도부의 다른 분파들은 이러한 선택을 매우 위험스러운 것으로 간주했다. 그들은 고르바쵸프의 지지에 의존할 수도 없었다. 왜냐하면 그는 자신의 정책을 공개적으로 비판하는 정권을 싫어할 충분한 이유를 가지고 있었기 때문이다. 그리고 대중에 대한 무력 잔압은, 동독 정권이 경제적으로 점점 더 의존하게 된, 서독과의 관계를 완전히 망쳐 놓을 것이 뻔했다. 안전기획부장인 에곤 크렌츠는 호네커를 축출하는 정치국 쿠데타를 일으켰고 개혁을 약속함으로써 시위대를 진정시켰다. 갑자기 반대파 그룹들은 합법적으로 활동할 수 있게 되었고 당의 중간 간부들은 그들에 대한 통제력을 획득하기 위해 시위에 참여하고 있었다. 그러나 그것이 가져다 준 직접적인 효과는 수많은 대중들에게 처음으로, 저항하는 것이 안전하다는 느낌을 준 것이었다. 지배정당은 여행의 자유를 약속하고, 자유선거를 보장하고,

---

61) *Sunday Correspondent*, 1989년 9월 17일자의 논설.
62) 그들의 준비 사항을 알기 위해서는 *Stern*, 1990년 1월 25일자를 보라.

더 많은 수의 옛 지도자들을 희생시키고, 그들 중 가장 부패한 자들을 체포하고, 마침내 베를린 장벽을 철거하는 식의 더 많은 양보를 함으로써 대중을 통제하고 있다는 가상을 겨우 유지할 수 있었다. 호네커를 추방한 사람인 크렌츠는, 당 지도부가 반대파 그룹들 및 점점 더 독립적 자세를 취하게 된 과거의 경쟁정당과의 원탁 회의를 시작하면서, 모드로브에 의해 축출되었다.

동독에서 일어난 변화들은 동독의 대규모 국유기업들의 경영자들로 하여금 서독 기업들과의 협약을 체결하려는 노력을 배가하도록 자극하기에 충분했다. 인터플룩(Interflug) 사(社)는 비행훈련 모의실험 장치를 개발하기 위해 루프트한자 사(社)와 합병 모험회사를 설립했다.63) 당원이자 동독 3위의 기업인 로보트론 사(社)의 사장이었던 프리드리히 보쿠르카는 드레스덴에서 콤팩트 디스크를 만들기 위해 필츠 그룹과의 합병에 서명했고 소프트웨어 사업을 위해 지멘스 사(社), 그리고 데이터 프린트 사(社)와의 합병에도 서명했다.64) 바르트부르그 사(社)는 폴로(Polo)를 세우기 위해 폭스바겐 사(社)와의 합병에 대해 토론하고 있었다.65) 합병을 위한 회의에서 서독 산업연맹의 의장은 '동독의 파트너로부터 서독의 시장 모델은 정말 훌륭하다'는 말을 들었다.66)

지배정당의 당원이었던 기업 경영자들은 기독민주연맹이나 민족민주당 등의 옛 경쟁 정당들로 자리를 옮기기 시작했다. 그리고 나서 이들은 서독으로의 흡수통합을 주장하기 시작했다. 이러는 동안에 지배정당의 지도자들은 전국 및 지역 차원에서 서독 정치인 및 기업가와의 계약을 체결했다. 동독의 어떤 혁명적 사회주의자가 설명했듯이 서독과의 정치 통합에 대한 동독 지도부의 반대는 동독 경제의 서독 경제로의 통합에 대한 반대가 아니었다. 그것은 단지 두 경제간의 정치적 중개자로서 자신들의 지위를 지키기 위한 방법에 불과했다.67) 1990년 1월말이 되자

---

63) *Financial Times*, 1990년 1월 15일.
64) *Financial Times*, 1990년 1월 15일.
65) *Independent*, 1990년 2월 2일.
66) *Financial Times*, 1990년 1월 15일.

그들은 독일 통일에 대한 그들 나름의 계획서를 내놓고 있다.

　이 변화들은 동독 사회의 구조를 운영하는 사람들의 변화를 의미하는 것이 아니었다. 군대장교나 국가관료의 지위에 아무런 변화가 없었던 것과 마찬가지로 기업 경영자들의 지위에는 전혀 아무런 변화가 없었다. 언론방송 매체들도, 비록 반대파의 접근이 허용되고 기자들에게 처음으로 사회의 더러운 특징들을 폭로할 자유가 주어지긴 했지만, 본질적으로는 이전과 똑같은 사람들에 의해 장악되어 있었다. 동독의 어떤 혁명적 사회주의자는 그것을 이렇게 표현했다.

> 이전의 경제구조는 전혀 건드려지지 않았다. 이 점은 공장들과 경제담당 기구들에서 특히 그러했다. 물론 공장들에서도 변화는 있었다. 예를 들어, 공장의 SED 그룹들은 더 이상 아무런 역할도 하지 않았다. 그러나 실질적인 경영은 이전과 마찬가지로 이루어졌기 때문에, 본질적으로는 아무런 변화가 없는 것이었다.
> 대중의 운동은 정치권력의 몇몇 직위만을 겨냥해 왔다. 그리고 대중의 압력에 의해 한 세대가 물러나고 다음 세대가 권력에 들어앉았다. 그러나 그들도 경제를 운영하는 사람들의 이익만을 추구했을 뿐이다.[68]

　체코슬로바키아에서 변화의 동학(動學)은, 처음에는, 동독의 그것과 매우 유사했다. 다른 곳의 사건들에 의해 자극되어 학생들은 11월 17일에 시위를 하기로 결정했다. 이곳에는 전에도 항의행진이 있었다. 예를 들면 1968년의 러시아 침공을 상기시키기 위한 8월 20일의 시위가 그런 경우였다. 그러나 경찰의 초동 진압 작전으로 인해 이들 시위의 규모는 매우 작았다.[69] 서방 기자들이 목격한 바에 따르면 대부분의 통행자들은 시위행렬에서 거리를 두고 있었다.[70] 그렇지만 이번에는 시위에

---

67) 1989년 12월 22일, 동베를린에서의 인터뷰.
68) 같은 책.
69) 러시아 침공 21주년을 잊지 않기 위한 시위를 목격한 사람들의 말에 의하면 이 시위에는 7~8천 명이 참석한 것으로 추측된다. *Socialist Worker*, 1989년 8월 26일자를 보라.
70) 예를 들어 'Czech protestors fail to involve silent majority', *Financial Times*,

합법적 명분이 있었다. 지배정당의 청년조직은 50년 전 나치에 의한 국가점령에 항의했던 학생저항일을 기념하기로 결정했다. 시위는 정부나 반대파 모두가 예상한 것보다 더 큰 규모로 전개되었다. 정부는, 아직 알려져 있지 않았던 '테러 진압 부대'를 파견하여 시위자들을 공격하고 구타했다.

지금 프라하에서 그 공격은 '11월 17일 학살'이라고 불린다. 사실 이때 죽은 사람은 아무도 없었고 경찰 공격은 서방 국가들에서 '법과 질서'를 대변하는 세력들에 의해 자행된 것(예를 들어 워링턴, 오그리브, 왜핑 등지에서 피켓시위를 벌이던 영국 노동자들에 대한 영국 정부의 공격)과 큰 차이가 없었다. 그러나 대개 10대 후반이었던 시위자들이 경찰의 맹공격을 당하는 모습을 보고 나서는 훨씬 더 많은 사람들이 행동에 나서게 되었다. 그 주(週)의 말에 체코슬로바키아 전역의 학생들이 파업을 벌였다. 연극영화과 학생들이 이 파업에 가담하기로 결정하자 배우, 감독, 극장 기술자 등도 이에 가세했다. 갑자기 프라하의 모든 극장들이 토론장으로, 그리고 반대 활동의 중심으로 변했다. 수십만 명의 사람들이 시위에 가담했다. 즉석 선동팀이 각지의 공장과 전국의 도시와 시골로 가서 프라하 중심부에서 무슨 일이 벌어지고 있는지를 설명했다. 반대파 그룹인 시민 포럼(Civic Forum)은 갑자기 대중운동으로 변하여 11월 27일에는 전국에서 두 시간에 걸친 시한부 파업을 성공적으로 조직함으로써 그 힘을 과시했다.

동독에서와 마찬가지로 당 지도부가 대중에 대한 발포를 고려하고 있다는 소문이 나돌았다. 그러나, 다시 동독에서와 마찬가지로, 곧 이러한 방침의 제안자들은 협상의 제안자들에 의해 축출되었다. 당 지도부와 정부 각료들이 분주하게 움직이더니 반대파와 '독립파'들을 포함하는 연립정부가 구성되었다. 자유선거가 약속되었고 이어 구정권 자신이 정선해서 구성한 의회에 의해, 정치범이었던 바츨라프 하벨이 대통령에 선출되었다.

1989년 10월 30일자를 보라.

어떤 의미에서는 체코슬로바키아의 사건들과 폴란드 및 헝가리의 사건들 사이에는 첨예한 차이가 있는 것으로 보인다. 즉 체코슬로바키아에서는 진정한 혁명의 요소들이 많이 발견되는 것이다. 대중이 거리로 나서서 구질서로부터 양보를 강제해 낸 것이 그것이었다. 거리에는 선동이 그칠 줄 몰랐다. 대학과 극장이 점거된 프라하 중심부는 1968년 5월의 파리를 방불케 한다. 시민 포럼 위원회와 파업위원회들이 공장에서, 언론방송사에서, 그리고 지역에서 무수히 생겨났다. 노련한 체코 마르크스주의 반대파인 블라디미르 리하(Vladimir Liha)는, 누가 운동을 조직했는가라는 질문에, '아무도 조직하지 않았다. 모든 사람이 자신들이 하고자 한 바를 행한 것뿐이다. 그러나 그것은 무정부상태가 아니었다. 그것은 혁명이었다'71)고 대답했다.

그러나 만약 이것이 혁명이었다면 이는, 그것이 아래로부터 강요된 부분적인 정치적 변화였다는 가장 좁은 의미에서만 그러하다. 그것은, 3일 동안의 시위가 왕의 장군들을 설득하여 하나의 왕조를 다른 왕조로 교체한 프랑스의 1830년과 비슷했으며 거리 투쟁이 프러시아 왕을 설득하여 의회를 약속하게 했으나 왕권 전체를 파괴한 것이 아닌 베를린의 1848년과 비슷했다. 뜨로츠키는 생산관계를 변화시키지 않고 유지하는 정치 혁명과 1789~1794년 또는 1917년과 같은 사회 혁명을 구별하곤 했다. 체코슬로바키아의 반란은 분명 전자의 예이지 후자의 예는 아니었다.

프라하의 난방기구 공장에서 일하고 있던 체코슬로바키아의 혁명적 사회주의자 페트르 클루바트(Petr Kluvart)는 공장들에서 일어난 변화가 얼마나 보잘것 없는지를 우리에게 전해 준다. 파업위원회가, 시민 포럼 위원회들과 나란히 활동하거나 때로는 그들과 융합되기도 하면서 아직도 대부분의 작업장들에 존재하고 있지만 경영진들의 특권은 전혀 도전받지 않았다.72) 심지어는 StB, 즉 비밀경찰국조차도 그대로 남아 있

---

71) 1989년 12월 11일, 프라하에서의 인터뷰.
72) 같은 책.

다. 'StB는 우리의 대통령을 감시하고 괴롭힌다. 그들은 우리의 친구가 아니다. 하지만 국가안전은 보장되어야 한다'고 비(非)공산주의자 내무장관인 리차드 색허(Richard Sacher)는 말한다.73)

1989년 12월에 불가리아에서 일어난 변화는 동독이나 체코슬로바키아에서 일어난 변화보다는 헝가리의 사건들에 더 가깝다. 지난 30년 동안 당을 지도해 온 치코프가 갑자기 정치국의 경쟁자들에 의해 권좌에서 쫓겨났고 이어 그와 그의 아들이 수백만 달러의 국고를 횡령했음이 폭로되었다.74) 수도 소피아의 거리들에서는 며칠 전부터 반대파의 시위가 열리고 있었다. 그 시위는 환경문제를 제기하고 있었다. 그러나 그 시위는, 정치적 변화—오히려 이것은 점차 급속히 증가하고 있는 외채에 대한 지불이자가 수출소득의 반을 먹어치워 버리는 것에 대한 공포와 새로운 지도자들의 출세주의가 결합되어 일어났다75)—를 야기할 수 있을 만큼의 규모에는 미치지 못하는 것으로 보였다.

그러나 갑작스런 정치적 위기는 반대파에게 전례 없는 활동 기회를 제공했다. 반대파는 합법적으로 조직해 나갈 수 있게 되었고 매체에도 일정하게 접근할 수 있었다. 그해 말에 반대파는, 만약 국가기구—당시 그것은 '아직 전체주의적'이라고 묘사되고 있었다—가 더 폭넓은 시위를 허락하지 않는다면 총파업을 하겠다고 위협할 수 있을 만큼 힘이 커진 것을 느낄 수 있었다. 반대파는 파업 호소를 철회하는 대가로 일정한 양보를 얻어냈다.76)

루마니아는 정치적 변화가 군사적 충돌을 동반한 유일한 국가였다.

---

73) *Independent*, 1990년 1월 31일자에 실린 인터뷰. 또한 국가안보 제도가 '폐지'되거나 '재조직'되었었다고 하는 보고를 볼 것. 1990년 1월 1일의 프라하 라디오 방송. 1990년 2월 3일 BBC 모니터부 보고에서 인용.

74) 공산당 정치국과 중앙위원회에서 벌어진 일들에 대한 설명을 보기 위해서는 *Moscow News*, 1990년 1월 7일자를 보라.

75) 경제위기에 대한 새 지도부의 설명을 보기 위해서는 *Trud*, 1990년 12월 1일자 기사를 보라. 이것은 1989년 12월 14일자 BBC 녹취록에서 번역한 것이다.

76) 무슨 일이 일어났는가에 대한 설명은, 1989년 12월 19일, 28일에 방송되었던 동유럽에 대한 BBC 모니터부(部)의 보고를 보라.

즉 이곳에서는 폭력 혁명이 일어났던 것이다. 권력은 다른 어느 나라보다도 심하게, 차우체스쿠라는 한 사람의 권력자에게 집중되어 있었다. 그는, 조금이라도 저항적 요소를 가진 사람들을 분쇄하는 데에 그 권력을 사용했다. 그래서 그는 1987년 겨울에 브라소프에 있는 레드 스타 트랙터 공장에서 파업이 일어나자 자신의 안보경찰을 보내 이들 파업 노동자들을 쏘게 했다. 그는, 1989년 12월 중순에 헝가리어계 개신교 목사를 처형한 데 대한 저항으로 티미소아라 시의 주민들이 거리로 나오자 똑같은 방법을 되풀이 사용했다.

그러나 이번에는 억압이 운동을 즉각적으로 깨뜨리지 못했다. 티미소아라에서 노동자들이 석유화학 공장을 폭파하겠다고 위협하자 군대는 철수하지 않을 수 없었다. 소요의 소문이 수도 부카레스트 전역에 퍼지기 시작하자 차우체스쿠는 직접 개입하지 않을 수 없었다. 그는 자신을 지지하는 집회를 개최하기 위해 심복들을 시켜 도시 공장의 대표자들을 불러모으도록 했다. 12월 21일의 집회에 군중들은 전과 마찬가지로 모이기 시작했고 차우체스쿠가 연설을 시작하자 지시받은 대로 환호를 했다. 그러나 몇 분 지나지 않아서 그 환호는 야유와 '티미소아라' 찬가로 바뀌었다. 집회를 중계하던 텔레비전 생방송은 급히 방송을 중단했다. 차우체스쿠는 연단에서 물러나면서 자신을 향한 군중의 분노를 보고는 두려움과 경악을 금하지 못했다.

정권이 위기에 처해 있다는 텔레비전 방송을 본 수십만 명의 사람들이 집회 군중에 합류함으로써 시위는 밤새 그치지 않고 진행되었다. 보안경찰이 거리를 장악하는 것은 불가능해 보였다.[77] 다음날 시위군중은 지배정당의 중앙위원회 빌딩에 집결했다. 맨 앞렬에 섰던 사람들이 안으로 밀치고 들어가며 보안경찰의 무기를 빼앗자 그들은 놀라 도망쳤다.

---

77) 그 당시 이 나라에는 서방 기자들이 한 사람도 없었다. 그래서 서방의 언론방송에서는 일어난 사건에 대해 여러 가지 모순된 보도들이 있다. 나는 여기서 주로 자신의 비디오 카메라로 12월 21~22일의 사건을 찍었던 한 루마니아인의 증언에 의존하고 있다. 이것은 BBC 방송의 1990년 1월 8일자 *Panorama* 프로그램에서 상세히 방영되었다.

차우체스쿠와 그의 부인은 정치권력의 공식적 중심부를 대중들의 손에 넘겨준 채 빌딩 옥상에서 헬리콥터를 타고 도피했다. 중앙위원회 빌딩 안에서 군중의 대표들은 정치 공백을 어떻게 메울 것인가에 대해 토론하기 시작했다.

이 시점에 군부의 우두머리들이 움직이기 시작했다. 처음에는 차우체스쿠를 지지했다가 보안경찰이 거리 통제를 위해 시위자들과 전투를 치르게 되자 짐짓 중립을 가장했던 그들은 이제 혁명을 지지한다고 선언했다. 군대는 지난 이틀 동안 온갖 위험을 감수하며 싸웠던 사람들로부터 통제권을 인수하기 시작했다. 곧이어 전국 구제 위원회(National Salvation Council)가 공식적으로 통제를 담당했다. 그것은 장군들, 옛 독재자의 동료였다가 정권 말기에 그와 사이가 틀어졌던 사람들, 그리고 학생과 거리 시위대에서 선출된 소수의 대표들 등으로 구성되어 있었다.

전국 구제 위원회의 장군들은 그들의 군대에게, 시민 시위대에게 일련의 테러 공격을 가한 바 있는 차우체스쿠 보안경찰의 필사적인 반혁명 시도를 저지하라고 명령했다. 12월 25일에 그들은, 반혁명을 막기 위해 그것의 중심으로 활동하고 있던 차우체스쿠를 재판한 후 처형했다. 그러나 이와 동시에 장군들은 반혁명에 대항할 수 있는 가장 강력한 힘, 즉 불과 3일 전에 차우체스쿠 권력을 무너뜨렸던 자발적 대중활동을 약화시키기 위한 조치도 취했다. 차우체스쿠를 처형한 날에 전국 구제 위원회가 발부한 성명서에는 이렇게 씌어 있다.

> 군대만이 무기를 소지할 수 있다. …… 무기와 탄약을 소지한 사람들은 이유 불문하고 그것들을 1,200시간[즉, 50일] 이내에 반납해야 한다. 이 규정을 어긴 사람들은 엄벌에 처할 것이다.

2주 뒤에 전국 구제 위원회는, 학생들이 부카레스트 중심부에서 집회를 개최하는 것을 금했다. 반대파 정당들은 자신들이 언론방송 매체에 접근하는 것이 제약되어 있다고 불평하고 있었다.

루마니아에서 일어난 일은 확실히 혁명의 고전적 특징들 가운데 많은 것들을 보여준다. 그러나 그 변화들은 여전히 정치적이었을 뿐 사회적인 것이 아니었다. 기업들에 대한 통제권은 똑같은 사람들의 손에 남아 있었고 경제 전반에 영향을 미치는 결정들은 차우체스쿠와 관계가 벌어지기 전에 구지배정당에서 지도적인 역할을 했던 사람들에 의해 이루어졌다.

두 이론의 실패

동유럽에서 일어난 일을 파악하려는 좌익에게는, 이 나라들을 뒤흔든 위기의 규모가 컸다는 사실뿐만 아니라 대부분의 동유럽 사회들이 스스로를 '현존 사회주의'라고 묘사하다가 갑자기 서방 자본주의의 방법을 공공연히 모방하는 것이 어떻게 그토록 쉬울 수 있었는가를 설명할 수 있는 이론이 필요하다.

그러나 전통적으로 좌익을 지배해 온 이론, 즉 이 사회들을 '사회주의', '탈자본주의', 또는 '타락한 노동자 국가들'이라고 불러온 이론은 그것들을 설명할 수 없다. 이런 이론은 일반적으로, 이들 경제들이 무한히 확장될 수 있다고 주장해 왔다. 이것은 유로코뮤니즘적 경향을 포함하는 서구 공산당들에 의해 복음적 진리로 간주되어 온 것이다. 예를 들어 나는 1977년에 영국 공산당 대회에 (기자 자격으로) 참석했던 것을 기억하고 있다. 유로코뮤니스트와 친러시아적 '강경파 공산주의자들(tankies)' 사이의 논쟁이 이미 고조되고 있었다. 그러나 그 어느 편도, 동유럽 경제들의 '쉼없는 발전'과 서방의 위기를 대립시키는 공식 테제에 도전하지는 않았다. 그것은, 소련이 서방에 비해 우월한 경제 체제를 발전시켰다는 믿음이었다. 바로 이 믿음 때문에 영국 유로코뮤니스트 몬티 존슨은, 1920년대와 1930년대에 스딸린은 뜨로츠키보다 옳았다고 썼다. 뜨로츠키가, '러시아에서보다 지배적 자본주의 국가들에서 노동생산성이 더 빨리 성장할 가능성이 있다고 주장했을 때' '그는 극단적 패배주의에 빠져 있었던 것이다. …… 스딸린은 1935년 이후에 올바르게도, 뜨로츠키는 틀렸으며 …… 사회주의는 대체로 보아 이미 완성되었다고 말할 수 있었다.'[78]

동유럽 국가들을 '타락한 노동자 국가'로 설명한 뜨로츠키 견해의 가장 대중적인 수정판은 이와 비슷한 결론에 이르렀다. 이러한 경향을 대표하는 사람으로 가장 널리 알려진 이론가인 에른스트 만델은 1956년에 이렇게 썼다.

> 소련은 매번의 계획에서, 그리고 수십 년간에 걸쳐 과거의 발전이 미래의 가능성을 억압하는 일이 없이 다소간 균등한 경제성장 리듬을 유지하고 있다. …… 경제성장의 속도를 늦추게 만드는 자본주의 경제의 모든 발전법칙들이 이곳에서는 제거되었다.[79]

그는 1978년에 출간된 세계공황에 관한 그의 책 제1판에서 자신의 주장을 되풀이했다. 그는, 동유럽 국가들이 달성한 성장률은 다른 무엇보다도 경제성장 속도의 하강, 대규모의 경제적 동요, 실업 등을 피할 수 있는 능력이라는 측면에서 '자본주의 시장경제'에 비한 그들의 '질적' 우월성, 즉 이들 경제의 '비자본주의적 성격'에 대한 증거물이라고 주장했다.[80] 그는, '비자본주의 국가들'은 오직 세계자본주의 공황의 효과만을 겪을 뿐이라고 덧붙였다. 그러나 그러한 논리는, 왜 이들 국가들이 갑자기 지난 4년 동안 우리가 보아 온 바와 같은 종류의 심각한 경제적, 사회적, 정치적 위기에 빠져들었는지를 설명해 낼 수 없다.

'탈자본주의' 이론 중에는 소련 경제가 위기를 향해 나아가는 경향이 있다고 강조한 하나의 이론이 있다. 뜨로츠키 자신이 제시한 타락한 노동자 국가의 이론이 그것이다. 그는 1930년대에, 지배관료는 10월혁명이 초래한 경제적 재조직화에 반대하는 입장을 취한다고 주장했다. 이로

---

78) *New Left Review* 50(1967).

79) *Quatrieme International*, année 14(1956), no. 1~3.

80) E. Mandel, *La crise*, 1978, pp. 161~165.

말미암아 소련은 수십 년 후가 아니라 매우 가까운 장래에 파국적 위기에 도달할 것이라고 그는 보았다. 그는, '관료주의가 아무런 방해도 받지 않고 더 발전한다면 소련은 불가피하게 경제적·문화적 성장을 중지할 뿐만 아니라 끔찍한 사회적 위기로 나아갈 것이며, 전체 사회는 추락을 향해 돌진할 것이다'라고 썼다.[81] 샤흐트만 등에 의해 1939년에 발전된 '새로운 계급 이론'에 반대하여 그는 이렇게 주장하기도 했다.

> 혁명적 사회주의자들이 노멘클라투라에게 사로잡혀 몇 년 아니면 불과 몇 개월 이내에 불명예스러운 몰락을 겪게 될 이 보나빠르뜨 과두제를 새로운 지배계급으로 간주하게 된다면 이것은 자신들을 어이없는 입장에 처하게 만들 것이다.[82]

그리고 다른 곳에서 그는 또 이렇게 말한다.

> 세계 프롤레타리아트의 수동성 때문에 전쟁이 오래 지속되게 된다면 소련의 내부 모순은 부르주아 보나빠르뜨적 반혁명으로 나아갈 것임에 틀림이 없다.[83]

그러한 예언들은 스딸린 치하 소련의 산업화, 나치 독일에 대한 소련의 승리, 동유럽에 대한 소련의 통제권 확립 등을 견뎌 낼 수 없었다. 뜨로츠키의 '정통' 추종자들은 그의 이론에 대한 뜨로츠키 자신의 해석을 폐기하고 동유럽 사회들은 공산당들에 의해 파급된 경제들과 다른 것이 아니라는 견해를 채택했다. 뜨로츠키주의자들도 스딸린주의자들도 소련 경제의 발전을, 그것이 서방의 경제보다 더 우월한 형식의 사회라는 사실을 뒷받침하는 증거로 보았다. 그들간의 차이라고는 정치적 상부구조에 대한 그들의 가치평가에 있었을 뿐이다.

지난 몇 년간에 걸쳐 동유럽 국가들의 경제적 위기가 얼마나 심각한

---

81) Trotsky, *The Class Nature of the Soviet State*(London, 1962).
82) Trotsky, *In Defence of Marxism*(New York, 1973), p. 14.
83) Trotsky, 'The War and the Fourth International', in *Writings 1939~40*(New York, 1973).

지가 드러나자 서방 공산당들은 자신들의 오래된 도취감을 포기하기에 이르렀다. 그리고 뜨로츠키 자신의 정식을 사용하려 애썼던 사람들도 이 선례를 따라, 자신들이 지난 50년 동안 뜨로츠키의 이론에 정반대의 색깔을 부여했었다는 사실에 대해 전혀 언급하지 않고서 그의 1930년대의 정식으로 되돌아갔다. 에른스트 만델은 이제, '관료가 자신들의 물질적 특권들을 경제 체제의 일관성 있는 작동(즉 재생산)을 위해 사용할 수 없었기 때문에, 다시 말해 그것들을 생산과정에서 자신이 수행해야 할 역할과 결합시킬 수 없었기' 때문에 '전체 경제'는 '어떤 형태의 경제적 합리성'도 결여하고 있다고 주장한다.84)

그러나 과거의 도취감을 단순히 뒤집는다고 해서 그것이, 왜 동유럽 국가들에서 다름 아닌 지난 10년 동안에 경제적·사회적 위기가 보편적으로 발전했는가를 설명해 주지는 못한다. 또 그것은, 서방 자본주의는 경제적 합리성에 기초하고 있고 그래서 그것은 보다 우월한 체제임에 틀림없다고 주장하는——그것이 어떤 결함을 갖고 있을지라도——사람들에 맞설 수 있는 반대 주장을 제공해 주지도 못한다. 동유럽 국가들을 '탈자본주의'로 보는 견해들 모두는, 동유럽 국가들이 서방 자본주의에 비해 열등하다는 주장을 수용하는 방향으로, 즉 우익적 방향으로 너무나 쉽게 뒤집어진다. 그래서 자신의 저서에서 고르바쵸프의 개혁이 성공할 것이라고 주장한 바 있는 타리크 알리(Tariq Ali)조차도, 러시아 노동자들이 처한 조건은 몇몇 측면에서는 가장 빈곤한 '제3세계' 나라들의 노동자들이 처한 조건보다 더 나쁘다는 주장을 수용한다.

> 캘커타의 남성 노동자나 멕시코 시티의 가판점에서 그릇을 파는 여인은 자신들이 무엇을 살 것인가 하는 점에서는 …… 소련의 톨리아티그라드의 자동차 노동자나 스베르들로브스크의 철강 노동자보다 훨씬 더 큰 선택권을 갖고 있다.85)

---

84) E. Mandel, *Beyond Perestroika*(London, 1985), p. 34. [E. 만델, 『페레스트로이카를 넘어』, 태백, 1990]
85) T. Ali, *Revolution From Above*, p. 80.

동유럽 국가들을 '탈자본주의'로 분석한 이론과 결합되어 있는 낙관주의가 붕괴되자 많은 사람들은 이 사회들을, 대중을 착취하지만 그러나 자본가계급은 아닌 '새로운 계급'에 의해 운영되는 사회로 보는 이론들을 지지하게 되었다. 그러한 이론들은 1930년대말에 리찌(Rizzi)와 샤흐트만(Schachtman)에 의해, 1950년대에 질라스(Djilas)에 의해, 그리고 지난 20년 동안에는 틱틴(Ticktin), 벤스(Bence)와 키스(Kis), 바로(Bahro), 카를로(Carlo), 까갈리츠끼(Kagarlitsky) 등 기타 많은 사람들에 의해 제기되었다. 이 모든 저자들은 동유럽 국가들이 무계급사회라는 주장에 비난을 퍼부었다. 그러나 그들은 동유럽 사회들의 경제적·사회적 발전의 진정한 동력을 취급함에 있어 '탈자본주의' 이론들의 제안자들과 마찬가지로 성공적이지 못했다.

사실상, 이 이론의 초판은 탈자본주의 이론들과 마찬가지로 동유럽 국가들이 경제적으로 진보적인 성격을 갖는다는 견해를 갖고 있었다. 브루노 리찌는, '새로운 지배계급'의 '경제강령'은 '진보적'이라고 주장했다.86) 이 견해는 막스 샤흐트만의 1940~41년 저작에서 되풀이되었다. 그는 이렇게 썼다.

…… 관료적 집산주의는 인류사의 집산주의 시기의 일부 — 예상 밖이고 잡종적이고 반동적인 일부이지만 그럼에도 불구하고 일부는 일부 — 이다. 관료적 집산주의의 사회 질서가 자본주의적 사회 질서와 구별되는 점은 우선, 전자가 국가소유라고 하는 새롭고 더욱 발전된 소유 형식에 의거하고 있다는 점이다. 볼셰비키 혁명의 결과인 이러한 소유 형식이 사적 소유에 비해 진보적이라는 것, 즉 역사적으로 우월하다는 것은 마르크스주의에 의해 이론적으로 입증되었을 뿐만 아니라 실천의 시험에 의해서도 입증되었다.87)

---

86) B. Rizzi, *The Bureaucratisation of the World*(London, 1985), p. 87.
87) M. Schachtman, *The New International*, 1941년 10월호, p. 238과 *Workers Party, Historic Documents Bulletin 1*(1944). 둘 다 R. Dunayevskaya, *State Capitalism and Marx's Humanism or Philosophy and Revolution*(Detroit, 1967), pp. 18~19에 인용되어 있다.

라코브스키라는 필명으로 70년대 중반에 저술활동을 했던 두 사람의 헝가리인 벤스와 키스는, 동유럽 국가들이 서방 자본주의보다 기술적으로 더 느리게 발전한다고 믿었다. 그러나 그들은 또한, 이 국가들에서 어떤 경제적 불균형이 발생한다 하더라도 그것은 쉽게 극복될 수 있다고 생각했다. 그들은, '대중이 요구하는 …… 기본 생필품은 매우 지속적으로 충족되고' 있고 '우리의 모델에 기초할 때 우리는 소비에트형(型)의 사회들이 필연적으로 경제성장의 붕괴를 겪게 된다고 볼 아무런 이유도 없다'고 주장했다.[88] 그들은, 노동자계급은 지배계급 내부에 분열 — '양극화' — 이 있기 전에는 자신을 조직할 수 없으며, '체제의 일반적 구조를 놓고 볼 때 거기에서, 시간이 흐름에 따라 그러한 양극화의 가능성이 높아질 것이라고 볼 수 있는 어떤 발전적 경향도 추론될 수 없다'[89]고 결론 내렸다. 이러한 결론들 때문에 벤스와 키스는 결국, 마르크스주의가 동유럽의 반대파들에게, 그들이 '마르크스주의와는 다른 배경 출신의 사회과학자들'로부터 획득할 수 없는 그 무엇인가를 제시해 줄 가능성은 거의 없다고 주장하게 되었는데[90] 이것은 별로 놀랄 일이 못된다.

그렇지만 '새로운 계급' 이론의 최신판 대부분은, 동유럽 경제들이 본래 서방 자본주의보다 덜 역동적이라고 주장한다. 이것은 1940년대 중반 이래 샤흐트만이 취해 온 입장이다.[91] 그리고 이것은 질라스의 저작 『새로운 계급』(*The New Class*)이 내리고 있는 결론이기도 하다. 더욱 최근에 이것은 힐렐 틱틴과 잡지 『비판』(*Critique*) 주위의 필자들의 글에 주로 나타나는 특징이기도 하다. 예를 들어 틱틴은, '오늘날의 소련의 중심적인 경제적 특징은 거대한 낭비성과 점증하는 낭비로 향하는 경향이다'[92]라고 썼다. 때때로 그는 소련을 '여분(餘分) 경제(spare parts

---

88) M. Rakovski, *Towards an East European Marxism*(London, 1978), p. 103.

89) 같은 책, p. 101.

90) G. Bence · J. Kis, 'After the break'. F. Silnitsky, L. Silnitsky · Karl R. Reyman, *Communism and Eastern Europe*, p. 140에 번역되어 있다.

91) M. Schachtman, *The Bureaucratic Revolution.*

economy)'라고 묘사하기까지 했다.[93]

틱틴의 분석은 또 한 사람의 '새로운 계급' 이론가인 휴레디(Furedi)에 의해 거의 전적으로 받아들여졌다.[94] 그가 보기에 동유럽 사회의 경제 조직 형식은 완전히 비합리적인 것이었다.

> 사회의 노동시간을 통제할 어떠한 메커니즘도 존재하지 않는다.[95] …… 고립된 개인들과 생산단위들은 투입과 산출을 통제할 어떠한 효율적인 메커니즘도 없이 임의적인 방식으로 물건을 만든다. …… 소련 사회구성체는 노동을 사회화하거나 국민적 노동분업을 확립하는 아무런 내적 경향성도 갖고 있지 않다.[96] 이곳에는 기업 차원에서 기술혁신이나 역동화(dynamism)를 향해 나아가는 어떠한 충동도 존재하지 않는다.[97]

이러한 비합리성은, '관료의 행동을 규정하는 것이 다름 아닌 발전 동력의 결여'[98]임을 의미한다. 휴레디가 보기에, 소련 '사회구성체'가 자본주의와 근본적으로 다른 것은, '이곳에서는 많은 수의 노동자들을 잉여 상태로 만드는 것이 정치적으로 받아들일 수 없는 것으로 되어 있다'[99]는 점이다.

동유럽 경제들이 언제나 위기에 처해 있었다고 주장하는 분석은, 동유럽 경제들에서는 위기가 있을 수 없다고 주장했던 분석과 마찬가지로, 지난 몇 년간에 이곳의 상황이 왜 갑작스럽게 악화되었는지를 거의 설명할 수 없다. 게다가 그들은, 이 사회들이 수십 년 동안 경제성장을 경

---

92) 'Towards a political economy of the USSR', *Critique*, no. 18, 1973년 봄호, p. 22.
93) 1981년 SWP의 연중 교육행사인 마르크스주의 대회에서 알렉스 캘리니코스와 나눈 논쟁에서.
94) *The Soviet Union Demystified*(London, 1986)에서 인용.
95) F. Furede, 같은 책, p. 100.
96) 같은 책, p. 102.
97) 같은 책, p. 117.
98) 같은 책, p. 172.
99) 같은 책, p. 159.

험했다는 있는 그대로의 역사적 사실을 부정한다. 그래서 휴레디는, '경제적 수축의 경향은 1958년 이래로 …… 언제나 소련 체제의 지배적 특징이었다'[100]고 주장한다. 물론 때로 수축은 있었을 것이다. 하지만 CIA가 제시한 통계에 의하면 소련 경제의 규모는 휴레디가 지적한 그 30년 동안에 두 배 이상이나 커졌다![101]

국가자본주의 지배계급들은 이 시기 내내 상당한 자신감을 보였다. 즉 이들은 자신들의 통치에 대해 내부적으로 상당한 사회적 지지를 획득했고 세계 나머지 지역의 통치자들 사이에 선망과 두려움이 뒤섞인 반응을 불러 일으켰다. 좀 거칠게 표현해 보면 소련은 전면전에서 세계에서 두 번째로 강력한 자본주의 경제[독일을 말한다 - 역자]를 물리쳤다. 스딸린그라드의 전투에서 승리하고 스푸트닉호를 쏘아 올려 미국을 누른 것은 하나의 '여분 경제'가 아니었다.[102]

지난 몇십 년 동안에 걸쳐 동유럽 국가들의 역동성과 현재 그들이 겪고 있는 위기를 동시에 설명해 내지 못하는 동유럽 사회에 대한 이론은 적합한 이론일 수 없다. 그럼에도 불구하고 지금 비관주의적인 '새로운 계급' 이론가들이나 자신들의 가장 중요한 결론들을 하루아침에 뒤집어 버린 '탈자본주의' 이론가들이 인기를 누리고 있는 이유는 서방식의 시장 자본주의가 다른 어떤 대안보다 본래 더 효율적이고 역동적이라고 주장하는 점에서 그들이 갈수록 더 서방 매체들 및 동유럽 정부의 서방 고문들이 취하고 있는 교의와 보조를 같이 하고 있기 때문이다.

새로운 교의

---

100) 같은 책, p. 67.
101) CIA Directorate of Intelligence, *Revisiting Soviet Economic Performance Under Glasnost : Implications for CIA Estimates*(Washington, 1989), p. 10.
102) 누군가는 1958년에 틱틴이 쓴, '떨어지는 별을 잡아 호주머니에 넣어라, 그것을 미국으로 보내라'라는 단시(短詩)를 상기해야만 할 것이다.

이 새로운 교의의 주장 내용들은 너무나 널리 퍼져서 이제 그들은 동과 서의 좌익 및 우익 모두에게 일종의 '상식'처럼 되었다. 어떤 신문을 집어들건 우리는, 동유럽에서는 '아무 것도 제대로 돌아가지 않는다'(도대체 기자들이 모스크바 지하철로 여행하는 것과 런던 지하철로 여행하는 것을 비교해 본 적이나 있을까?)거나, 동유럽 국가들에서는 '돈은 아무런 가치도 없다'(만약 그렇다면 이 나라들에서 파업을 하는 노동자들은 왜 임금인상 요구를 내거는 것인가?)거나, 이곳의 환경 위기는 자본주의 세계의 그 어느 곳보다도 더 심각하다(이 주장은, 아마존 삼림이나 인디아나 주 개리시[미국 미시간 호 호반에 있는 도시 - 역자]의 강철 공장이 동유럽에 있는지 서방에 있는지를 혼동하게 만든다)는 식의 이야기를 얼마든지 읽을 수 있다. 지성적인 기업가 신문임을 자임하는 『이코노미스트』(*Economist*)는 1988년에, 지난 20년 동안 소련에서는 경제성장이 전혀 없었다고 주장하는 데까지 나아갔고[103] 『가디언』(*Guardian*) 지(誌)의 마틴 워커는 '보드카나 석유 수출에서 얻은 국가수입을 제외한다면 소련 경제에는 지난 20년 동안 아무런 성장도 없었다'[104]는 취지로 고르바쵸프를 잘못 인용하였다.

가장 평범한 주장은, 동유럽 국가들이 만약 지난 40년 동안 개방적인 시장 정책을 따랐다면 서유럽 국가들만큼 발전되었으리라는 것이다. 그들이 그렇게 하지 않은 이유는, '마르크스주의 도그마' 때문이거나 (우익의 견해) '관료의 비합리성' 때문(틱틴, 휴레디, 그리고 기타 사람들의 견해)이라는 것이다. 동유럽 국가들에 대한 진지한 분석이 이루어지려면 이런 견해들과는 달리 다음과 같은 몇 가지 기초적인 진실들을 고려해야만 한다.

첫째 '공산주의에 대해 부드러운 태도를 취한 적이 별로 없는' CIA가 최근까지 소련 경제는 많은 서유럽 경제들에 맞먹을 정도의 속도, 즉

---

103) *Economist*, 1988년 4월 9일.

104) M. Walker, 'What is to be done?', *Marxism Today*, 1988년 6월호. J. Bloomfield(편), *The Soviet Revolution*, 앞의 책, p. 97에서 재인용.

1970년대 전반에 걸쳐 연간 약 2.6퍼센트의 평균율로 성장해 왔다고 말하고 있는 점을 고려해야 한다.105) 동유럽 경제들의 역사에 대한 최근의 가장 포괄적인 연구에 따르면, 1948~1968년 기간에 동유럽 국가들 중 '가장 덜 발전된' 두 나라인 불가리아와 루마니아가 각각 연간 6퍼센트 및 7퍼센트로 성장했다. 1950년에서 1970년 사이에 여타의 중앙계획 경제들은 연간 약 4.5퍼센트의 성장률을 보이고 있다.106) 이러한 분포는 서유럽의 성장률과 맞먹는 것이다. 서유럽에서 이 기간에 영국 경제는 평균 3퍼센트의 성장률을 기록했고 프랑스는 5퍼센트, 이탈리아는 6.5퍼센트, 서독은 7.5퍼센트의 성장률을 기록했다.107) 베를린 장벽의 건설로 젊은 숙련 노동자의 유출이 중지된 이후 15년 동안 동독 경제는 실제로 서독 경제보다도 약간 더 빨리 성장했다. 즉 서독은 3.8퍼센트 성장했음에 반해 동독은 4.5퍼센트 성장했던 것이다.108)

보다 더 중요한 것은, 동유럽 경제들 모두가, 그들이 '자유시장' 자본주의였던 1차 대전과 2차 대전 사이의 전간기(戰間期)보다도 중앙 통제 경제를 시작한 후 처음 20년 동안이 훨씬 더 성공적이었다는 사실이다.

> 중앙계획을 실시한 처음 20년(1950~1970) 동안 이 지역이 달성한 평균 성장률은 가장 성적이 좋았던 전간기(1925~29)에 기록한 최고 성장률보다도 더 높았다. 가장 발전이 더딘 두 개의 나라도 가장 성적이 좋았던 전간기 5년 동안에 가장 빨리 성장했던 두 나라 — 체코슬로바키아와 헝가리 — 보다도 더 빨리 성장했다.109)

전후 폴란드 경제의 경영 상태가 아무리 형편없었다고 해도 그것이 1948년에서 1980년 사이에 상당한 정도의 성장을 경험했다는 사실을

---

105) CIA, 앞의 책.
106) M. C. Kaser(편), *An Economic History of Eastern Europe*, vol. 1(London, 1986), p. 8의 '서문'.
107) 같은 책.
108) Kaser, 같은 책, p. 9에 인용된 추정치.
109) 같은 책.

부정하기는 어려울 것이다. 이와는 대조적으로 '전간기의 폴란드는 1913
년의 생산고에 도달하지 못한 것으로 보이며 어느 정도의 성장을 이룬
알바니아에서의 성장률도 인구 성장률에는 훨씬 못 미치는 것이었다.'

　　동유럽 체제는 결코 경제 조직의 비합리적 형식이 아니었다. 그것은,
어느 수준까지는 대규모 경제성장을 촉진할 수 있었으나 그 후 결국 위
기로 빠져들어 가게 되는 그러한 경제 조직의 형식이었다.

국가자본주의

　　동유럽 국가들의 이 모순적인 발전을 해명할 수 있는 하나의 마르크
스주의적 설명이 있다. 그것은 국가자본주의 이론이다. 맨 처음에 이 이
론은 스딸린이 지배하는 소련의 사회 성격을 설명하기 위해 개발되었으
나110) 후에 이것은 동유럽 일반의 발전을 설명하기 위해 사용되었고111)
나아가 중국112)과 여러 '제3세계' 나라들의 발전을 설명하기 위해서도113)
사용되었다.

　　이 이론은 동유럽 국가들의 두 가지 상호연관된 측면들에 초점을 맞
춘다. 첫번째 초점은, 이들 나라의 경제발전에서 생산수단의 축적이 수
행해 온 중심적 역할에 관한 것이다. 이것은 동유럽 국가들에 대한 다른

---

110) T. Cliff, *State Capitalism in Russia*, 앞의 책.

111) T. Cliff, *The Class Nature of the Peoples Democracies*(London, 1950). 이 책
　　은 *Neither Washington nor Moscow*(London, 1982)로 재출간되었다. Y.
　　Gluckstein(T. Cliff), *Stalin's Satellites in Europe*(London, 1952)과 Chris
　　Harman, *Class Struggles in Eastern Europe*(London, 1989, 이전 판의 제목은
　　Bureaucracy and Revolution in Eastern Europe, London, 1974).[크리스 하먼,
　　『동유럽에서의 계급투쟁 : 1945~1983』, 갈무리, 1994]

112) Y. Gluckstein(T. Cliff), *Mao's China*(London, 1957)와 N. Harris, *The Mandate
　　of Heaven*.

113) T. Cliff, 'Deflected permanent revolution', in *Neither Washington Nor
　　Moscow*, 앞에서 인용된 곳.

이론들에서는 무시되었던 것이거나114) 아니면 모든 사회 형식들의 공통 특질로 당연시되었던 것이다.115) 그러나 강박(强迫)적 축적은 자본주의의 특징이지 이전의 사회 형식에서는 나타나지 않았던 것이다. 이전 사회들에서도 생산수단의 발전은 있었을 수 있다. 그러나 이것은 간헐적으로 일어났을 뿐이다. 오직 자본주의에서만 축적은 —— 마르크스의 말을 빌면 —— '모세와 온갖 예언자들'로 되었다. 바로 이 때문에 마르크스는, 자본주의 하에서 확립된 사회제도나 신념의 총체와 그에 선행하는 사회들의 제도나 신념의 총제를 명확히 구별하고자 했던 것이다.

부르주아지는 생산도구들을 항상 변혁하지 않고는, 그리고 이로써 생산관계 및 전(全) 사회관계를 끊임없이 변혁하지 않고는 존립할 수 없다. 이와 반대로, 낡은 생산양식을 불변의 형식 속에 보존하는 것은 이전의 모든 산업계급들의 첫번째 존립 조건이었다. 생산의 부단한 변혁, 온갖 사회 조건들의 중단 없는 교란, 항존하는 불확정성과 동요 등이야말로 부르주아지 시대를 이전의 다른 모든 시대와 구별시켜 준다. 굳고 녹슨 모든 관계들은 오랫동안 신성시되어 온 관념들 및 견해들과 함께 해체되고 새롭게 형성된 모든 것들은 정착되기도 전에 낡은 것이 되어 버린다.116)

---

114) 뜨로츠키는 '지배 카스트'와 노동자대중의 구별이 소비의 영역에서 생산된다고 보았다. 만델은 '소비에트 관료는 …… 생산고를 극대화해야 한다는 경제적 강제를 받지 않는다. ……'고 보았다. *The Inconsistencies of State Capitalism* (London, 1969).

115) 만델은 '계획 경제의 내적 논리는 생산고의 극대화와 자원할당의 최적화를 요구한다'고 주장함으로써 관료제가 생산고를 극대화해야 한다는 강제를 받지 않는다는 자신의 주장과 모순되는 주장을 내놓았다. 게다가 그는, 자본주의 이전의 사회들에서도 축적이 발생하며 사회주의 하에서도 축적이 발생할 것이라고 주장했다(Mandel, 같은 책). 틱틴은 높은 비율의 축적이 러시아 사회의 중요한 특징이라고 보았지만 이것이 자본주의적 특징임은 부인하였다.

116) K. Marx · F. Engels, *Manifesto of the Communist Party*, in *Collected Works*, vol. 1(Moscow, 1962), p. 37. [『칼 맑스 · 프리드리히 엥겔스 저작 선집 · 1』, 박종철출판사, 403면 참조]

마르크스는 또 자신이 생각하는 사회주의 개념 속에는 강박적(強迫的) 축적이 있을 수 없음을 분명히 밝힌다. 강박적 축적은 소외의 가시적 표현이며, 인간이 자신의 노동생산물에 의해 지배당하는 것의 가시적 표현이다. 반면 사회주의는 소외의 극복이다. 그래서 그는 『공산주의자 선언』에서 이렇게 쓰고 있다.

부르주아 사회에서 살아 있는 노동은 축적된 노동을 증식시키는 수단일 뿐이다. 공산주의 사회에서 축적된 노동은 노동자들의 생활 과정을 확장시키고 풍요롭게 하며 후원하는 수단일 뿐이다.[117]

동유럽 경제들의 운동 메커니즘 속에 축적의 강박(強迫)이 존재한다는 사실을 입증하는 것은 어렵지 않다. 바로 다름 아닌 1929년 이래 소련 경제의 발전 과정 전체가 그것을 보여준다. 예를 들어 소련의 경제 기자 셀류닌의 추산에 따르면 '소비기금은 소득의 60퍼센트를 차지하고 저축기금은 소득의 40퍼센트를 차지한다.'[118] 그의 지적에 따르면 '그토록 높은 저축구성비는 본질적으로 전시(戰時) 수준에 해당된다.' 또 그가 제시한 수치들을 보면 저축에 할애된 국민생산물의 비율은 소비에 할애된 국민생산물의 비율보다 더 크다.

**도표 1-1 : 러시아 - 연간 총생산물에서 소비재가
차지하는 비율 (단위 : 퍼센트)**

	1928	1940	1960	1985
비 율	60.5	39	27.5	25.2

---

117) 같은 책. [『칼 맑스 · 프리드리히 엥겔스 저작 선집 · 1』, 박종철출판사, 406면 참조]

118) V. Selyunin, *Sotsialistischeksaya industria*, 1988년 1월 5일(*Current Digest of the Soviet Press*, 1988년 2월 24일자에 번역 수록). 또한 A. Zaichenko, 'How to divide the pie', *Moscow News* 24, 1989도 보라.

끝으로 그는 이렇게 지적한다.

생산재 제조로의 이행은 우리를 하나의 역설적 상황 속에 밀어 넣었다. 즉 발전은 가속화되었고 국민소득은 빠르게 성장했지만 그것이 국민의 생활수준에는 거의 아무런 영향도 미치지 못했기 때문이다. 경제는 더욱더 인간을 위해서가 아니라 자기 자신을 위해 돌아갈 뿐이었다.

마르크스는 이러한 상황을 다음과 같이 표현한 바 있다.

그가 자본의 인격화인 한에서 그[자본가]를 움직이게 하는 것은 사용가치나 사용가치의 향유가 아니라 교환가치나 교환가치의 증식이다. …… 자본주의는 가치증식에 열광적으로 매달리는 경향이 있기 때문에 그는 인간으로 하여금 생산을 위해 생산하도록 무자비하게 강요한다. …… 그래서 그의 지상명령은 '저축하라, 저축하라, 즉 잉여가치의 가능한 한 많은 부분을 자본으로 전환하라'가 된다. 축적을 위한 축적, 생산을 위한 생산이 그의 지상명령이 되는 것이다.[119]

동유럽 국가들의 경우에 국민생산 중 축적의 비율은, 공식 통계에 따르면, 일반적으로 25퍼센트 이상이었다.[120] 만약 공식 가격 메커니즘의 왜곡을 고려하여 이 수치를 다시 계산하면 그 비율은 약 40퍼센트 정도로까지 높아질 수 있을 것이다.[121] 그같은 축적 충동은 사회생활 전체에 영향을 미친다. 이것은, 축적에 재원을 대기 위해 이러저러한 방식으로 생활수준이 지속적으로 압박받는다는 것을 의미한다. 또 이것은 지배계급이 억압을 통해 피착취계급에 의한 독립조직 건설 시도를 방해하려고 애쓴다는 것을 의미한다. 이와 비슷한 축적 수준을 유지하는 '서방' 자본주의 국가들(대만, 남한)은 흔히 일당 독재 국가였다. 끝으로 많은 사람의 주목을 끈 '계획' 메커니즘을 설명해 주는 것도 바로 이 점이다.

---

119) K. Marx, *Capital*, vol. 1(Moscow, 1961), pp. 648~652.
120) 예를 들어 G. R. Feiwel, 'The Standard of Living', *Osteuropa Wirtshaft*, 1980년 2월호도 보라.
121) 수치들의 재계산에 대한 설명은 Kaser·Radice, 앞의 책을 보라.

동유럽 국가들은 존재하지 않는 경제 재원을 짜내기 위해 '빡빡한' 계획을 수립한다. 그러나 이들의 경제는, 투자 재원 중 상당 부분이 더 이상 가동되지 못하는 병목 현상에 빠져듦으로써 광범위한 혼란을 겪게 된다. 이와 거의 비슷한 방식으로 서방의 고전적인 '자유시장' 자본주의는 호황의 시기에 급속한 축적을 이루지만 이것이 지속될 수 없을 때에는 갑작스럽게 침체에 빠지게 된다.

강요된 축적이라는 이 경험적 사실은 동유럽 경제들의 또 하나의 특징, 즉 그들의 발전이 그들을 둘러싼 더 넓은 세계 체제의 발전과 결합되어 있다는 사실로부터 분리될 수 없다. 사람들은, 동유럽 국가들이 자본주의적일 수 없는 이유로 이곳 기업들 사이에 내부적 경쟁이 없다는 사실을 들곤 했다. 자본주의에 대한 마르크스의 설명에서 그같은 경쟁은 중요하다. 왜냐하면 바로 이 경쟁이 각각의 개별 기업들로 하여금 임금을 삭감하고 작업속도를 높임으로써 비용을 최소한으로 줄이도록 강제하기 때문이다. 경쟁은 기업들로 하여금 이윤의 가능한 최대 부분을 새로운 설비와 기술혁신에 투자하도록 강제한다. 20세기에 들어 자본주의의 발전은——이미 우리가 살펴본 바와 마찬가지로——내부적 경쟁을 최소한으로 축소시키기 위해 국가개입으로 나아갔다. 그러나 레닌과 부하린이 지적하였듯이 그것은, 개별 자본들간의 경쟁을 종식시키기는커녕, 경쟁을 더 높은 차원으로, 즉 국제 차원에서의 경쟁으로 올려놓았다. 그리고 이 경쟁은, 순수한 시장경쟁뿐만 아니라——혹은 그 대신에——자본주의 국가들간의 무력갈등을 포함하면서 새로운 형식을 띠기 시작하였다. 내부적 경쟁은 거의 영(零)의 수준으로 하락할 수 있었지만 외부적 경쟁이 그 자리를 대신했던 것이다.

스딸린주의 국가들은 세계의 나머지 국가들로부터 단절되었던 적이 결코 없다. 이미 1950년대에 헝가리에서는 '국민소득의 약 5분의 1이 시장을 매개로 하여 실현되었다.'[122] 15년 후 이 나라에서는 국민소득의 상당 부분이 대외 무역에 의존하게 되었다. 1965년의 체코슬로바키아의

---

122) Gossman(편), *Money and Plan*에 실린 F. Fekete의 글

경우에 일인당 대외무역의 수준은 2,758체코 크라운이었다. 이것은 세계 평균인 842체코 크라운보다 훨씬 높은 것이며 선진국 평균인 2,750체코 크라운보다도 더 높은 것이다.123) 1965년에 대한 또 다른 통계는 헝가리, 동독, 불가리아, 체코슬로바키아의 일인당 대외무역 수준이 이탈리아보다 더 높으며 프랑스보다 약간 더 낮다는 것을 보여준다.124)

그러한 대외무역 수준은 필연적으로 국내경제 운영에 상당한 영향을 미칠 수밖에 없다. 이것은, 국가와 산업을 통제하는 사람들이 국내의 생산비용을 세계 여타 국가들에서의 평균 생산비용과 끊임없이 비교할 수밖에 없다는 것을 의미한다. 즉 그들은 임금을 낮게 유지해야만 하고 노동자들의 작업속도를 높이기 위해 지속적으로 압력을 가해야만 하며, 자국의 국민경제가 세계 여타 지역의 경제들의 노력에 뒤지지 않도록 할 수 있는 투자 수준을 유지해야만 하는 것이다. 달리 말하면, 비록 개별 기업들은 다른 개별 기업들과 직접적인 경쟁을 하지 않고 있을지 모르지만 국민경제 전체는 경쟁에 직접적으로 휩싸여 있다는 것이다.

그러나 동유럽 국가들의 내부적 작동에 심각한 영향을 미치는 것이 비단 해외시장을 위한 경쟁만은 아니다. 한편으로 이들 국가들이 동방 블록과 서방 블록 그리고 중국 사이의 군사적 경쟁에 참여하고 있다는 사실 역시 그러한 영향을 미친다. 이 점은, 군비지출이 국민소득의 12퍼센트(글라스노스트 이후의 추산치)125) 내지 16퍼센트(CIA의 추산치)126)에 이르는 소련의 경우에 가장 중요한 의미를 갖는다. 이것은 미국 수준의 약 두 배이고 서유럽 평균 수준의 약 네 배이며 일본 수준의 열네 배이다.

대부분의 무기들은 순수한 의미에서의 상품이 아니다. 그것들은 다른 판매자들과의 경쟁 속에서 미지(未知)의 구매자들에게 판매되지 않는다.

---

123) C. Boffito·L. Foa, *La crisis del modello sovietico in Cecoslavacchia*(Turin, 1970)의 서문에 제시된 수치.
124) M. Kaser, *Comecon*(London, 1967), p. 140에 실린 수치.
125) 1990년 2월 4일의 BBC 모니터부 보고에 인용된 Col-Gen Babyev에 의거함.
126) CIA, 앞의 책.

오히려 그것들은 그것들의 생산을 감독하는 정부의 수중으로 곧장 들어
간다.127) 그러나 무기들은 시장을 위해 생산되는 상품들과 한 가지 매우
중요한 공통점을 갖고 있다. 즉 그것들의 가치는, 누가 그것들을 소유하
든, 그것들의 내재적이고 물질적인 속성(즉 그것들의 사용가치)에 의존
하는 것이 아니라 그것들이, 가격과 효율성 면에서, 경쟁자들이 소유한
무기들과 비교하여 어떠한가 하는 것에 의존한다는 것이다. 이 점에서는
전쟁을 위해 탱크를 제조하는 두 나라도 상호 경쟁 속에서 사고 팔 자
동차를 제조하는 두 나라와 동일한 관계에 있다. 두 경우 모두에서 성공
여부는, 임금을 낮추고 가능한 한 생산성을 높이며 기계설비와 기술개발
투자의 수준을 높이기 위하여 이윤을 사용할 수 있는가 없는가에 달려
있다.

스딸린 치하의 소련 경제에서 축적 수준이 매우 높았던 것의 이유를
설명해 주는 것은 바로 이것이다. 소련 관료들도 이미 알고 있었듯이,
군사적 준비 태세를 갖추기 위해 필요한 중공업 기반을 확보하는 것이
유일한 방법이었다. 이 사실은 또 전후의 동독, 헝가리, 체코슬로바키아
에서의 산업 발전의 양상이, 그 나라들이 나치 전시 경제의 일부였던 전
시의 산업 발전 양상과 비슷한 이유를 설명해 준다. 전쟁과 전쟁 준비
— 즉 군사적 경쟁 — 는 현대의 지배계급들로 하여금 자신들의 경제
에, 시장 경쟁이 강요하는 자본주의적 축적의 동학(動學)과 동일한 동학
을 부과하도록 강요한다. 그것은 그들로 하여금 자신들의 외관상의 '계
획' 경제들을 상품생산의 합리성에 따라 조직하도록 강요한다. 특히 그
것은 지배계급들로 하여금 노동력을 상품으로 취급하도록, 그리하여 노
동자들에게, 그들이 노동에 나서도록 만들 수 있는 데 필요한 — 문화
적으로 그리고 역사적으로 규정되는 — 최소치 이상을 지불하지 않도록
강제한다. 다른 말로 표현하면 국가자본주의 지배계급은 축적의 동기에

---

127) 소련에서와 마찬가지로 무기업체들 사이의 경쟁이 하나의 허구인 미국에서도
    이것은 사실이다. 또 소련 무기의 일부는 판매된다. 소련은 세계 2위의 무기수
    출국이다.

떠밀려 노동자계급을 창출하게 되는 것이다.[128]

자본주의 발전의 한 단계로서의 국가자본주의

국가자본주의 이론을 사용하면 소련에서의 스딸린 시대와 동유럽에서의 스딸린주의 통치의 초기 시대를 이해하는 것이 가능하다. 보다 선진적인 국가와의 군사적·경제적 경쟁에 참여하지 않을 수 없었던 경제적 후진 국가의 지배계급은 선진 자본주의 국가들이 산업화를 이룬 방법을 모방하는 것으로써 그들과 경쟁을 벌여 나가려 했다. 영국 자본주의는 농민을 토지에서 몰아내기 위해 엔클로져를 사용했고 미국에서는 부를 축적하고 값싼 원료를 공급하기 위해 노예제를 사용했으며 아시아의 반을 합병하거나 약탈했다. 또 영국 자본주의는 부랑죄를 적용하거나 노동수용소의 강제노동을 사용하여 토지에서 쫓겨난 사람들로 하여금 자신의 노동력을 임금 노동자로서 제공하지 않을 수 없도록 했고 자신에게 저항하려는 사람들에 대해서는 군사력이나 첩보망을 사용했으며 5~6세 이상의 아동들의 노동에서 이윤을 뽑아 내기 위해 대중의 건강을 완전히 무시했다. 스딸린주의 지배계급들은 이 선례를 따라 '집단주의', 강제 노동수용소(gulag), 파업자와 시위자에 대한 총살, '기생주의' 처벌법, 거미줄 같은 비밀 경찰 정보조직 등을 사용했다. 스딸린주의 지배계급들은, 영국 자본주의가 3세기에 걸쳐 이룩한 것을 불과 20년 만에 달성하려 했다. 스딸린주의적 잔학성은 훨씬 더 농축적인 것으로서 1~2천만 내지 — 최고로 추산하면 — 3천만 명의 죽음을 야기했다.[129]

---

128) 소련을 '비(非)자본주의적'이라고 보는 사람들은 흔히, 왜 노동자계급은 다른 생산양식이 아닌 자본주의의 특수한 산물인가를 밝히지 못한 채 '노동자계급'이라는 용어를 사용한다. 만약 '신계급' 이론가들이 일관적이려면 그들은 아마도 '국가노예들'과 같은 용어를 사용했어야 할 것이다.

129) 이 수치 중 최고치는 예전에는 반체제 인사였으나 지금은 고르바쵸프의 지지자인 로이 메드베제프가 제시한 것이다.

영국의 경험에 기초해서 엥겔스는 이렇게 예견한 바 있다.

> 러시아가 대규모의 자본주의적 산업에 의해 정복될 마지막 나라인 한에서 그리
> 고 이와 동시에 러시아가 어느 나라도 비할 수 없는 대규모 농촌인구를 가진 나
> 라인 한에서 …… 경제적 혁명에 의해 야기될 혁명적 변화는 다른 어떤 곳보다
> 도 더 깊고 또 더 첨예할 것임에 틀림이 없다. 50만 이상의 대토지 소유자와 약
> 8천만 명에 이르는 농민의 교체 과정은 산더미 같은 시체를 쌓는 …… 끔찍한
> 고통과 경련 없이는 달성되지 못할 것이다.130)

물론 엥겔스는, 이러한 자본주의적 산업화와 그것의 고통이 마르크스
주의적 문구 뒤에 자신의 계급적 성격을 감추려 애쓰는 관료에 의해 부
과되리라는 것을 예견하지는 못했다. 이러한 발전 과정 속에서 불과 25
년 사이에 수많은 사람이 목숨을 잃었다. 그러나 전체 인구에서 차지하
는 비율 면에서 보면 이 시기에 희생된 사람들이, 튜더 시대의 엔클로져
법과 부랑자법으로 인해, 250년에 걸쳐 대서양을 가로질러 이루어진 노
예무역으로 인해, 플랜테이션 제도의 잔학성으로 인해, 18세기와 19세기
에 걸친 삼림벌채로 인해, 기근기 동안 아일랜드로부터의 곡물 수송으로
인해, 영국 통치에 의해 인도 전역에 가해진 빈곤으로 인해, 중국에서의
아편무역으로 인해 희생된 사람들보다 많다고 볼 수는 없을 것 같다. 영
국 통치자들은 종교와 문명의 이름으로 자신들의 야만성을 정당화하려
했다. 스딸린은 사회주의의 이름으로 자신의 야만성을 정당화했다. 그러
나 이들이 사용한 방법과 그것의 목적은 본질적으로 동일한 것이었다.
이와 동시에, 전체 경제가 국가 통제로 나아가는 경향은 스딸린주의
에 특유한 그 무엇이 아니었다. 이것은, 정도 차이는 있지만, 자본주의
세계 전반에 걸쳐 발생하고 있는 경향이었다. 특히 이것은 제1차 세계
대전과 1929~1930년의 공황기에서부터 1970년대까지에 걸친 시기에,
국민적 요소가 상대적으로 약화된 상태에서, 지속적으로 발생해 왔다.

---

130) F. Engels, 'Letter to Danielson'. Rosdolsky, *The Making of Marx's Capital*,
　　vol. 2(London, 1989), pp. 463~464에서 인용.

자본주의가 뒤늦게 발전하고 있는 나라들에서 새로운 산업을 건설하고자 하는 사람들은, 기존의 자본주의 권력들로부터의 경쟁에 직면하기 때문에, 사용가능한 자원들을 집중시키기 위해 국가의 강제력을 사용하는 것밖에 다른 도리가 없다. 이미 세기의 전환기에 국가는 일본이나 짜르 러시아와 같은 곳의 대규모 산업의 발전 과정에서 중심적 역할을 수행했다. 두 번의 세계전쟁과 1930년대의 위기는 선진 자본주의들에서 국가와 거대 기업 사이의 대규모 융합을 초래했다. 바로 이것이 1916년에 부하린과 레닌의 제국주의 연구에서 주되게 강조된 요점이다.[131] 1930년대말에 나치 독일에서는 산업활동에 대한 국가 통제의 규모가 워낙 컸기 때문에 오스트리아 마르크스주의 경제학자인 힐퍼딩은, 자본주의가 새로운 생산양식에 의해 대체되었다고 주장하기에 이르렀다.[132] 그리고 심지어는 서방에서 가장 '자유로운 시장'이라 할 수 있는 미국에서도, 1941~44년에는, 국가는 대부분의 산업활동을 창출하고 또 통제했다.[133]

1930년대와 1940년대에 가장 효율적인 생산의 단위가 이렇게 커졌기 때문에 경제적 선진국에서는 한줌밖에 안되는 기업체들이 제조품 시장을 지배했다. 그리고 이 때문에, 이들 기업체들을 자본주의 국가에 의해 통제되는 단일한 구조 속으로 병합하며 관세와 수입할당제를 통해 해외 경쟁자들을 배제하는 것이 경제적 상식으로 되었다. 경제의 주요 부문 내에 경쟁 기업들이 엄존하는 곳에서도 정부는 상당 범위의 상품 시장을 책임질 수 있는 국내 기업들을 확실히 육성하는 것을 자신의 임무로 삼았다. 모든 자본주의 국가는 자신의 강철 산업, 조선(造船) 산업, 항공 산업, 자동차 산업, 나아가 가구 산업과 대형 가정용품 산업을 가지려고

---

131) N. Bukharin, *Imperialism and the World Economy*(London, 1972)[부하린, 『제국주의론』, 지양사, 1987] 그리고 V. I. Lenin, *Imperialism, the Highest Stage of Capitalism*[레닌, 『제국주의론』, 백산서당, 1988].

132) M. Haynes · P. Binns, 'Eastern European class societies', *International Socialism* 7, 1979년 겨울호에서 인용.

133) A. D. H. Kaplan, *The Liquidation of War Production*(New York, 1944), p. 91.

한다. 국가자본주의는, 이러한 것이 상상할 수 있는 목표가 된 생산력 발전 단계에 상응한다.

이러한 경향은, 토착 산업의 발전이 가장 취약한 나라에서 가장 두드러지게 나타난다. 1930년대와 1940년대에 국가는, 무쏠리니의 이탈리아(이 나라에서는 두 개의 가장 큰 거대 복합기업이 국가 소유였다), 페론의 아르헨티나, 바르가스의 브라질, 네루의 인도(이 나라에서는 이미 독립 이전에, 주요 산업 가문들이 러시아의 사례를 본떠 5개년 경제계획에 동의했었다), 장개석과 모택동 치하의 중국 등과 같은 다양한 나라들의 경제발전에서 전면(前面)으로 나서고 있었고 그로부터 몇 년 뒤에는 나세르의 이집트, 이라크와 시리아의 경쟁적 바타 정권들, 부미디엔느의 알제리아, 그리고 버마의 군사정권 등에서 그렇게 되고 있었다.

국가의 그러한 전면 이동의 이유는 단순하다. 이 시기의 자본주의에서는 국가개입을 통해서만 산업 발전의 기초를 닦는 것이 가능했고 달리는 불가능했기 때문이다. '제3세계'에서의 경제적 성공담들은 시장에 모든 것이 맡겨졌던 나라에서가 아니라 강력한 국가개입이 있었던 나라들에서 나오고 있었다. 케인즈주의자, 사회민주주의자, 혹은 스딸린주의자들이 국가개입을 당연한 것으로 생각했던 것은 바로 이런 사정 때문이었다.

그러나 이중 어느 경우에도 '하나의 생산양식'에서 또 하나의 생산양식으로의 이행 같은 것은 없었다. 이 모든 경우에 기존 국가기구를 통제했던 사람들은 외부로부터의 압력 하에서 축적을 지속하기 위해 산업을 재조직하고, 내부적 경쟁을 최소한으로 감소시키는 데에 국가기구를 사용했다. 물론 그렇다고 해서 이것이, 국가의 이러한 전면 이동에 어떠한 반대도 없었다는 뜻은 아니다. 사실상 이러한 변화에 저항하는 낡은 '사적' 자본가 기업들에 대해서는 각종의 '경찰' 행동이 취해졌다. 그러나 이것들은 대중을 유혈적인 사회 혁명의 방향으로 동원하지 않고도 가능했고 어떤 경우에는 대중동원이 전혀 없이도 가능했다.

동유럽 국가자본주의의 기원들

제2차 세계대전 이전 및 대전기 동안의 동유럽은 조금씩 국가자본주의적 조치들에 기대어 가고 있는 낡은 국가구조들의 사례들을 뚜렷하게 보여준다.

1929~1934년의 세계공황은 모든 곳을 황폐화시켰다. 체코슬로바키아를 제외한 모든 동유럽 국가들은 곡물과 원료 수출에 의존하고 있었다. 세계공황은 이 수출에서 얻을 수 있는 소득을 30~50퍼센트 정도 감소시켰고[134] 농경에 의존하고 있던 대다수의 인구를 비참한 빈곤 속으로 몰아 넣었다. 그 결과 제 계급들 사이에, 그리고 여러 인종 집단들 사이에 첨예한 적대관계가 창출되었고 우익 전체주의 정부가 형성되게 되었다. 심지어 가장 발전된 나라인 체코슬로바키아에서도 1929년에서 1933년 사이에 국민총생산이 14퍼센트 가량 하락했는데 이것은 독일어를 사용하는 많은 주민들 사이에 높은 수준의 실업이 발생해서 이들로 하여금 나치 독일에서 도움을 기대하도록 만들었음을 의미한다. 대규모의 궁핍화는 이 나라의 동쪽 반을 차지하는 슬로바키아어 사용주민들에게도 영향을 미쳐 이들 사이에 반(反)체코 민족주의를 불지폈다.

전전(戰前)의 동유럽 정부들에게 그러한 긴장을 통제할 수 있는 방법이라곤 한 가지밖에 없었다. 그것은 이전의 '자유' 경제 정책들을 버리는 것이었다. 이미 1929년 이전에 동유럽 국가들은 '서방 국가들에서는 전혀 혹은 거의 사용되지 않는 통제들'[135]을 가동했다. 1930년대의 공황으로 말미암아 대외무역을 통제하고 다른 국가들(특히, 대외무역의 국가독점을 단행한 나치 독일)과의 쌍무적(雙務的) 거래를 직접 조직하기 위해, 수입의 수준을 크게 낮추기 위해, 각기 다른 거래 행위에 차등적인 교환율을 적용하기 위해, 그리고 실패하고 있는 은행과 산업체들을 통제

---

134) Kaser, 앞의 책, p. 4.

135) G. Ranki · J. Tomaszewski, 'The Role of the State in Industry, Banking and Trade', M. Kaser · E. Radice(편), *Economic History of Eastern Europe*, vol. 2, p. 4에 수록.

하기 위해 국가들이 차례차례 직접 개입하기에 이르렀다. 그래서 폴란드의 우익 군사 정부는 가장 큰 철강회사의 파산을 막기 위해 국유화 조치를 취했다. 그리고 폴란드는 소련 외부에서 장기 투자계획을 시행하기 시작한 첫번째 나라였다.[136]

제2차 세계대전은 경제에 대한 국가 통제의 경향을 크게 증대시켰다. 첫째 동유럽의 경제들은, 생산고 수준, 가격, 원료 배당, 임금 등에 대해 직접적 통제를 시행한 독일 전시 경제에 직접적으로 혹은 간접적으로 병합되었다. 둘째로 '독일화'와 반(反)유태적 조치들은 낡은 토착 자본가 계급 상당 부분의 경제적 기반을 파괴했다. 셋째로, 전쟁은 각 나라의 경제발전을 완전히 왜곡시켰다. 엄청난 자원들은 생활수준과 기본적 투자를 희생시키면서 독일의 군사 기구로 이전되었다. 동독, 헝가리, 그리고 체코슬로바키아의 체코 지역에서는 토착 주민들의 필요와는 상관없이 중공업이 가속적으로 발전되었다. 치열한 전투가 있었던 폴란드, 헝가리, 동독, 루마니아 등지에서는 전쟁에 의해 나라 전체가 완전히 황폐화되었다. 그래서 1947년 헝가리의 생산고는 1937년 수준보다 27퍼센트가 낮았고 루마니아에서는 20퍼센트 내지 40퍼센트 정도가 낮았고 불가리아에서는 16퍼센트가 낮았으며 체코슬로바키아에서는 17퍼센트가 낮았다. 폴란드에서 생산고의 하락은 22퍼센트에 이르렀는데 그것은 1913년 수준보다 낮은 것이었다![137]

대부분의 나라의 경제적 곤경은 전승국(戰勝國)의 정책에 의해 더욱 악화되었다. 옛 지배자들이 히틀러를 지지했던 나라들(동독, 루마니아, 헝가리)은 배상금을 (주로 소련에) 지불하도록 강요되었다. 동독에서 지불해야 할 배상금의 규모는, 대규모 전쟁이 파괴한 자원의 양과 거의 맞먹는 것이었다. 전국에서 가장 큰 공장이었던, 할레 근처의 로이나 공장은 전체 설비의 3분의 1이 전쟁으로 파괴되었고 또 3분의 1이 소련 점령군에 의해 소련으로 실려 갔다. 게다가 1950년대초에 '배상금 외에 우

---

136) Ranki · Tomaszewski, 같은 책, pp. 29, 45~47.
137) Kaser, 앞의 책의 서문, p. 7.

라늄 광산과 점령비용에 대한 소련의 요구는, 요소비용으로 계산해서, 순국민생산의 5분의 1 이상이었다.'138)

끝으로 동독의 경우에 전승국들에 의해 강제로 설정된 국경들이 상당한 경제적 손실을 가져다 주었다. 동독의 산업들은 실레지아가 폴란드로 넘어가고 서독이 분리됨으로써 전통적 연료원— 무연탄— 으로부터 단절되었다. 오늘날 이 나라의 발전소들이 공해를 심하게 낳는 갈탄을 때는 이유는 바로 이 때문이다.

전후에 동유럽을 통제하게 된 사람들은 전쟁 전의 서유럽보다 훨씬 후진적인 나라를 운영하고 있었고 전쟁과 그 여파로 훨씬 나쁜 영향을 받았다. 그러나 일련의 사태들은 국가에게 생산 조직을 지도할 권한을 주었고 사적 자본주의 기업체들로부터의 방해도 거의 없었다. 모든 정당의 지도자들은 — 부르주아지와 사회민주주의자뿐만 아니라 스딸린주의자들도 — 경제를 전진시킬 유일한 방도는 국가 권력을 사용하는 것이라는 사실을 당연하게 여겼다.

1948년 2월 이후 국가의 스딸린주의화 이전에 이미 산업의 80퍼센트가 국가 수중에 있었던 체코슬로바키아에서, 1947~48년의 계획위원회는 모든 정당의 당원들로 구성되었고 의장은 이전에 사적 부문에 속했던 거대 무기회사인 지브로우카(Zbrojovka) 출신이었다!139) 폴란드와 헝가리에서는 공산주의자들뿐만 아니라 사회민주주의자들도 경제계획에 참여했다. 그 결과 나치가 지도하던 전시의 명령 경제는 종종 '인민민주주의' '계획 경제'로 곧장 나아갔다. '1939~1945년 사이에 가격 및 수량에 대한 통제로 인해 억압되었던 많은 시장관계들은 결코 다시 나타나지 못했다.'140) 사회민주주의자였다가 공산주의로 전향하여 폴란드의 계획 수립에 참여했던 오스카 랑게는 나중에 이렇게 인정했다.

---

138) A. Zauberman, *Industrial Growth in Poland, Czechoslovakia and East Germany 1937~62*(London, 1964).

139) Kaser, 앞의 책의 서문, p. 190과 Kaser · Radice(편), 앞의 책, pp. 612~614의 Brus의 글.

140) Kaser, 앞의 책의 서문, p. 1.

초(meta)경제적인 강제를 널리 사용하는, 고도로 집중적인 행정적 계획 방법이나
경영 방법은 사회주의의 특징이 아니라 전시 경제의 고유한 기법이다.[141]

공산당 지도자들은 냉전의 발발과 코민포름(통치하는 각 나라 공산당
들의 행동을 조정하기 위해 스딸린이 만든 조직)의 구성 이후 명령 경
제의 가장 단호한 제안자들이 되었다. 1947년 중반 이후로 그들은, 사회
민주당이나 부르주아지 정당들이 했던 것보다, 축적률을 훨씬 더 높이기
위해 압력을 가했다.[142] 이것 역시도 어떤 비합리적 이데올로기의 산물
이 아니다. 오히려 이것은 소련 블록 전체의 산업적·군사적 잠재력을
구축하기 위한 그들의 노력의 소산인 것이다. 실제로 그들의 접근 방식
에 반대한 사람들은 그들 나름의 일관된 견해를 발전시킬 수 없었다. 바
로 이것이, 당시에는 소련 군대가 전혀 주둔하고 있지 않았던 체코슬로
바키아에서조차도, 부르주아 정당과 사회민주당들이 1948년 2월의 공산
당 쿠데타에 대해 어떤 실질적인 저항도 할 수 없었던 이유이다. 국경수
비대를 프라하로 집결시키고 그 지지자들을 도시 중심부에서 행진시키
는 것, 그리고 한 시간에 걸친 총파업을 조직하는 것 — 이것은 1989년
11월에 일당 통치를 붕괴시킨 것보다 더 낮은 수준의 동원이었다 — 만
으로 공산당은 부르주아 정당들이나 사회민주당을 충분히 붕괴시킬 수
있었다. 체코슬로바키아 부르주아지는 대안 세력으로서는 너무나 결함이
많았기 때문에 이 나라의 대통령이었던 베네스는 공산당 지도자들과 국
가 창설자인 토마스 마사리크의 아들이자 외무장관이었던 얀 마사리크
— 그는 이후 곧 죽었는데 아마도 살해된 것으로 보인다 — 에 의해
요구된 변화들에 동의하였다.
　이러한 관점에서 보면 동유럽에서 일어난 일들은 그 밖의 지역에서
일어난 일과 질적으로 다른 것이 아니라 하나의 일반적 경향의 가장 극

---

141) Kaser, 같은 책, p. 15에 인용된 Oscar Lange, 'Belgrade lecture of November
　　 1957'.
142) 이러한 논의들에 대한 설명을 보기 위해서는 Brus, 앞의 책, pp. 612~614를 보
　　 라.

단적인 질적 표현이었다. 그래서 우리가 보다시피, 전전(戰前) 경제 조직과 전시 경제 조직의 이행이나 그 이후의 이행이 매우 용이했던 것이다.

자본주의의 모순들

한 사회를 자본주의라고 분석하기 위해서는 그 사회의 지배자들이 나머지 사람들을 취급하는 착취적이고 야만적인 방식을 지적하는 것만으로는 충분치 않다. 왜냐하면 그러한 행동은 모든 계급사회에 일반적인 것이기 때문이다. 그래서 한 사회가 자본주의라고 말하기 위해서는 그 사회의 지배계급이 온갖 대가를 치르고서라도 축적을 하지 않을 수 없고 그 결과 자신의 지배의 기반을 침식하는 것을 피할 수 없다는 점이 동시에 지적되어야 한다. 이것은 분명, 동유럽 지배계급들에게도 해당되는 것이다. 그들도 축적의 일련의 부정적 결과들을 피할 수 없었다.

(1)무덤 파는 사람들. 스딸린주의적 방법은 필연적으로 관료 지배에 도전할 수 있는 사회 세력을 창출하기 시작한다. 스딸린은 1928~29년 사이에 노동인구의 80퍼센트가 농민인 소련에서 절대 권력을 장악하였다. 첫 두 번의 5개년 계획으로 말미암아 제2차 세계대전이 발발했을 때에는 농민의 비율이 60퍼센트로 줄어들었다. 이 과정은 전쟁이 끝난 후에 다시 재개되었다. 1953년에 스딸린이 죽자 소련 인구의 거의 반이 도시에 살고 있었고 1985년에 이르면 인구의 3분의 2가 도시에 살고 겨우 3분의 1만이 농촌에 살았으며 오직 8분의 1만이 '집단적 농부들'(농민의 계승자들)로 분류되었다.143) 전쟁 이전의 동유럽 국가들에서 노동인구의 65퍼센트는 농업에 종사하고 있었고 오직 14퍼센트만이 노동자였다. 1980년이 되어서는 60퍼센트가 임금소득자였다.144)

---

143) B. Arnot, *Controlling Soviet Labour*(London, 1988), pp. 25~26에 제시된 수치.

스딸린이 직접 펼친 집단화 캠페인 시기와 같은 집권 초기에, 스딸린
주의 정권들은 농촌 주민들을 진압하는—필요하다면 무장력을 사용해
서—것이 상대적으로 쉽다는 것을 발견했다. 이와 동시에 강제적 산
업화가 가져다 주는 최초의 효과는 정권에 대항할 수 있는 노동자계급
의 능력을 약화시키는 것이었다. '전래의(old)' 노동자들 가운데 중요한
소수는 경영자나 관료가 됨으로써 자신의 계급을 벗어나 상향 이동을
할 수 있었다. 1960년대의 수치를 보면 체코슬로바키아에서 노동자계급
가족으로 태어난 인구의 29퍼센트가 비육체적 직업으로 상향했고 헝가
리와 폴란드에서는 17퍼센트가 그렇게 되었다.145) 이렇게 되지 못하고
여전히 노동자로 남아 있는 '전래의' 노동자들은, 자신들의 집단행동의
전통이 탈농민들이 도시로 유입되면서 희석되고 있다는 것을 발견했다.
사회학자 지그문트 바우만이 폴란드의 사례에서 주목하고 있듯이,

사회적 이동 기회에도 불구하고 노동자로 남아 있는 사람들, 즉 전쟁 이전부터
산업 노동자였던 사람들의 상대적으로 적은 부분은 …… 생활수준의 지속적 악
화를 경험했다. …… 그들은 광범위한 농민 이주자 대중 속으로 용해되었는데
이들 이주 농민들에게는 이 새로이 맞이한 생활 조건이 그들의 과거의 생활 조
건보다 더 나은 것이었다.146)

그러나 자본축적이 진척되면서 사정은 바뀌기 시작했다. 농업에 종사
하는 인구의 비율 감소는 필연적으로 시골에서 도시로 들어오는 사람들
의 수적 감소를 가져왔다. 또 노동자들이 화이트칼라나 관료 직위로 상
향 이동을 할 기회들도 줄어들었다.147)
날이 갈수록 노동자들 가운데 점점 더 많은 부분이 노동자들의 자식

---

144) Kaser, 앞의 책의 서문, p. 1. 유의할 것은, 그의 수치가 동유럽은 제외시켰다는
  것이다.
145) W. D. Connor, *Socialism's Dilemmas : State and Society in the Soviet
  Bloc*(New York, 1988), p. 144에 제시된 수치.
146) Connor, 같은 책, p. 149에서 인용.
147) 서유럽에 대한 평가는 같은 책, p. 149를 보라.

들로 채워졌고, 그들은 평생 동안 어떠한 사회적 이동도 경험하지 못했다. 1960년대말 스베르들로프스크의 목재 산업에 대한 한 연구는 20대 초반 노동자의 60퍼센트가 노동자계급 출신이었음에 비해 46세 이상 노동자들의 경우는 40퍼센트만이 노동자계급 출신이었다. 쿠즈바스에 있는 광산 회사에 대한 연구에 의하면 20대 초반 노동자들의 80퍼센트가 노동자계급 출신이었음에 비해 46세 이상 노동자들의 오직 4분의 1만이 노동자계급 출신이었다.[148]

노동자들에게 요구되는 문화수준도 자본축적이 진행되면서 변화했다. 1930년대와 1940년대에는 노골적인 협박과 처벌로도 공장, 광산, 건축 부지에서 일하는 탈농민대중으로 하여금 기본적인 산업화에 요구되는 미숙련 및 반숙련 과제들을 수행하도록 설득할 수 있었다. 스딸린이 죽은 1953년에 이미 이같은 사정은 바뀌고 있었다. 노동자들에게는 더욱 높은 평균적 기술수준과 더 많은 창의성이 요구되었다. 1965년에 미숙련 노동은 산업노동자들의 40퍼센트, 건축 노동자의 60퍼센트를 차지했다. 1979년이 되자 이 비율은 각각 33퍼센트와 40퍼센트로 하락했다.[149]

대다수의 노동자들에게 적어도 약간의 중등 교육을 시키지 않고는, 그리고 또 중요한 소수에게 몇 종류의 가외(加外) 교육을 시키지 않고는 그러한 숙련 노동은 획득될 수 없었다. 그래서 고리끼 시(市) 지역에서 중등 교육을 전혀 받지 않은 노동자의 수는 1965년에 87퍼센트였다가 1979년에는 53퍼센트로 하락했고 그중 오직 20퍼센트만이 30세 이하였다. 까마의 산업복합체에서 일하는 청년 노동자의 3분의 2는 '자신들의 교육수준이 작업에 필요한 것보다 더 높다고 느끼고 있었다.'[150] 초창기의 탈농민들과 비교할 때 이 노동자들은 경영자들의 협박에 의해 일을 하는 정도가 더 낮아진 것으로 보인다. 1983년에 어떤 『프라우다』의 논평가가 지적했듯이,

---

148) 같은 책, p. 89에 인용된 연구 논문.
149) 같은 책, p. 96에 인용된 수치.
150) 같은 책, p. 97에 인용된 연구 논문.

세바스토폴 지역에 있는 많은 기업들은 자기네 회사의 일자리를 고집스럽게도 도시 거주자가 아닌 농촌 주민들로 계속 채워 나갔다. 그들이 이 농촌 주민 출신의 노동자들에게 기숙사를 지어 준다거나, 개인 아파트를 지어 준다거나 함으로써 대가를 '지불'해야 했음에도 불구하고 말이다. 그러나 공장 경영자들은 자신들이 이득을 본다고 주장하는데 그 이유는 이런 노동자들이 더 열심히 일하며, 그 중의 많은 사람들이 공장에 기숙할 뿐만 아니라 직업을 바꾸는 일도 적다는 것이다.151)

(2)낡은 착취 형식의 퇴화. 착취가 더욱 더 진행되면 될수록 낡은 착취 방법들은 그만큼 더 비효율적으로 된다. 스딸린주의적 산업화의 첫번째 국면은 미숙련 탈농민들로 하여금 일하게 만들 수 있는 가장 원시적인 방법을 사용하여 수행될 수 있었다. 낮은 노동생산성은 그다지 중요하지 않았다. 왜냐하면 수백만의 사람들이 공장에 취업하기 위해 농촌을 떠나고 있었고 그들의 노동은 아무 것도 없는 곳에 공장을 짓고 그것을 가동시킬 수 있었기 때문이다. 대규모의 산업화는 '외연적(外延的)' 기초 위에서 가능했다.

그러나 결국 낡은 노동 예비군과 원료는 바닥나기 시작했다. 더 이상의 산업 발전은 '내포적(內包的)' 발전을 통해 수행되어야만 했다. 즉 노동과 원료를 더욱 효율적으로 사용하기 위해서는 기존의 산업이 재건되고 재조직되어야 했다. 이것은 노동자들 자신이 더 큰 책임의식과 창의성을 보이는가 아닌가에 달려 있었다. 노동자들을 자신들의 노동에 헌신하도록 만들기 위해서는 그들에게 더 나은 음식물을 제공하고, 더 많은 휴가를 제공하고, 소비재를 더 많이 공급해야만 했다.152)

이것은 국민소득의 매우 높은 부분을 축적으로 돌림으로써 더 발전되고 일반적으로 규모가 더 큰 경제들을 따라잡고자 하는 노력과 모순되었다. 계란이 먼저인가 닭이 먼저인가를 다투는 상황이 빈발하였다. 만약 노동자들의 소비수준이 상승하게 된다면, 생산성은 계속해서 오를 것

---

151) 같은 책, p. 98에서 인용.
152) 마르크스의 개념에서는, 역사적·문화적으로 규정되는 노동력의 재생산비는 상승힌다.

이다. 일단은 축적 몫을 삭감하고 경쟁국에 비해 성장속도를 늦춤으로써 생활수준을 향상시키는 것 외에 달리 방법이 없었다. 그래서 소련과 동유럽의 역사를 보면 생산수단을 좀더 증가시키기 위해 소비재 생산을 희생시킨 뒤에는 다시, 생산수단보다 소비재 생산을 증가시키겠다는 약속이 되풀이되는 것이다. 이것은, 예를 들면, 흐루시쵸프와 브레즈네프 치하의 소련이나 고무우카(1956~1970) 치하의, 그리고 다시 기에렉 (1970~1980) 치하의 폴란드에 해당되는 이야기이다.

지난날 소비를 생산에 종속시켰던 것 때문에 상황은 더욱 악화되었다. 스딸린 치하의 소련에서 농업의 '집단화'는 농업 총생산고의 하락을 가져왔다. 게다가 농촌 하부구조(도로, 철도, 식량 저장 시설)에 대한 투자도 너무 적었다. 스딸린은 이 어느 것에 대해서도 걱정하지 않았다. 왜냐하면 집단화는 두 개의 목표를 달성했기 때문이다. 즉 그것은 수백만의 농민들로 하여금 임금 노동자로서의 일거리를 찾아 도시로 몰려들게 만들었고153) 새로운 산업에서 힘써 일하는 사람들에게 최소한의 생계비만을 제공함으로써, 국가로 하여금 감소된 수확물의 상당 부분을 차지할 수 있게 했기 때문이다.

이러한 정책으로 말미암아 스딸린의 후계자들은 모두, 해결하기 어려운 문제들에 부딪혔다. 상당액을 비료, 농기구 등에 투자하고 농업 노동자의 임금을 도시 노동자의 임금수준에 접근시킨 것도 기대한 것만큼의 생산적 효과를 내지 못했다. 농작물의 상당 부분이 교통 설비와 저장 설비의 빈곤으로 인해 훼손되었다. 그리고 농촌인구는 평균적으로 너무나 늙고 미숙련 상태여서 더 높은 생활수준이라는 '유인(誘引)'에 반응조차 할 수 없었다. 여러 세대의 젊은 남녀들은 시장성 있는 기술(예컨대 짐차 운전이나 기계 수리 같은 것)을 조금만 배워도 도시로 빠져나갔다. 그들은 이런 방식으로 시골의 열악한 생활 조건에 반응했다.

생활수준이 상승한 것만은 분명하다. 하지만 그것은 선진 서방의 국

---

153) 마르크스의 설명에 의하면 그것은, 그들을 자신들의 생계수단에 대한 일체의 통제에서 '자유로워진' 노동자들로 전화시킨다.

가들에 일반화된 수준으로 생산성을 향상시키기에 충분한 정도는 못되었다. 생산성이 만족할 만큼 빨리 상승하지 않을 때, 경제를 운영하는 사람들이, 자신들이 설정한 높은 축적 수준을 획득하기 위해 취하는 유일한 방법은 소비재 생산을 위한 공장들을 생산수단 생산을 위한 공장으로 전환시키는 것이다. 그러나 이렇게 된다는 것은 경영자들이 임금으로 지불하는 가치의 총액이 생산된 소비재와 식량의 총가치를 초과한다는 것을 의미한다. 이렇게 되면 기본적 소비재의 부족이 있게 되고 가격 상승의 경향이 나타나게 된다.

초기에 동유럽 국가자본주의들은 서방 경제들보다 더 빠른 속도로 성장했지만 이제 이들은 그들과 같은 속도로 (혹은 더 느린 속도로) 성장하기 시작하며 여러 품목의 소비재를 공급함에 있어 심각한 위기를 겪기 시작한다.

(3)자본의 유기적 구성의 상승. 국가자본주의는 일체의 자본주의가 겪는 고전적 문제에 직면한다. 즉 축적 과정이 노동력보다 총축적을 더 빨리 증가시킴에 따라 투자에 대한 평균이윤이 하락하는 경향을 보이는 것이다.154) 러시아에서 투자한 루블당 산업생산고의 연간 평균 증가치155)는 다음과 같이 감소했다. 1951~55년에 6.4퍼센트, 1956~1960년에 5.1퍼센트, 1961~65년에 4.7퍼센트. 이러한 경향은 브레즈네프 시대 전반에 걸쳐 계속되었다. 1985년에 국민생산 중 투자 몫은 최소한 1965년만큼 높았다. 하지만 산업성장률은 50퍼센트 내지 60퍼센트씩이나 감소했다.156)

---

154) 혹은 마르크스가 설명하였듯이, 자본의 유기적 구성의 상승은 이윤율의 하락 경향을 야기한다. 이 문제에 관해 마르크스 저작들이 제시하는 다양한 논의들에 대한 설명을 보려면 C. Harman, *Explaining the Crisis*(London, 1984), 1장을 참조하라.

155) K. Fitzlyon, *Soviet Studies*, 1969년 여름호, p. 179에 제시된 수치.

156) 공식 수치와 서구식 추징은 모두 CIA, 앞의 책에 제시되어 있다.

102

(4)사회적 생산과 국가지출금.157) 끝으로, 국가자본주의를 세계 체제의 발전 과정의 한 단계에서 여러 나라들이 직면한 문제들로부터 벗어나는 것으로 보이게 만들었던 바로 그 점—— 즉 생산력의 지속적 성장 —— 이 나중의 단계에서는 국가자본주의를 경제적 효율성에 방해가 되는 것으로 보이게 만든다. 40~50년간에 걸친 생산력의 꾸준한 발전은, 그것을 낳았던 생산 조직의 방식과 더불어 붕괴하기 시작했다.

서방에서 가장 성공적인 기업들은, 판매를 국제적으로 조직하기 시작했을 뿐만 아니라 생산을 국제적으로 조직하기 시작한 기업들이었다. 다국적(多國籍) 자본주의가 체제의 전위로서 국가자본주의를 대체하기 시작했다. 모든 종류의 상품을 취급하는 국내시장을 일국에 기초한 기업들의 손에 맡겨 두려 했던 국민적 지배계급은, 이 기업들이 세계 체제의 가장 선진적인 기업들을 따라잡기에 필요한 수준의 자원을 동원할 수 없다는 것을 발견하기 시작했다. 협소한 국경에 의해 제한되었던 생산은 갈수록 비효율적으로 되었고 기술적으로 낙후하게 되었다.

이것은 세계에서 가장 큰 경제인 미국 경제에 대해서도 타당하다. 1948년에 미국의 총대외무역은 나라 전체 생산고의 12.8퍼센트에 불과했고 1965년에도 13.7퍼센트에 불과했다. 그러나 1979년이 되자 이 수치는 31.7퍼센트로 상승했다.158) 30~40년 동안에 걸쳐 모든 주요 산업 분야에서 경쟁은 거의 존재하지 않았다. 주요 기업들은 자기들끼리의 시장 분할을 당연하게 여겼고 이윤이 굴러 들어오는 한에서 기술개발을 소홀히 했다.159) 1970년대와 1980년대에 외국 기업들, 특히 일본 기업

---

157) 부하린은 세계 체제의 상황을 국가자본주의들로 묘사하기 위해 이 이 까다로운 어구를 사용하였다. 그의 *Economics of the Transformation Period*(New York, 1971)[N. L. 부하린, 『과도기 경제학』, 백의, 1994]를 보라.

158) N. M. Bailey, 'Productivity and the Services of Labour and Capital', *Brooking Papers*, 1981 : 1, p. 22에서 주어진 수치.

159) J. Steindl, *Maturity and Stagnation in American Capitalism*(London, 1955)이나 P. Baran · P. Sweezy, *Monopoly Capital*과 같은 미국의 경제학 저작에 나타나는 '경기침체'(stagnation)에 대한 현대적 이론들은 이런 현상들에 대한 경험적 관찰을 기초로 삼고 있다.

들이 철강, 자동차, 전자와 같은 핵심 분야에서 미국 기업들에 도전하기 시작하면서 이것은 갑자기 변화하기 시작했다.

미국 자본주의에서는 이 과정에 또 다른 면이 있다. 즉 본토에서 시장 지분을 상실함과 동시에 거대 미국 회사들 중의 일부는 다른 국민 자본주의 내부의 생산자로서 자신들의 지배적 역할을 유지하거나 확대할 수 있었다. 보잉 사(社)는 세계 민간 항공의 80퍼센트 이상을 생산한다. 지난 20년 동안 포드 사(社)와 제너럴 모터 사(社)는 유럽 자회사(子會社)를 완전히 통제했고 다른 나라 기업들을 구매했으며 여러 대륙에 널려 있던 사업들을 통합시켰다. 이들은 1992년 이후에 행동에 나선 대부분의 유럽 기업들보다 더 좋은 입지를 굳혀 놓고 있다. 서방 자본주의 국가 가운데 가장 작고 또 약한 나라 중의 하나인 아일랜드조차도 유럽과 북미를 가로질러 자신들의 활동 공간을 개척하는 데 성공한 몇 개의 다국적 기업을 갖고 있다.

국민적 자본주의에서 다국적 자본주의로의 이행은, '국민' 기업들을 뒷받침하는 것으로서의 국민국가의 경제적 역할을 제거하지 않는다. 보잉 사(社)가 세계 민간 항공 산업을 지배할 수 있는 이유는 이 회사가 미국의 군사적 주문으로부터 뒷받침을 받기 때문이다. 포드 사(社)와 제너럴 모터 사(社)는, 일본 기업들이 '국내시장'을 완전히 인수하지 못하도록 막는 데에 미국 국가를 이용했다. 그러면서도 이들은 자신들의 다국적 활동의 범위를 바깥으로 넓혀 일본 기업들과 얼마간의 거래를 하고 있다. 사영(私營)의 영국 에어로스페이스 사(社)는, 다국적 활동의 경향을 점차 확장시키는 한편에서, 기업활동의 약 80퍼센트 정도를 영국 정부의 주문과 영향력에 의존하고 있다. 최근 급속히 확대되고 있는 수익성 있는 사업인 원거리통신 분야에서, 기업들이 다국적적(多國籍的)인 연결관계를 얼마나 창출할 수 있는가 하는 것은, 자국의 전화체계를 재설비하는 수주(受注)과정에서 그들이 정부의 지원을 얼마나 획득할 수 있는가 하는 것에 달려 있다.

세계자본주의는 이제 국가자본주의 단계를 넘어섰다. 그러나 국가자본주의를 대체한 자본주의를 '사적 자본주의'나 '시장 자본주의'로 이름

붙인다면 그것은 아마도 잘못일 것이다. 왜냐하면 이런 이름들은 국가의 역할이 사라진 것 같은 평가를 담고 있기 때문이다. 지금 존재하고 있는 것은 국가자본주의와 다국적 자본주의의 결합이다. 나는 이것을 간단히 '다국적 자본주의'라고 부를 것이다.160) 그러나 이 다국적 자본주의의 요소들은 일국적 국가자본주의의 기반으로부터 발전한 것들이며 결코 그것과 완전히 단절될 수 없다.161)

그렇지만 이 새로운 단계는 국민적 한계내에 가두어져 있었던 과거의 국가자본주의가 번성할 수 있었던 조건들을 파괴한다. 이것은 20년도 더 전에 새로운 국가자본주의를 창출하려던 시도가 있었을 때부터 분명해졌던 것이다. 중국과 쿠바는, 자신들이 소련에서 스딸린주의자들에 의해 개척된 길을 그대로 모방하는 것이 불가능하다는 것을 깨달았다. 이 때부터 격렬한 내부 갈등이 일어났는데 이것은 중국에서 1958년의 대약진 운동과 1966년의 문화혁명을 초래했고162) 쿠바에서는 이로 인한 위기로 1966년에 체 게바라가 정부를 떠나게 만들었다.163)

오늘날 더 가난한 나라의 국민적 지배계급들의 제한된 자원들로는, 기존의 산업 권력들이 장악하고 있는 산업 분야들에 맞서 자신들이 장악가능한 산업 분야들을 개척하는 것은 너무나 큰 대가를 요구한다. 중국이 수소 폭탄을 생산하기 위해, 추산컨대, 자국의 총전력생산고의 4분의 1 내지 2분의 1을 사용해야만 했다는 사실이 이 사실을 극명하게 보여준다.164) 실질적으로 '세계시장으로의 진입에 드는 최소 비용은 매일

---

160) 크리스 하먼은 이후에 이러한 자본주의를 초국가자본주의(trans-state capitalism)라고 새로이 명명한다. [『오늘의 세계경제 : 위기와 전망』, 갈무리, 1994, 74면 참조 - 역자]

161) 이 문제에 얽힌 논쟁에 대해서는 *International Socialism*(first series) 100호에 마이크 키드론과 내가 쓴 논문들을 보라.

162) 이러한 설명의 초기적 형태를 참조하려면 T. Cliff, 'Crisis in China', *International Socialism*(first series) 29, 1966을 보라. 이 논문은 앞의 책, *Neither Washington Nor Moscow*, pp. 143~165에 수록되었다.

163) C. Harman, 'Cuba, the End of a Road', *International Socialism*(first series) 45, 1970년 11 · 12월호를 보라.

매일 갈수록 늘어나고 있다. 후진국에서 이러한 진입 비용을 충당할 수 있는 자원은 존재하지 않는다.'165) 그 결과로,

> 러시아 유형의 국가자본주의적 발전이 후진국에서 실행가능한 것으로 생각될 수 있었던 시대는 막을 내리게 된다. …… 이 시대에는 자급자족적 산업화를 통한 유혈적인 발전, 겉으로는 튼튼해 보이지만 그러나 깨지기 쉬운 강제적 발전이 제한된 의미에서의 발전을 이루는 것으로 생각될 수 있었다. ……166)

이러한 관점에 서서 일국적인 국가자본주의적 발전의 꿈을 실행하려 했던 사람들은, 자신들이 결국 국민적 위기, 심지어는 붕괴에 이르게 되는 정책을 착수했다는 사실을 깨달았다. 앙골라와 모잠비크에서 포르투갈 식민주의가 패퇴한 뒤에 그곳에 들어선 정권들은, 이러한 사실을 깨달은 이후로는 서방 권력으로부터 쓰라린 후퇴를 강요받았다. 베트남 정권은 이러한 후퇴를 달게 받아들이고자 하였으나 그들은 그 길이 미국의 고집 때문에 막혀 있다는 것을 알았다. 구식이 다된 '개발 계획'을 밀고 나가려 한 캄보디아의 크메르 루즈 정권의 시도는, 스탈린주의가 과거에 보였던 온갖 야만주의를 답습했으면서도, 당시 소련에서 그것에 수반되었던 산업적 진보는 이끌어 내지 못했다.

이것은 '제3세계'에서 경제적 발전의 종말을 의미하는 것은 아닐지 모른다.167) 그러나 이제부터 '발전'은, 세계시장의 한두 부문에 파고들어 갈 목적으로, 흔히 기존의 다국적 자본과의 협력 하에, 매우 협소한 범위의 산업들에 자신들의 자원을 집중시키는 국가자본주의에게만 가능하게 되었다. '태평양 연안'의 상대적으로 작은 국가들 일부의 성공은 이

---

164) M. Kidron, 'Memories of Development', *Capitalism and Theory*(London, 1974), p. 172에 있는 추정치.
165) 같은 책, p. 171.
166) 같은 책, p. 172.
167) 키드론은 명명백백하게 옳은 논의로부터 잘못된 결론을 이끌어 내었었다(같은 책, p. 173). [키드론은 이곳에서, 중국의 실패는 혁명 없이 후진국에서의 경제발전이 가능하다고 보는 것이 환상임을 보여준다고 결론 짓고 있다 - 역자]

사실을 실례로써 보여준다. 그러나 이 길을 따르려 했던 나라들 중의 상당수는 낙오했다. 인도나 모택동 이후의 중국과 같은 다른 나라들에서는 몇몇 부문과 지역에서는 실질적 발전이 이루어졌으나 여타의 부문들과 지역들에서는 정체가 있었고 여기에 심각한 사회적 긴장이 뒤따랐다. 남한과 같은 극소수의 나라에서만, 발전된 부분들이 경제의 여타 부문들을 앞으로 끌고 나갈 수 있었다.

국가자본주의의 위기

일시적으로는 기존의 오래된 국가자본주의들이, 그들을 본뜨려고 애쓰는 신참자들보다 더 밝은 미래를 가지고 있는 것처럼 보였다. 대중들이 테러와 노예수용소, 그리고 제1차 국가자본주의적 축적기인 스딸린 시대에 있었던 대중 소비수준의 강제 인하 등에 저항하기 시작하면서 1953~56년 사이에 일련의 격동이 동유럽 블록 전체를 휩쓸었다. 소련에서는 거대한 노예수용소에서 파업이 일어났다. 1953년에 동독과 체코슬로바키아의 필젠에서 일어난 파업들과 폴란드의 포즈난에서 일어난 파업들은 경찰 및 군대와의 격렬한 충돌로 귀결되었다. 헝가리에서는 자생적인 폭동이 구정권을 권좌에서 몰아내었고 러시아 군대에 의한 대규모 억압에 의해서 겨우 진압되었다.

그러나 동유럽의 지도자들과 소련의 흐루시쵸프는 그 반란들을 억압과 개량의 결합에 의해 봉쇄할 수 있었다. 제1차 축적기는 인민대중에게 양보를 할 수 있는, 그리고 축적을 위한 과거의 총동원 방식을 잠시 중단할 수 있는 충분한 경제적 비축분을 만들어 놓았다. 1950년대말이 되자 모든 정권들은 안정을 되찾았고 서방 경쟁자들의 경제성장률과 비견될 수 있는 경제성장률 수준을 달성하고 있었다.

1960년대 중반이 되자 또다시 새롭게 위기의 징후들이 나타나기 시작했다. 소련내에서 개혁을 달성코자 한 흐루시쵸프의 다양한 시도들은 성장률을, 소련을 세계 두 번째의 강대국으로 유지하고 미국을 '따라잡을' 수 있는 수준으로 끌어올리지 못했다. 1964년에 여러 부문의 관료 지도자들은 힘을 합쳐 흐루시쵸프를 축출했다. 체코슬로바키아에서는 경제성장률의 하강이 1962~63년의 경기침체로 이어졌다. 여러 부분의 관료들내에서의 다툼과 경제적 개혁을 지지하는 압력들로 말미암아 1968년초에는 공산당 서기장이었던 노보트니가 축출되었고, 알렉산더 두브체크 휘하의 자유화 시대가 개시되었다. 이 자유화 시대는 그해 8월 소련군의 침공으로 막을 내리게 된다. 폴란드에서는 1968년의 학생 시위에 이어 1970~71년의 겨울에 발틱 연안의 도시들인 그단스크와 쉬체친에서 노동자들의 시위와 파업이 잇따랐고 이로 말미암아 고무우카가 기에렉으로 교체되었다.168)

체코슬로바키아와 폴란드에서 일어난 사건들은 동유럽 여러 나라의 지배자들에게 특히 불길한 징조였다. 폴란드는 동유럽 최대의 국가였으며 체코슬로바키아는 동유럽에서 산업이 가장 발전된 국가였다. 만약 이 두 나라가 갑자기 새로운 위기 국면에 들어간다면 그 밖의 지역에서의 장기 전망도 어두워질 것임에 틀림없었다. 국가자본주의 이론을 지지했던 우리들은 프라하의 봄이 진압된 이후 다음과 같이 결론지을 수 있었다.

관료제는 악순환의 덫에 걸려들게 되었다. 그것이 어떤 문제를 풀고자 시도하면 그 시도가 다른 문제를 증폭시키게 되는 것이다.

중앙 기구의 지도자들은 날이 갈수록 효율적인 생산에 대한 방해물로 될 것으로 보인다. …… 1956년의 헝가리나 1968년초의 체코슬로바키아에서 나타났던 것과 같은 분열을 겪지 않고, 관료제가 어떤 성공적 기반 위에서 개혁을 수행하기란 불가능하다. 그러한 분열은 소련과 동유럽 전체에서 거대한 위기가 개시되는 서곡일 수 있을 것이며 이 위기 속에서 비(非)관료 계급들은 자신들의 고유한 요구

---

168) 이 사건에 대한 상세한 설명으로는 나의 책 *Class Struggles in Eastern Europe*(이전 판 제목인 *Bureaucracy and Revolution in Eastern Europe*. 1982년판에서 체코슬로바키아에 관한 장은 축약되어 있다). [『동유럽에서의 계급투쟁: 1945~1983』, 갈무리, 1994]

를 내걸고 움직일 것이다.

국가자본주의의 만성적인 위기는 체제 전체가 위협받는 하나의 정점에 도달할 것이다. 그때 무엇이 일어날 것인가는, 비관료 계급들이 자신들의 진정한 이해관계를 반영하는 강령들을 내걸고 움직일 수 있는 능력이 어느 정도인가에 달려 있다.[169]

그러나 모든 정권들은 1968~1971년의 사건들 직후에도, 1953~56년 이후와 마찬가지로, 다시 안정을 찾을 수 있었다. 브레즈네프의 소련은, '데땅뜨'에 진입할 준비가 되어 있던 미국과 군사적 평형을 이루면서, 상당한 속도로 경제적 팽창을 계속했다. 또 소련은 인민대중의 생활수준을 향상시켜 줄 수 있었다. 이 시기에 소련의 대부분의 가구(家口)들은 냉장고와 텔레비전 세트를 갖기 시작했고 소수의 사람들은 자동차를 소유하기 시작했다. 물론 대부분의 선진 서방 국가들에 비해서는 조건상 상당한 지체가 있었지만 이 과정에서 소련 노동자들은, 서유럽 노동자들이 불과 15년 전에 이룬 '소비자 혁명'을 실제 경험하고 있다는 느낌을 가졌다. 체코슬로바키아에서는, 경제가 상향 이동 — 1961~65년간의 1.8퍼센트 평균 성장률에서 1971~75년간의 5.7퍼센트 평균 성장률로 — 을 재개하면서 개혁 경제학자들의 무시무시한 경고가 논박되는 듯이 보였다. 생활수준도 더불어 상승하여, 1976년말에는 실제로 모든 가구가 세탁기, 라디오, 텔레비전을 가졌고, 다섯 가구 중 네 가구는 냉장고를 가졌으며, 세 가구 중 한 가구는 자동차를 가졌다.[170]

폴란드에서는 경제가 호황으로 진입하면서, 생활수준이 향상될 수 없으리라던 정부[171]와 반체제 인사들[172] 양쪽의 예측 모두가 무효로 돌아갔다. 1975~76년이 되어 3년간에 생활수준이 30퍼센트나 향상되었다는

---

169) C. Harman, 'Prospects for the Seventies, the Stalinist States', 앞의 책.

170) Jiri Kosta, in Nove, Hohmann·Seidenstecker(편), *The East European Economies in the 1970s*(London, 1982), p. 36에 제시된 수치.

171) Gierek의 연설 녹취록, *Face aux grevistes de Szczecin*(Paris, 1972), p. 37.

172) Kuron·Modzelewski, *A Revolutionary Socialist Manifesto(Open Letter to the Parry)*(1965년판), pp. 37, 30.

공식 통계가 발표되자 서방 저널리스트들은 '폴란드의 기적'에 대해 이야기하고 있었다.173) 이곳에서는 1974~76년에 서방 자본주의를 강타했던 경기침체에도 불구하고 확장이 계속되었다.

그 경제성장 수치가 일단의 문제들을 은폐하고 있다는 사실만을 제외한다면 …… 동유럽 지배자들은 스스로 자랑할 만했다고 해야 할 것이다. 계속해서, 투자는 경제적 산출보다도 훨씬 빨리 성장했다. 그리고 날이 갈수록 세계적 규모의 기술 진보는 국경을 넘어서는 자원 이동에 의존하게 되었다. 이러한 장기적 문제들이 나타나자 주요 동유럽 국가들은 경제개혁을 위한 연속 계획을 수립하지 않으면 안되었다. 1968년의 여파로, 헝가리와 유고슬라비아를 제외한 모든 곳에서, 이 계획들은 조용히 폐기되었다. 그러나 이것이 경제 운영에 있어서 이미 도입된 온갖 변화들을 제거하지는 못했다. 기업들에 의한 계획 이행 조치들—그리고 기업 경영자들의 상여금들—은 스딸린 시대보다 더 노동의 비용과 질에 대한 통제—그것이 때로는 비효율적인 통제였다 하더라도—에 의존했다. 경제학자들은 이제, '가치 법칙'—즉, 세계수준에서 그것을 생산하는 데 필요한 평균 노동시간에 의해 생산물을 측정하는 것—이 고려되어야 한다는 점을 더 이상 부정하지 않았다. 그리고 세계 체제의 나머지 부분과 직접적인 연관을 맺는 기업들의 수도 끊임없이 증가했다.

이것은, 자신들의 투자 붐에 재정을 조달하기 위해 서방 은행들로부터 대규모의 차입을 들여왔던 폴란드와 헝가리 같은 나라들에서 가장 분명히 드러났다. 기에렉 치하에서 실제로 모든 주요 계획은 서방의 기술과 화폐에 연루되어 있었다. 바르샤바 외곽의 우르수스 트랙터 공장은 바클레이 사(社)의 재원으로 매시 퍼그슨 사(社)에 의해 건축되었다. 실레지아에 지어진 폴스키-피아트 공장은 이탈리아 기업에 의해 설계되어 이탈리아의 밀란 공장에서 부품을 조달했다. 크루프 사(社)가 주도하는

---

173) 1970년대 중반에 씌어진 기사를 찾아 실제로 이곳에서의 생활수준 향상이 얼마나 제한적인 것이었는가를 입증하기 위해 나는 공식 통계들을 샅샅이 뒤져야만 했다. 나의 논문 'Poland and the Crisis of State Capitalism : part two', *International Socialism*(first series) 94의 각주 5를 보라.

독일의 기업 채권단 회의는 폴란드에 화학공장을 짓기 위해 5억 파운드 상당의 설비를 제공했고 폴란드 정부와의 합동 마케팅 사업을 계획했다. 폴란드의 구리 생산의 확장은 서방 은행 채권단과의 2억 5천 파운드 상당의 거래에 의존했다.174)

헝가리 법률에 대한 일련의 개정 작업은 서방 기업들과의 수많은 합병계약의 체결뿐만 아니라 서방 은행들로부터의 대규모 차입을 허용했다. 다른 동유럽 국가들은 서방 기업들 및 은행들과의 직접적 계약에서 폴란드보다는 좀더 조심스러웠다. 그러나 그들도 이미 그들과 거래를 하고 있었다. 서방 기업들은 톨리아티그라드와 까마 강변에 거대한 러시아제 자동차 공장을 짓는 사업에 참여했다. 1976년에만도 소련은 36억 달러 상당의 중기계와 공장설비를 서독 기업들로부터 사들였다.175) 북러시아에서 서유럽에 이르는 거대한 가스관의 축조— 이것은 서방의 도움을 받아 이루어졌다— 는 1980년대초의 소련 경제발전에서 핵심적인 것이었다. 동독과 서독의 기업들 사이에는 협력관계가 점차 증대하고 있었다. 가령 폭스바겐의 자동차 엔진을 서독의 인가 하에 동독에서 제조하는 것 등이 그것이다. 1989년 10월 중순에는 소련, 헝가리, 폴란드, 체코슬로바키아, 루마니아, 불가리아 등에 등록된 합병기업의 수는 2,090개에 이른다.176)

이에 더하여 소련의 브레즈네프 지도부는 미국과의 장기계약을 통해 곡물을 구매함으로써 농업 부문의 뿌리깊은 후진성을 메꿔나가려 했다. 그들은, 1973~74년과 1979~1980년에 있었던 국제 유가(油價)의 대폭 인상 후에 원유 수출에서 얻은 수입으로 곡물 대금을 지불하려 했다.

뿌리깊은 경제적 문제들에 대처하는 그러한 단편적 접근 방식은 필연적으로 난관에 봉착하지 않을 수 없었다. 이미 최대한으로 가동되고 있던 경제들은 어떤 수를 사용해서든지 해외로부터의 상품과 기술 수입에 대한 대가를 지불할 자원을 찾아야만 했다. 서방 은행으로부터의 차입

---

174) 이 사업에 대해 자세히 알려면, 같은 책, p. 29를 보라.
175) *International Herald Tribune,* 1976년 8월 17일자에 따름.
176) *Financial Times,* 1990년 1월 19일자에서 계산된 수치.

은, 1970년대초에, 폴란드, 헝가리, 유고슬라비아의 정권들에게 이 문제를 풀어 나갈 길을 보여주는 듯 했다. 이들은 서방 시장으로의 수출이 진척되면 자신들의 외채를 지불할 수 있으리라고 가정했다. 그러나 1974~76년과 1980~82년의 세계적 경기후퇴는 이러한 가정이 잘못이었음을 보여주었다. 시장이 정체되고 이자율이 솟구치면서 이들 동유럽 국가들의 지배자들은 자신들이 브라질이나 아르헨티나와 같은 '신흥공업국'의 지배자들과 똑같은 처지에 놓여 있음을 발견했다. 과거의 차입에 대한 지불비용은 축적을 더 진전시킬 가능성을 갉아먹기 시작했다. 1979~1980년에 폴란드는 발작적인 수축으로 점철된 장기간의 경제적 침체에 빠져들었다. 대부분의 친(親)시장주의적 서방 평론가들에 의해 1980년대초에 동유럽의 '기적 경제'로 간주되고 있었던177) 헝가리는 5년이 지나자 예상대로 자국의 외채문제로 몸살을 앓았다.178)

그러한 결과가 낳은 공포는, 체코슬로바키아, 동독, 그리고 브레즈네프의 소련 등과 같은 여타 국가들에서의 보수적 타성과 결합되어, 세계 시장에의 개방 규모를 검열하는 것으로 작용했다. 차우체스쿠 치하의 루마니아는 한 쪽 극단에서 다른 쪽 극단으로 왔다갔다 했다. 즉 이 나라는 1970년대에 엄청난 빚을 지고 나서 이 빚을 갚기 위해 (독재자의 측근이 사용할 사치품은 별도로 하고) 모든 품목의 수입을 축소했다.

이 보수적 길은, 1974~76년과 1980~82년의 경기침체가 서방과 '제3세계'로 하여금 자국의 국민적 산업을 다국적 생산의 필요에 적합하도록 재구조화하도록 커다란 자극을 주었던 때에, 일국에 한정된 국가자본주의라는 낡은 모델에 집착하려고 애쓰는 것이었다. 이렇게 되자 동방 경제의 주요 부문들은 필연적으로 가장 선진적인 세계적 기술수준에 뒤쳐지기 시작했다. 1950년대에 소련은 핵기술 면에서 미국을 따라 잡을

---

177) 예를 들어, Alex Nove, *The Economics of Feasible Socialism*(London, 1983)을 보라.

178) 이러한 결과에 대한 예측으로는 *Class Struggles in Eastern Europe*(London, 1983)[『동유럽에서의 계급투쟁 : 1945~1983』, 갈무리, 1994]에 실려 있는 관련 서적들을 참조하라.

수 있었고 우주경쟁에서는 앞서기도 하였다. 1960년대말이 되자 소련은 컴퓨터 같은 핵심 부문에서 명백히 뒤떨어지기 시작하고 있었다.

가장 선진적인 국제 기술수준을 따라잡고자 하는 시도는 점차 비용이 비싸졌고 때로는 비효율적인 것으로 되어 갔다. 예를 들어 동독 기업체인 로보트론 사(社)는 컴퓨터 기술과 소프트웨어에서 서방과 경쟁하기 위해 막대한 노력을 쏟아 부었다. 이 기업의 성과는 꽤 컸다. 그러나 그 성과는, 서방의 몇몇 다국적 기업들이 그 분야에 집중시켜 놓은— 훨씬 더 거대한— 자원을 따라잡을 만큼 충분한 것은 아니었다. 사실, 이 시기에 미국에 기반을 둔 다국적 기업들은 많은 종류의 기초 마이크로칩 생산에서 일본계 다국적 기업들에 의해 내쫓기고 있었다. 왜냐하면 단적으로 말해, 그들은 경쟁을 끌고 나갈 자원을 더 이상 갖고 있지 않았기 때문이다. 동독과 같은 작은 국가의 산업은 이러한 상황에서 어떠한 경쟁 기회도 버텨 낼 수 없었다.

이와 비슷하게, 체코슬로바키아 기업은 서방에서 생산되는 가전제품 전 품목— 예컨대 냉장고, 믹서기, 컴퓨터 등— 을 만드는 데 경쟁력을 갖고 있었다. 그러나 체코슬로바키아가 만드는 가전제품은, 생산 공정 가운데 오직 일부에만 집중하는 각각의 거대 서방 다국적 기업보다도 생산 단가가 더 비쌌다. 또 매년 도합 20~30만대를 생산하는 데 그치는 체코슬로바키아와 동독의 자동차 산업은, 매년 수백만 대를 생산하는 서방의 상위 10대 다국적 기업들이 이루어 내는 기술발전이나 공작기계의 발전을 이루어 낼 수가 없었다.

점점 늘어가는 기술 격차는 세 가지 영역에서 중요한 결과를 가져왔다. 첫째는 가장 선진적인 생산수단의 부족이었다. 갈수록 선진적 컴퓨터와 기계설비는 서방에서 사들여 와야만 했다. 그러나 그것이 의미하는 것은 이 물품들을 사들여 올 외화를 확보해야 한다는 것이었다. 게다가 이 물품들이, 서방 권력들이 설정한, 코콤(대공산권수출통제위원회)의 수출 금지 품목에 들어 있지 않아야 했다.

두 번째로, 무거워진 무기 생산의 부담을 지탱하기가 갈수록 어려워졌다. 소련은 적어도 1980년대 중반까지는 서방의 군사기술을 따라잡는

데 성공했다. 그러나 이를 위해서는 경제의 나머지 부분들을 자원충당용으로 사용해야 했고, 그 결과 그 경제 부분들이 피해를 입는 것은 불가피했다. 소련 경제학자인 자이첸코가 최근에 지적했다시피,

> 100개국 이상의 나라 중에서 불과 5~6개의 중동 국가들만이 소련보다 더 많은 방위비를 지출하고 있음을 가리키는 믿을 만한 통계가 있다. 국제 무대에서 더 많은 영향력을 행사하기 위한 우리 나라의 몸부림이 일체의 금융적·경제적 노력을 극도로 긴장시킴으로써만 담보될 수 있는 수준으로까지 우리의 방위비 부담을 높여 놓았다. ……179)

소련은 서방에서 생산된 것 못지않은 항공기, 탱크, 권총을 생산할 수 있었다. 하지만 이를 위해 소련은 경제의 나머지 분야에서 높은 질의 발전을 이루기 위해 필요한 자원들을 고갈시켜야만 했다.

끝으로 동독이나 체코슬로바키아처럼, 정권이 노동자들의 기본적 생필품들 — 식료품, 의복, 주류(酒類), 주택 — 을 만족시키는 데 성공한 나라들에서조차 그들은 내구 소비재의 가격과 질에 대해 불만이 증대하는 것을 막을 수가 없었다.180)

국가자본주의 이론은 이미 1970년대 중반에, 서방에의 개방도 또 그

---

179) *Moscow News*, no. 24. 1989.

180) 지난 몇 주 동안에 서방 언론은 동유럽과 서유럽의 생활수준을 매우 불합리한 방식으로, 즉 '실질' (달리 말하면 비공식적) 환율로 평가된 임금에 기초하여 비교하는 것으로 가득 차 있다. 그러나 많은 기본 식료품, 맥주, 주택, 난방비 등과 같은 중요한 소비 항목에서 동독과 체코슬로바키아의 노동자들은 어떤 비교에서도 잘 사는 것으로 나타나 있다. 왜냐하면 예컨대 맥주를 살 때에 동독 마르크는 서독 마르크에 비해 세 배의 가치가 있는데, '실질' 환율로 따지면 동독 마르크는 서독 마르크의 8분의 1 내지 12분의 1의 가치밖에 없기 때문이다. 동독이나 체코 노동자들이 뒤지는 경우는 물건으로 말하면 의복이라거나 특히 전자제품 및 자동차 같은 경우이다. 이런 물품을 동독이나 체코에서 사려면 서독에서보다 훨씬 더 많은 노동시간을 지불해야 한다. 물론 러시아 노동자들에게 있어서는 사정이 훨씬 더 나쁘다. 이들은 고급 의복이나 전자제품뿐만 아니라 주류나 육류를 획득하는 데에도 어려움을 겪고 있다.

렇게 개방을 제한하려는 노력도 동방 국가들이 경제적 침체와 정치적 위기로 미끄러져 들어가는 경향을 막을 수 없을 것이라고 지적했다.[181] 1980년대초에 폴란드에서 일어난 사건들은 이 그림을 좀더 뚜렷하게 만들었다.

1981년이 되자 폐쇄경제를 유지하느냐 아니면 여타 세계에 경제를 개방하느냐 사이의 선택은 실제로 프라이팬과 불 중 하나만을 선택해야 하는 것과 같은 난처한 문제였다. 첫번째 선택은 침체의 심화, 낭비의 증대, 대중의 요구를 충족시키지 못하는 무능력, 그리고 노동자계급의 지속적 반란의 위험을 의미했다. 두번째의 선택은 점차 침체와 후퇴로 향해 나아가고 있는 세계경제의 리듬에 스스로를 속박시키고 국내경제의 수축을 포함해서 경기후퇴를 중단시킬 행정적 수단을 포기하는 것을 의미했다. 1980~81년에 폴란드가 위기를 맞자, 동유럽의 모든 통치자들이 엄청나게 큰 충격을 받았던 것은 바로 이 때문이다. 폴란드의 위기는, 모든 나라들이 직면한 문제들의 해결이 쉽지 않다는 것을 입증하는 것이었다.[182]

'위기 직전' 상태와 뻬레스트로이카

소련의 지도자들은 이제 우리에게, 1982년에 브레즈네프가 마침내 죽었을 때 경제는 이미 '위기 직전'의 상태에 있었다고 말한다. 공식 성장률 수치는 1970년대 초반에 5.7퍼센트였다가 1970년대 후반에는 4.3퍼센트로, 그리고 1980년대초에는 3.6퍼센트로 하락했다. 서방의 계산을 따르면 이 수치는 3.1퍼센트에서 2.2퍼센트로, 다시 1.8퍼센트로 하락한 것으로 되어 있다. 그 어느 경우이든 소련 경제는 가장 선진적인 서방을 '따라잡기는'커녕 오히려 뒤처지고 있었던 것이다. 그런데도 소련에 대한 외부적 압력은 증가하고 있었다. 즉 레이건 정권 초기에 미국의 군비는

---

181) 이것이 나의 논문 'Poland and the Crisis of State Capitalism', *International Socialism*(first series, 93호 및 94호)의 중심 주장이다.

182) C. Harman, *Class Struggles in Eastern Europe*, 앞의 책, p. 332. [크리스 하면, 『동유럽에서의 계급투쟁 : 1945~1983』, 갈무리, 440~441쪽, 참조]

증대되었고 소련이 곡물과 선진 기계를 해외에서 사들일 때 사용했던 조세와 원유판매 수입은 국제 유가의 하락으로 줄어들어 이들이 소련에 대해 압력 요인으로 작용하고 있었다.

'위기 직전'의 징후들은 비단 경제에만 국한되어 있었던 것이 아니다. 군부는 이길 수도 없었던 아프가니스탄 전쟁에서 수렁에 빠져들었다. 관료제 내부에 냉소주의와 부패가 무르익어 있었다. 브레즈네프 자신의 가족마저 예외가 아니었다. 당 기간요원들은 사회의 국가자본주의적 구축을 위해 개척자적 자세로 헌신할 태도를 완전히 상실했다. 이는 흐루시쵸프 시절만 해도 아직 남아 있었던 것이었다. 인민대중의 소외의 깊이는 나날이 증대되어 가는 알코올 소비량으로 측정될 수 있었다. 그리고 젊은 세대 가운데 가장 활동적인 사람들 사이에서 그것은 극도로 허무주의적인 록 뮤직에의 심취가 깊어지고 있는 것에 의해 측정될 수 있었다. 상황의 위험성은 KGB 의장이자 1982년에 브레즈네프로부터 권력을 승계한 안드로포프에 의해서도 이미 인정되었다. 이런 이유 때문에 그는 새로운 세대의 지방 당 기관요원을 모스크바의 당 지도부로 끌어올렸다. 그중에서 고르바쵸프가 가장 두드러진 인물이 되었다.

고르바쵸프가 1985년에 권력을 승계했을 때에 위기의 징후는 전보다 더 가시적으로 되어 있었다. 그는 절망적인 상황을 피할 수 없었다. 얼마 지나지 않아 당은 이 상황을 '1985년 4월에 국가가 처한 상황의 극적 성격'이라고 묘사했다.[183]

> 중앙과 지방 모두에서 많은 지도자들은 계속해서 낡아빠진 방법으로 행동하고 있으며 새로운 조건에서 작업할 준비가 되어 있지 않음이 드러나고 있다. 규율과 질서가 참을 수 없는 수준으로까지 악화되어 있다. 계획의 하향 수정이라는 악순환적 실천이 광범위하게 퍼져 있다.[184]

---

183) *Pravda*, 1988년 4월 5일.
184) N. Ryzhkov, 1986년 3월의 CPSU의 제27차 대회에서 이루어진 경제적·사회적 발전을 위한 환금(換金) 정책에 관한 보고.

당은 브레즈네프 시대를 '정체'의 시대라고 표현했다.

이 시대는 나라를 경제적 위기의 문턱으로 몰고 갔다. 넓은 범위에 뻗치고 있고 비용이 많이 드는 경제 관리체계는 이제 비효율적으로 되어 가고 있다. 그것의 구조와 전문성은 현대의 요구와 조화되지 못한다. …… 생산, 효율성, 그리고 생활수준은 성장을 멈추었다. ……185)

집권 첫 해에 고르바쵸프 지도부는 안드로포프가 사용했던 것과 같은 방법을 사용하여 경제적 '재구조화'를 달성하려 했다. 기존의 기구들을 사용하여 대중들을 더 열심히 일하게 하려는 노력의 일환으로, 오직 하나의 목표만을 지향하는 캠페인이 위로부터 전개되었다. 알코올이 생산성에 해로운 영향을 미친다는 가정에 근거하여 알코올에 반대하는 캠페인이 전개되었다. 이것은 알코올 가격을 올리거나, 알코올의 출고를 3분의 2 정도 줄인다거나, 수천 에이커의 포도나무 밭을 망가뜨리는 시도 등을 포함하고 있었다. 지난 20년간의 브레즈네프 시대에 권력에 접근한 구세대의 많은 당 관료들 사이에 퍼져 있는 부패에 대항하여 맹공격이 퍼부어졌다. 기업 생산물의 질을 검열하고 저질품을 만드는 기업에서 일하는 사람들의 임금을 삭감하기 위한 중앙기관이 설립되었다. 심지어 고르바쵸프는 사람들에게 스딸린 지배 하의 1930년대에 있었던 스타하노프 운동의 사례를 본받으라는 호소를 하기도 했다.186)

그러나 위로부터 경제를 바로잡고자 한 시도들은 제대로 돌아가지 않았다. 1986년이 경과하면서 고르바쵸프 주위의 대부분의 그룹들은, 경제를 변화시킬 유일한 방법은 관료적 경영구조 그 자체의 가지와 뿌리를 변혁하는 것이라고 확신하게 되었다. 그들은, 이 작업이 경제구조뿐만 아니라 정치구조 그 자체를 변화시키지 않고는 달성될 수 없다는 사실을 알았다. 보수적 관료가 뻬레스트로이카를 방해하고 있었다. 그리고 고르바쵸프는 언론방송 매체로 하여금 그들의 행위를 백일하에 드러내

---

185) CPSU 중앙위원회의 뻬레스트로이카에 대한 19차 당 대회의 결의.
186) *Pravda*, 1985년 8월 22일.

도록 허용함으로써, 즉 글라스노스트를 통해 이들의 방해를 극복하고자 했다.

뻬레스트로이카의 경제강령은 본래 세 묶음의 상호연관된 변혁 계획을 담고 있었다. 첫째는 낡은 공장과 기계설비를 새로운 것으로 바꾸어 생산을 재구조화하는 것이었다. 이것은 공장폐쇄와 잉여노동자의 해고를 한편으로 하고 3교대 작업제의 도입을 다른 한편으로 하여 달성될 수 있었다. 결국 이것은 1,600만 명의 노동자의 해고를 수반하는 것이었다. 그중 이미 3백만 이상은 이미 해고되었다.[187] 두 번째는 산업을 통제하는 관료기구의 규모를 축소시키고 부적합하고 비효율적이며 부패한 관료와 경영자를 교체하는 것이었다. 매체가 행사할 수 있는 비판의 자유가 증대된 것이 이 과제의 해결을 도울 것으로 기대되었다. 끝으로는 산업을 효율적으로 만들기 위한 관료적 시도들을 시장의 힘에 기초한 시도들로 대체하는 것이었다. 서로 다른 기업들의 노력을 '수직적으로' 조정하는 '지령주의적' 방법은 '수평적' 연계로, 즉 기업들이 서로의 생산물에 대해 자유로운 계약을 맺을 수 있도록 대체되었다. 최대 이윤을 추구하는 개별 기업의 경영자들에게는 자원의 효율적 사용과 신기술의 신속한 채택에서 혜택이 주어질 것이라고 주장되었다.

이 세 가지 요소들은 상호 의존적이었다. 명령에 의한 조정에서 시장에 의한 조정으로의 이동은 어느 것이 가장 효율적인 공장인가를 드러낼 것이며 그것은 효율적이라고 판명된 공장에 생산을 집중하도록 하는 유인(誘引)을 각 경영자들에게 제공할 것이었다. 관료적 통제 계층을 축소시키는 것은 수평적 연계로의 이행을 위한 전제조건이었다. 그리고 그것은 개별 경영자들의 능률을 향상시킬 것이었다. 그러나 사태는 기대대로 돌아가지 않았다. 1988년에 수직적 연계를 수평적 연계로 부분적으로 교체했지만, 그것이 능률을 획기적으로 상승시키지는 못했다.

---

187) 경제적 재구조화에 기인한 해고 노동자 총수(總數)에 대한 추산치는 *Pravda*, 1988년 1월 21일자 참조. *Moscow News*, 1989년 9월 3일자도 해고 노동자의 수를 이 정도로 잡으면서 중앙아시아 공화국들과 카자흐스탄에서의 실업자만 하더라도 6백만은 될 것이라는 『프라우다』의 주장을 인용하고 있다.

주민들에게 식량을 공급하는 문제는 더 악화되었다. …… 경제에 필요한 모든 것이 부족했다고 1989년 1월에 방송된 어느 각료 회합에 대한 러시아 텔레비전 보도는 결론 내리고 있다. 이 보도에 의하면 점차 더 많은 수의 물품이 공급부족으로 되고 있고 주택 면적이 계획된 것보다 2백만 평방미터나 적으며 유아원의 수는 줄어들고 있다.188)

그리고 가격은 상승하고 있었다. '공장들도 상점들도 싸구려 물건들을 공급하는 데는 관심이 없다 — 그것들은 수지가 맞지 않기 때문이다.'189) 많은 경영자들은 단지 가격을 인상하는 것만으로도 이윤을 늘릴 수 있고 또 특별 배당금도 챙길 수 있다는 사실을 발견했다. 무턱대고 가격을 올릴 수 없는 곳에서는, 그들은 값싼 품목에서 보다 값비싼 품목으로 생산 품목을 바꾸었다. 그러나 흔히 하나의 기업에 의해 생산된 물품이 다른 기업의 투입물로 절실하게 필요했기 때문에 이러한 가격인상은 경제 전반에 걸쳐 혼란을 야기했다.

게다가, 고르바쵸프가 보기에, 재구조화를 달성할 수 있기 위해서는 반드시 필요했던 개방성이 경제적 문제를 증가시켰다. 1988년 봄과 초여름에 고르바쵸프는 뻬레스트로이카를 제한하려는 보수파의 시도에 맞서는 무기로서 글라스노스트라는 슬로건을 사용할 수 있었다. 특별 당 대회에 이르는 과정에서 그는 모스크바의 언론방송 매체들에게 부패, 야만성, 비능률을 폭로할 완전한 자유를 주었다. 그러한 압력은 몇몇 대의원들을 당 대회에서 재선시키는 역할을 했다. 그리고 그것은 더 많은 사람들로 하여금 재구조화에 열렬히 동의한다는 듯한 제스처를 취하게 했다. 이리하여 고르바쵸프는 그의 선의에 의존하고 있는 정치국의 보수파인 리가쵸프 그룹과 함께 대회의 승리자로 부상했다. 리가쵸프가 고르바쵸프의 선의에 의존하고 있었다는 사실은, 두 달 뒤 중앙위원회가 리가쵸프를 핵심 직위에서 축출하고 고르바쵸프를 국가 의장의 자리에 앉혔을 때 분명히 드러났다.

---

188) BBC 모니터부의 보고서 사본, 1989년 1월.
189) BBC 모니터부 보고서, 1989년 2월.

고르바쵸프의 정치 이력은 정치적·경영직 관료에 국한된 것이었다. 그는 흐루시쵸프와 브레즈네프 시절에 윗사람의 환심은 어떻게 사는 것인가, 자신의 경쟁자를 어떻게 물리치는가, 그리고 아랫사람들을 위협하여 복종시키는 방법은 무엇인가 등을 익힘으로써 출세를 했다. 이것들은 봄과 여름 내내 그가 사용했던 기술들이다. 그는 이와 더불어 정치기자였던 경험에서 얻은 상당한 기술도 구사했다. 이것들을 사용함으로써 그는 자신의 반대파를 공격함으로써 상당한 권력을 수중에 거머쥘 수 있었고 재구조화를 방해할지도 모르는 하위 관료들에게 실질적인 공격을 가할 수 있는 기반을 다질 수 있었다.

그렇지만 이 기술들은 그 밖의 것들에 대한 대비책을 만들어 주지는 못했다. 가령 글라스노스트로 인해 1920년대말 이래 처음으로 자신들이 어떤 세상에 살고 있는가에 대해 토론할 기회를 부여받은, 지배관료 바깥의 수백만 대중들의 반응에는 어떻게 대처해야 하는가 하는 데 대해서는 그에게 아무런 대비책도 없었다. 위로부터 제시된 글라스노스트의 약속은 희미한 것이었지만 그것은 아래로부터 거대한 글라스노스트의 파도를 불러일으키기에 충분했다.

처음에 이것은 주로 모스크바 인텔리겐찌아에 국한된 현상으로 보였다. 그들은 중요한 집단이었다. 왜냐하면 그들은 전 연방의 신문, 텔레비전, 라디오 방송의 내용과 영화 스튜디오의 정책들에 영향을 미치고 있었기 때문이다. 그러나 그들 역시도 상대적으로 특권적인 집단이었으며 소련의 여타 지역의 대중들로부터는 말할 것도 없고 모스크바에 있는 대중들로부터도 단절되어 있었다. 『소비에츠까야 로시야』(*Sovietskaya Rossiya*) 사건은, 그들 대부분이 얼마나 쉽게 진압될 수 있는 존재인가를 보여준다. 그들은, 지도부 일각에서 적대적인 움직임을 보이자 갑자기 3주 동안이나 조용해졌던 것이다. 고르바쵸프는 당 대회에서 승리한 이후에는 그들을 조용하게 만드는 일에 발벗고 나섰다. 흔히 정치국내의 '자유주의자'로 알려져 있었던 야코블레프는 언론방송사 사장들에게 '책임 있는' 보도를 하라고 말했고 '감정에 불을 지피거나 정열을 촉구하려는 시도, 혹은 민족적·사회적 의심의 씨를 뿌리고 서로 다른 사회 집단간의 갈등을 야기시키는 시도'를 막으라고 말했다. 그는 '사회적 기생주의의 매우 위험한 형식'인 '비현실적이고 극단주의적인 입장에서의 접근 시도들'에 저항하라고 촉구했다.190) 새로 구성된 경찰들이 8월 7일의 민주연합 시위와 같은 일련의 시위들을 진압하기 위해 파견되었다. 당국으로 하여금 '인가되지 않은 시위들'의 조직자를 투옥할 수 있게 허용하는 새로운 법령이 선포되었다. 그 후에는 주간『오가녝』(*Oganyek*)과 같은 개혁주의적 언론 분파의 출판활동을 제한하기 위해 '인쇄용지 부족'이라는 명분이 사용되었다.

이것들은 모스크바의 급진적 여론의 영향력을 — 즉각 중지시키지 않은 채로 — 일정한 범위내에 제한하려는 시도들이었다. 고르바쵸프는 자신의 보수적 경쟁자들의 활동을 촉발시키지 않고서 이 과제를 제대로 수행하기가 어렵다는 것을 분명히 느끼고 있었다. 그는 또 아직도 스딸린과 브레즈네프 시대에 대한 더러운 사실들을 들추어내어 그들을 불신시킬 필요도 갖고 있었다. 그리고 그것은 언론방송 매체들로 하여금 소련에서의 삶이 실제로 어떠했는가에 대해, 즉 처형과 노동수용소, 강제이주와 기근, 스딸린 시대의 전시용 재판과 대량학살, 브레즈네프 시대의 전반적 부패와 무능력 등을 무차별적으로 폭로하도록 허용해야 한다는 것을 의미했다.

그렇지만 더욱 중요한 것은 모스크바 바깥에서, 즉 소련 전역의 시와 군에서 벌어지고 있는 일이었다. 수천 개의 비공식 소집단들이 1987년 말에 이미 조직되고 있었다. 이들은 1960년대와 1970년대에 '반체제 분자'로 희생되거나 투옥되었던 개인들 주변에 몰려 있었다. 그들은, 지역 공장으로 인한 환경오염, 핵 발전소의 위험, 지역의 정치거물들의 부패, 지방어에 대한 차별, 스딸린 시대 지방주민의 운명 등의 지역적 쟁점들을 끄집어내어 선동을 하곤 했다. 때때로 그들은 수백 내지 수천의 사람들을 거리로 이끌어 내어 지역 언론들로 하여금 자신들의 존재를 인정하게끔 강제했다.

---

190) *Pravda,* 1988년 7월 14일.

특별 당 대회를 준비하는 기간중에 논쟁이 벌어짐으로써 이들 비공식 소집단들에게 갑작스럽게, 실질적인 대중행동을 취할 하나의 기회가 주어졌다. 당 기구의 몇몇 분파들이, 특히 부패했거나 대중의 신망을 잃은 인물들을 대의원으로 임명하는 데 반대하는 캠페인을 벌이라는 언질을 이들에게 주었기 때문이다. 겨우 뚫린 틈을 이용하며 활동했던 이들 소집단들은 이를 계기로 자신들이 갑작스럽게 수천 명이 참석하는 강력한 저항을 이끌고 있다는 것을 알 수 있었다. 좌익 반대파인 까갈리츠끼[191] 가 지적했듯이, '시위의 물결이 나라 전역을 휩쓸었다.' 그리고 모든 곳의 저항가들은, 누가 대의원이 될 것인가라고 묻는 것 이상의 질문을 제기하기 시작했다. 예를 들어 야로슬라브에서는 5,000명이 모인 가운데,

집회장에서의 연설들은 끝이 없을 것 같았다. 대중들은 당 대회의 선거 절차에 대해서뿐만 아니라 도회에서의 공급부족에 대해, 병원과 주택의 심각한 부족에 대해, 그리고 사회적 공정성 원칙의 침해 사례들에 대해 말하고 있었다. 많은 사람들은 개인적 불만들도 털어놓았다. 단상에 올라가 연설하겠다는 요청이 점점 더 많이 쇄도했다.[192]

당 대회에서 당 지도부는, '당과 사회에는 여러 견해들을 비교하고 비판과 자기비판을 수행할 항구적 메커니즘'이 있어야만 한다고 말하면서도 이 말에 다음과 같은 말을 서둘러 덧붙이기를 잊지 않았다. '토론들은 …… 정치적 갈등이나 사회 세력들의 분열로 나아가서는 안된다.'[193] 그러나 갈등은 이미 존재하고 있었다. 비(非)러시아계 민족들 사이의 불만이 폭발하고 있었을 뿐만 아니라 나라 전역에 걸쳐 저항의 물결이 지속적으로 빈발하고 있었다. 또 별로 널리 알려지지는 않았지만, 그리고 일반적으로 매우 짧은 것이기는 했지만 임금과 노동조건을 둘러싼 파업

---

191) *London Review of Books*, 1988년 11월호에 실린 인터뷰.
192) *Izvestia*, 10 1988. [각주 서술에 누락이 있는 것으로 보이나 그대로 두었다 — 역사]
193) 특별 회의에 부치는 중앙위원회의 결의. BBC 모니터부 보고서, 1988년 6월.

들도 드문드문 일어나고 있었다.

중앙에서 이 모든 사람들을 확고히 다스려 주지 못하자, 기업과 지방 정부를 운영하는 관료들은, 자신들이 아랫사람들에 대한 통제를 유지하는 유일한 길은 이 사람들의 요구사항들 중의 일부를 들어주는 방법밖에 없다고 느끼게 되었다. 이들은 민족적 권리를 보다 폭넓게 인정하겠으며, 공해 공장들을 폐업하겠고, 임금과 주택, 교육과 건강에 대한 지출을 늘리겠다고 약속했다.

이리하여 개혁이 경제의 산출고를 늘리지 못한 상태에서 정부와 기업의 지출은 크게 증가하였다. 1988년에 소득은 8.5퍼센트 상승했음에 반해 산업생산고는 겨우 3.5퍼센트 상승했다. 1989년초의 각료회의에서는 다음과 같은 보고가 있었다.

지난 3년의 계획기간에 걸쳐 예산지출은 국가수입을 1천8백4십억 루블이나 초과했다. 화폐공급은 심각한 지경에 이르렀다. 지난해에 비해 화폐 수량은 두 배로 늘었고 11차 5개년계획 때의 평균수치보다 네 배나 늘었다. …… 지금까지 수지 적자는 계속 늘어났다. ……194)

경제적 위기의 갑작스런 심화는 개혁에 관여하고 있던 사람들의 결속을 흩뜨려 놓았다. 한편에서는 정부와 기업에 포진한 수많은 보수적 성향의 관료들로부터 과거의 중앙통제적 방식으로 복귀해야 한다는 압력이 있었다. 이들은, 상부에서 개별 기업의 각급 경영자들에게 압력을 가해 다른 기업의 경영자들이 필요로 하는 투입물들을 생산하도록 강제하는 방법을 사용해야 한다고 주장했다. 당 지도부는, 많은 상품들에 새로운 가격통제를 부과하고 특정 소비품의 수출을 금지함으로써, 이 방향으로 일정하게 이동했다.

다른 한편에서는 기업들 사이에 더 많은 경쟁이 있어야 한다고 주장하는 일부 경제학자들로부터 개혁을 보다 강하게 밀어 부쳐야 한다는 압력이 있었다. 이들은 러시아 내부의 기업들과 세계경제 속에서 활동하

---

194) Soviet TV, 1989년 1월 17일자 보도. BBC 모니터부 보고서, 1989년 1월.

는 여타의 기업들 사이의 직접적 경쟁이 경영자들로 하여금 효율성을 추구하도록 강제할 수 있을 것이고 또 필요한 물품들을 생산하도록 강제할 수 있을 것이라고 주장했다.

지도부는 어느 길로 가야 할지를 알지 못했다. 왜냐하면 그들은 그 어느 길에도 거대한 문제가 산적해 있다는 것을 알 수 있었기 때문이다. 지도부는, 중앙통제적 강제 체제가 지금까지 경제를 '위기 직전'의 상황으로 몰고 왔음을 알고 있었다. 그러나 그들은, 시장으로의 급진적 방향 전환이 산업의 전 분야를 황폐화시킬 수 있다는 것 역시 알고 있었다. 심지어는 여러 상품의 가격을 올리도록 허용한 더욱 제한적인 '시장'정책마저도 심각한 난관에 봉착했다. 1970년, 1976년, 그리고 1980년에 폴란드에서 있었던 그러한 가격인상은 노동자들의 거대한 봉기를 불러일으켰다. 고르바쵸프의 고문인 아간베기얀이 1989년초에 말했듯이, '가격을 유지하는 개혁이 …… 필요했지만', '그것이 가져올 사회적 결과들' 때문에 그것은 3~4년 연기되어야만 했다.

낡고 부적합하며 부패한 관료들의 교체도 관료제 전체의 작동 과정에 어떤 근본적 변화도 가져오지 못했다. 고르바쵸프 자신의 다음과 같은 불평은 이 사실을 말해 준다.

> 각료의 66퍼센트, 주(州) 당위원회 제1서기들과 주(州) 소비에트 집행위원회 의장의 61퍼센트, 그리고 읍 당위원회의 제1서기들의 63퍼센트는 새로 선출되었다. …… 그러나 이들에게도 과거의 족적이 깊게 드리워져 있다. …… 그들의 첫번째 관심사는 정부와의 직통전화선, 좋은 건물, 자동차 등등이다. …… 이중 많은 사람들은 그들 자신의 개인주의적 이익을 추구하고 있다. 즉 이들은 인민과 사회주의를 위한다는 그럴듯한 명분 하에서 자신들의 이익만을 채우려 하고 있는 것이다.[195]

8개월 후에도 변한 것은 아무 것도 없었다. 고르바쵸프가 직접 임명한 사람들이 '안정'을 보장해 주지 않는다는 이유로 들고일어나 중앙위

---

195) *Pravda*, 1988년 5월 11일.

원회 회의에서 그를 비판했다. 그리고 리즈코프는 경제적 붕괴를 막을
목적으로, 다음 2년에 대비한 비상조치들을 도입했다. 그것은 이 2년 동
안 기업의 투자계획, 가격책정, 대외무역 등에 관한 막대한 통제권을 중
앙에 부여하는 것이었다. 친(親)시장 경제학자들은, 그가 '수직적'이고
'지령주의적인' 경제적 지도 방법으로 회귀하고 있다면서 즉각 그를 비
난하기 시작했다.196)

내적 해체

하나의 거대한 관료기구를 떠받쳐 온 사람들은 자신들의 지도자들이
서로 다투게 되자 그들에 대한 신뢰를 잃어 버렸다. 이렇게 되자 과거에
이들 지도자들에 의해 지배당했던 사람들이 — 처음에는 혼란되고 서투
른 방식으로 — 그들 자신의 주장을 제기하기 시작했다. 바로 이것이
지난 2년 동안 소련에서 일어나고 있는 일이다. 그리고 고르바쵸프에
대한 신념 상실의 가장 강력한 징후는 소련의 내적 해체를 향한 경향,
즉 민족문제이다.
이것은 일반적으로, 전 세계의 좌익이 당혹스러워 하는 문제이다. 예
를 들어 에릭 홉스봄은, '러시아 제국의 여타 부분들 모두는 일반적으로
러시아 자체보다는 형편이 나은 편이며' 아르메니아 같은 나라의 인민들
이 보이는 민족주의는 '완전히 불합리한 것'197)이라고 주장했다.

---

196) 정부의 조치에 대해서는 소련 경제에 대한 리즈코프의 하원보고(TASS, 1989
년 12월 13일자)를 보라. '강화되고 있는 명령주의적 방법'에 대한 리즈코프의
비판으로는 *Komsomolskaya Pravda*, 12월 12일자에 실린 하원의원 23인의 성
명서와 하원대회에서 행한 포포프, 체르넨코 그리고 옐친의 연설(TASS, 1989년
12월 14일, 그리고 Soviet TV, 1989년 15일. BBC 모니터부 보고서 1989년 12월
16, 20일에 수록)을 보라.

197) *Independent on Sunday*, 1990년 2월 4일. 비러시아 국가들이 더 악화되고 있
다는 주장은 Neil Ascherson에 의해서도 받아들여졌다(*Independent on Sunday,*

이러한 주장은, 스딸린이 중심 민족인 러시아어계 관료제의 장악력을 강화하는 과정의 일환으로서 비(非)러시아계 인민들의 러시아화(化) 정책을 강행했다는 사실을 무시하는 것이다. 그는 소수 민족 출신들을 권력 직위들에서 숙청했다. 그리하여 1930년대말에 북코카서스의 1,310명의 관료들 중에서 지역 민족 출신은 불과 17명뿐이었다.[198] 그는 이들 소수 민족 출신의 지식인들을 살해하거나 그 민족 전체를 수천 마일 멀리로 강제 이주시켰다. 흐루시쵸프는 이보다는 덜 잔인했다.[199] 그러나 그도 많은 수의 지역 당 지도자들을 '쁘띠 부르주아 민족주의자'라는 이유로 제거했다.[200] 브레즈네프 치하에서 몇몇 공화국의 지도자들은 지역민족으로서의 특정한 문화적 성격을 드러낼 수 있도록 허용되었으나 러시아 관료에 의한 소련의 지배라는 문제 일반에 대해서는 의문을 품을 수 없도록 강요되었다. 이것은 이 지역의 당 제2서기가 어김없이 러시아인이었다는 사실에 의해 드러난다. 비(非)러시아어를 사용할 권리는 1920년대말부터 유린되어 왔다. 브레즈네프 시대에 소수 민족어들이 일정하게 용인되었지만 그것들이 러시아어와 동등한 수준으로까지 회복된 것은 아니었다. 우크라이나의 수도 키에프 주민의 대다수는, 우크라이나어가 모국어였는데도 그것을 가르치는 학교는 5분의 1밖에 되지 않았다. 키르키지아의 도시 지역에서는 지역어를 사용하는 단 하나의 유치원도 없었다. 몰다비아의 인민들은, 1930년대말까지 주로 사용되었고 이웃 루마니아에서는 여전히 사용되고 있는 로마자식 알파벳이 아니라 러시아식 알파벳을 사용하여 글을 읽고 쓰도록 강요되었다.

1989년 2월 11일).

198) Yakov Roi(편), *The USSR and the Muslim World*(London, 1984), p. 133.

199) 1956년에 그가 그루지아에 군대를 보내 수백 명의 인민들을 쏘게 했지만 말이다. 이 사건에 대한 상세한 설명으로는 *Literaturli Sakartvelo*(Tbilisi), 1988년 4월 8일자(BBC 모니터부 보고서, 1988년 4월에 번역 수록. Kopacsi, 앞의 책에도 이 사건에 대한 참고 문헌이 실려 있다).

200) 자세한 것으로는 T. Cliff, *Russia : A Marxist Analysis*(London, 1964), pp. 327 ~333(가장 최근의 판인 *State Capitalism in Russia*에는 이에 해당되는 장이 실려 있지 않다).

그러나 민족주의는 이곳의 인민들에게 민족적 억압에 저항하는 수단을 제공하는 것 이상의 역할을 했다. 그것은, 중앙국가와 거대기업들을 운영하는 사람들로부터 자신들이 소외되어 있다는 느낌을 고조시키는 역할도 하였다. 나라를 지배하는 전 연방기구들은 압도적으로 러시아인들로 구성되어 있었고 그 다음으로는 여타의 슬라브 민족에 의해 구성되어 있었다. 정치국에서는 단 두 명만이 비러시아계였다. 러시아인들은 인구의 반도 안되면서도 1,800만 당원의 59.7퍼센트를 차지했다. 그리고 출세를 하려는 비러시아계 사람들은, 자신들에게는 외국어인 언어, 즉 러시아어를 받아들여야 했고 지배적인 민족성(nationality)을 받아들여야 했다.

게다가 대부분의 공화국들에서는── 발틱 국가들에서만은 예외이다 ── 러시아 자체에서보다도 상황이 더 나빴다. 1970년대에 아제르바이잔에서의 생활수준은 소련 전체 평균 생활수준의 76퍼센트에 불과했다. 또 우즈베키스탄의 경우는 그것의 76퍼센트, 카자흐스탄의 경우는 그것의 91퍼센트에 불과했다.201) 비록 라트비아에서의 유아사망률은 러시아 공화국에서의 그것보다 낮았지만 아제르바이잔에서의 유아사망률은 러시아 공화국의 그것보다 80퍼센트나 높았고 아르메니아의 경우도 러시아 공화국의 경우보다는 40퍼센트나 높았다. 그루지아의 수도 티빌리시에서의 유아사망률은 레닌그라드에서의 유아사망률보다 두 배나 높았다.202)

그러한 환경 아래에서 대중들이, 사회적 문제들은 민족적 차별에서 유래한다고 보는 것은 매우 쉬웠다. 게다가 공화국 차원에서 '인종적' 기구들이 존재하였기 때문에 그것은 선동을 하기 쉽게 만드는 하나의 초점을 제공했다. 지역적 시위는, 지역 공화국 소비에트나 중앙위원회로 하여금 모스크바의 중앙권력은 취할 수 없는 방식으로 행동하도록 압력을 가할 수 있었다.

구체적으로 표현하면 그것은, 아르메니아와 아제르바이잔에서 매우

---

201) Y. Roi, 앞의 책.
202) 같은 책.

심각한 민족주의적 표현을 낳았던 민족적·사회적 불만들이 동시적으로 표출된 것이었다. 카라바흐, 아제르바이잔, 그리고 아르메니아에서의 상황은 소련 전체의 평균적 상황보다 훨씬 더 나빴다. 1988년 7월에,

『이즈베스챠』 지(誌)는 카라바흐의 저항이, 파국적 결과를 낳은 경영 잘못과 비참한 경제적 상황에 대한 저항으로서 시작되었다고 보도했다. 그리고 얼마 후에 그것은 민족주의적 방향으로 선회했다. ……
이 신문에 따르면, 이곳이 농경 지역임에도 불구하고 육류와 버터의 공급이 오랫동안 제한되어 왔다고 한다. 농가의 반이 한 마리의 암소도 갖고 있지 않으며 농가의 3분의 1은 단 한 마리의 동물도 갖고 있지 않다. …… 스테파내커트의 주민들은 하루에 한 시간밖에 물을 받지 못한다. 왜냐하면 공급이 부족하기 때문이다. ……203)

『모스크바 뉴스』 지(誌)의 보도는, 1988년에 섬게이트에서 일어난 반(反)아르메니아 폭동에 참여한 사람들의 생활조건에 대해 묘사하였다. 그들은 합숙소 비슷한 벽돌집에서 살거나 제3세계 스타일의 오두막집에서 살았다.

하나의 작은 읍에 55개의 합숙소가 있었다. 그래도 그들은 행복한 편이었다. 왜냐하면 다른 사람들은 낡은 양철판이나 조가비 등으로 만들어진 오두막집으로 하루하루를 때워 나가야 했기 때문이다. 엉성한 콘크리트 벽돌집들은 연기와 그을음, 그리고 먼지를 내뿜는 공장에 인접해 있었다. …… 만약 밧줄이나 땅에 삐죽 솟은 텔레비전 안테나에 걸려 있는 빨래들이 없었다면 그곳에 사람이 살고 있으리라고는 아무도 생각하지 못했을 것이다. ……

바쿠에서 발간된 어떤 신문은, 아제르바이잔 전체에 '사회적으로 유용한 노동을 하고 있지 않는[즉 실업에 처한]' 주민이 25만 명이나 살고 있다고 보도했다.204) 바쿠의 라디오 방송은, 아제리어(語)보다 러시아어

---

203) *Guardian*, 1988년 7월 13일.
204) *Kommunist*, 1988년 9월 29일.

를 높게 평가하는 언어차별 문제를 논한 어느 공식 당 회의에 대해 보도했다.

> 언어, 역사, 문화, 그리고 대중의 정신생활 분야에서 오랫동안 많은 문제들이 무시되어 왔다. …… 과거에 아제리어의 사용 분야를 인위적으로 축소시킨 몇몇 소비에트 농가들과 조직들에 대해 격렬한 비판이 있었던 적이 있다. 아제리어로 된 공식 신문을 준비한다거나 기업 통신원을 조직하는 작업은 소홀히 되었다. …… 과학 아카데미와 그 산하 부서들, 창조적인 노조들, 교육성과 문화성, 기업 중역들, 서비스부 등은 이 문제에 대해 어떤 실질적인 조치도 취하지 않고 늑장을 부리고 있다.205)

1987년에 아르메니아에서 일어난 첫번째 저항은 카라바흐에 관한 것이 아니었고 두 개의 화학공장 때문에 예레반 주민들을 괴롭히는 공해와 인근의 핵 발전소로부터의 누출문제에 항의하는 것이었다. 공산당의 한 회의에서는 아르메니아 전체의 실정에 대해 다음과 같은 보고가 이루어졌다. '이곳의 일인당 육류 소비량은 연방 평균 수준보다 24퍼센트가 낮으며 유제품의 소비는 표준 영양치의 50퍼센트에 불과하다.' 이 보고는 이어서, 이곳에서 매년 건립되는 주택 수는 필요한 것보다 12,000채나 적으며 소비재 생산량은 계획 목표보다 연간 8천만 루블 어치 가량이나 적다고 말했다.206) 공화국의 주택 수준이 어떠했는가는 1988년 겨울에 터진 지진의 참상에 의해 가장 끔찍한 방식으로 드러났다.

이 공화국들이 처한 상황을 알 수 있게 해 주는 가장 적실한 언급은 실업률 수치이다. 『프라우다』는, 가장 최근의 수치들(1986년도 것이다!)을 보면 아제르바이잔은 27.6퍼센트의 실업률을, 아르메니아는 18퍼센트의 실업률을 보여준다고 폭로했다. 이 신문에 따르면 이 수치는, '금융 자율화로의 이행'이 소련 전체에서 3백만 명의 실직을 낳기 전의 것이다.207) 이렇게 보면 중앙아시아의 공화국들과 카자흐스탄에는 도합 6백

---

205) 1988년 10월 22일, BBC 모니터부 보고서. 1988년 10월.

206) *Kommunist*(Yerevan), 1988년 9월 29일(BBC 모니터부 보고서, 1988년 10월 12일자에 번역 수록).

만 명의 젊은이들이 아무런 직업도 갖고 있지 못한 것이다.[208]

더욱 빈곤한 지역들의 대중들이, 뻬레스트로이카가 자신들의 경제적, 사회적 처지를 개선할 수 있을 것이라는 일체의 환상을 벗어남에 따라, 민족운동들이 보다 대규모로 그리고 보다 급진적으로 성장했는데 이것은 전혀 놀라운 일이 아니다. 소련 전체의 문제가 더욱 치유하기 어려운 것으로 보이게 되자, 보다 부유한 공화국들에서는, 연방 탈퇴나 최소한 경제적 자율을 취하는 것이 침몰하는 배에서 벗어나는 구명 뗏목인 것처럼 보이게 되었다.

그러나 민족주의가 대중적 불만의 자생적인 표현인 것은 아니다. 그것은 지배관료의 지역 분파들에게 대중의 비난이 자신들로부터 비껴서 다른 민족집단에게로 향하도록 만들 기회를 제공해 주었다. 어떤 러시아 신문의 보도에 따르면, 1988년초에 있었던 섬게이트 학살 때에, 지역 당 지도자들과 경찰 서장들이 사람들로 하여금 이 도회의 아르메니아계 주민들을 공격하도록 교묘하게 부추긴 것을 알 수 있다. 1990년초에 서방의 신문들은 아제르바이잔 인민전선 지도자들의 말을 인용하여, 아르메니아인들에 대한 공격을 부추기고 있는 것은 자신들이 아니라 지역 당 관료들이라고 주장했다. 이 주장은 모스크바의 급진적 좌파에 의해 받아들여졌다.[209] 잠잘 곳도 일할 곳도 없는 20만 명의 난민들이 쇄도함으로써 본래 열악했던 주택문제와 실업문제가 더욱 복잡해진 공화국들에서, 대중들이 자신들의 분노를 지역 당 관료의 특권이 아니라 수만 명의 아르메니아 노동자들에게 돌리기란 너무나 쉬운 것이었다.

스딸린은 분할 지배 정책을 통해 자신의 권력을 강화했다. 이 정책은 각 공화국에서 지배적인 민족이 — 비록 그 민족 자신은 중앙러시아계 관료의 수중에서 고통받고 있다고 해도 — 다른 소수 민족을 억압하는

---

207) *Pravda*, 1989년 10월 31일, BBC 모니터부 보고서, 1989년 11월 2일자에 요약.
208) *Pravda. Moscow News*, 1989년 9월 3일자에 인용.
209) 독립 사회주의 노조인 소츠프로프 소속의 올렉 보로닌은, 아제르바이잔의 당 지도자들이 학살에 참여했다는 문서 증거를 본 바 있다고 말했다(런던에서 1990년 2월 12일에 한 연설).

것을 허용하는 것이었다. 이제 지금까지 억압당해 온 소수 민족이 각성하면서 그것은 주로 자신들의 분노를 서로에게 돌리는 형식을 취하게 되었다. 그루지아 민족주의자들은 모스크바에 의한 자신들의 피억압에 맞서 싸움과 동시에 아브하즈인들을 억압하기 위한 격투를 벌였다. 우즈벡인들은, 스딸린에 의해 우즈베끼스탄으로 강제 이주된 메스케티아인들을 몰아내기 위한 학살을 시작했다.

일부의 지역 당 기구가 이러한 적대를 이용하려 했던 것은 아제르바이잔에서만이 아니다. 특히 언어문제가 그렇게 할 기회를 제공했다. 지역언어를 사용하던 일부의 관료들은 이 문제를 접수하여 억압의 매우 실질적인 형식에 대항한 투쟁을 벌임으로써 대중들로부터 상당한 지지를 얻었다. 이어 그들은 그것을, 지역언어를 말하지 않는 관료들, 즉 러시아어나 혹은 다른 소수 민족언어를 사용하는 관료들의 희생 위에서 자신들의 지위를 끌어올리는 압력 수단으로 사용하였다. 이것이 이번에는 러시아어를 말하는 관료들을 이롭게 하는 것으로 되었다. 대부분의 공화국들에는 러시아를 말하는 소수의 인구가 살고 있었다. 비록 이들은, 지역언어를 사용하는 사람들 위에 군림하는 매우 특권적인 기관원들과 기업 경영자들이 대부분이었지만 그중에는 러시아어를 사용하면서도 중공업 분야의 매우 보잘것 없는 직업을 가진 노동자들도 포함되어 있었다.

지역 관료들이 자신들의 목적을 위해 민족주의를 이용하게 되자 몇몇 좌익 인사들은, 바로 이것이 현재 벌어지고 있는 주요 문제인 것으로 보게 되었다.[210] 그러한 주장의 궁극적 결과는, '소련이 그것을 구성하는 민족들로 해체된다면 그것은 지금보다 훨씬 더 나쁜 상황을 야기할 것이다. …… 그렇게 되면 그것은 일련의 발칸화 과정을 속출하고 계급투쟁을 어지럽힐 것'[211]이라는 이유로, 혹은 그것의 유일한 결과는 맹목

---

210) 이것은 보리스 까갈리츠끼가 1989년 가을에 런던에 왔을 때 가졌던 인터뷰에서 소련에서 일어난 일에 대해 가한 해석이다. 출판된 그의 주장을 보려면 *New Statesman and Society*, 1989년 11월 10일자를 보라.

211) Frank Furedi의 추종자인 R. Knight의 말(*The Next Step*, 1990년 1월 26일자).

적인 대량학살일 것이라는 이유로 소수 민족의 자결권에 반대하게 되는 것이었다.212)

이러한 주장은 완전히 물구나무 선 것이다. 지역 관료들이 민족적 불이익의 감정을 이용할 수 있는 것은 다름 아니라 이러한 감정이 존재하기 때문이다. 발틱 국가들에서 민족운동을 일으킨 것은 지역 공화국의 지배자들이 아니었다. 우리가 이미 살펴보았듯이 고르바쵸프는 이미 활동하고 있는 민족운동들에 양보를 하지 않으려는 낡은 지배자들을 교체해야만 했다! 백러시아, 서우크라이나, 아르메니아, 몰다비아, 키르키즈 혹은 그루지아 등에서 관료들은 민족운동이 이미 움직이고 나서야 그 시류에 편승했던 것이다. 물론 그들은, 일단 민족운동에 편승한 다음에는, 그것으로써 크레믈린과 대결하는 어려운 선택 방향을 취하기보다는 그것을 지역 소수 민족들을 괴롭히는 방향으로, 즉 손쉬운 방향으로 돌리려고 애를 썼다.

지역간 유혈투쟁의 위험에 대한 책임은, 60년간에 걸쳐 민족적 적대를 부추겨 온 사람들, 즉 주로 러시아어를 말하는 중앙관료들에게 지워져야만 했다. 아르메니아인들과 아제르바이잔인들이 서로 총부리를 겨누게 된다면 그것은, 지배관료들이 양 민족집단에게 완전한 민족적 권리 —— 이것에는 아제르바이잔이 소련으로부터 탈퇴할 권리와 나고르노 카라바흐가 아제르바이잔에서 분리할 권리가 포함된다 —— 를 인정하지 않았기 때문이며 또 이들이 대중들의 생활 속에 퍼져 있는 긴급한 사회적 문제들을 단 하나도 풀 수 없었기 때문이다.

고르바쵸프의 행동은 좌충우돌적이었지만 한 가지 것만은 변함이 없었다. 그는 '민주화'에 대해 수없이 많은 말을 하였다. 하지만 그는 사실상 가장 중요한 사건 중의 하나였던 바쿠 지역 —— 이 지역은 산업적으로 중요한 지역이었다 —— 에서의 연방 탈퇴 운동의 발전만은 극력 저지하였다. 그는 지형(地形)을 핑계로 들면서 자신의 행동을 정당화했다.

---

212) Jeremy Lister가 1990년 1월 27일 런던에서 동유럽 노동자들과의 연대를 위한 캠페인 모임에서 고르바쵸프를 지지하며 행한 발언.

즉 이곳의 지형이, 격분한 아르메니아인들 사이에 횡행하던 분리주의적 담론이 행동으로 나아가는 것을 막아 왔다는 것이었다. 이 설명을 보면 우리는 왜 그렇게 오랫동안, 그가 카라바흐 주민들의 민주적 요구를 억압해 왔는지를 알 수 있다. 이 설명을 통해 또 우리는, 아제르바이잔에서 실질적인 연방 탈퇴 운동이 일어났을 때 왜 그가 아제르바이잔인들을 유혈적으로 진압했는지를 알 수 있다. 이란과의 접경지대는 러시아 관료들에게 민주주의나 민족적 권리에 대한 어떠한 담론보다도 더 중요했던 것이다. 접경지대 주민들이 자신이 원하는 바에 따라 그곳에 정착하도록 허용할 준비가 되어 있는 정부가 소련에 들어서야만 ── 그러한 정부를 이루려면 사회주의 혁명이 필요할 것이다 ── 소수 민족들에게도 자신들이 스스로의 선택에 따라 들어가 살 수 있는 정부가 있게 될 것이다.

왜 뻬레스트로이카는 실패하고 있는가

고르바쵸프의 실패들은 개인적 부족함의 산물이 아니었다. 그것들은 그 자신이 설정한 과제 속에 처음부터 깃들어 있었다.

정치적으로, 뻬레스트로이카는 모순에 의존했다. 그것은 세계 최대의 관료제를 뒤흔들어 놓아야 했다. 그리고 이 일은 관료제 상부의 지위로부터 압력을 가하지 않으면 달성될 수 없는 일이었다. 그러나 다른 한편 그 관료제는 여전히, 중앙정부의 요구를 나머지 대중들에게 부과해 줄 수 있을 것으로 기대되고 있었다. 고르바쵸프가, 관료들뿐만 아니라 2년 전부터 그의 사진을 손에 들고 시위를 시작한 대중들까지 당황스럽게 만들었던 것은 결코 놀라운 일이 아니다. 그는 1950년대와 1960년대의 동유럽의 개혁정부들이 겪었던 경험을 그대로 밟아나가고 있었다.

경제의 실패는 …… 관료기구 내부에 분열을 초래했다. 어떤 분파는 전면적 개혁을 요구하기 시작했다. …… 특정 시점에 이르자 개혁을 추진하고 있는 관료들은, 기존의 관료기구를 마비시키고 그것을 접수하기 위해 특정한 비관료 계층들(지식인들, 저널리스트들, 학생들 등)의 도움을 요구했다. 그러나 이것은, 비관료 계급들(무엇보다도 노동자들)이 움직이도록 허용했고 또 심지어는 고무했다. 이들은 처음에는 개혁을 추진하는 관료 분파들의 뒤에서 움직였으나 갈수록 그들 자신의 요구를 내걸면서 움직이게 되었다. ……

개혁파들은 …… 태풍에 편승하려고 애썼다. 그러나 그들은, 사회의 근본적 계급적 구조를 표명함으로써만 그렇게 할 수 있었다. 이것은, 그들이 노동자들이 쟁취한 성과물들이라면 그 무엇이든 모조리 파괴하려 한다는 것을 의미했다. 처음에는 이데올로기적 헤게모니라는 '차가운' 방법이 동원되었다(이것은 1956년에 고무우카가 시도하여 성공했고 나지가 시도하여 실패했으며 1968년에 두브체크가 시도하여 실패한 방법이다). 만약 이 방법이 실패로 돌아가면 무장력을 통한 억압이라는 '뜨거운' 방법이 …… 뒤따랐다(예컨대 1956년의 카다르와 1969년의 후사크가 시도한 것).

그 어느 경우든 관료기구의 개혁파들은, 자신들이 풀어 놓은 힘에 의해 그 자신이 완전히 해체되는 일을 막으려면 자신들의 내외부의 적 및 그들의 방법과 화해하지 않으면 안되었다. 개혁파는, 비록 부분적인 수정을 가했다 하더라도, 본질상으로는 국민경제의 최대한의 발전과 모순되는 생산관계를 사회에 다시 부과하지 않을 수 없었다.[213)

그러나 고르바쵸프 — 혹은 그를 대체하고자 한 그 누구든지 — 를 에워싸고 있는 문제들은 그 문제들을 먼저 겪은 동유럽의 선배들이 봉착했던 문제들보다 두 가지 점에서 더 나쁜 것이었다. 첫째로 그들은, 자신들이 억압의 길을 선택하기만 한다면 이를 위해 사용할 수 있는 강력하고 외적인 무기들을 수중에 갖고 있다. 대규모의 소련 무장군대가 바로 그것이었다. 이것은, 1월에 있었던 바쿠 공격이 너무나 생생하게 보여주었듯이, 아직도 여전히 존재하고 있는 무기이다. 그러나 아프가니스탄에서의 패배와 군대 내부의 글라스노스트로 인해 그것의 칼날은 무디어져 왔다. 그러나 그것이 소련 전역에 질서를 실질적으로 다시 부과

---

213) C. Harman, 'Prospects for th Seventies : the Stalinist States', 앞의 책, p. 17.

하려면 사회적 소요의 대부분이 진정되지 않으면 안될 것이다. 그러나 아직 그런 일은 일어나지 않았다.

둘째로 경제적 개혁의 실패는 집행상의 실패가 아니었다. 개혁의 개념 그 자체에 하나의 결함이 있었다. 그것의 목표는, 경제의 여타 부문들을 폐쇄하는 한편 개혁된 경제 부문들이 현금의 국제적 생산력 수준에 적응할 수 있을 만큼 확장될 수 있도록, 소련 경제를 재구조화하는 것이었다. 그러나 이것은, 그 과정에서 고통을 겪는 노동자들에게뿐만 아니라 개별적 관료 성원들 자신에게도 매우 고통스러운 작업이 될 수밖에 없었다.

1970년대 중반에서 1980년대 중반 사이에 있었던 영국 경제의 구조조정은 세 개의 공장 중 한 개를 폐업하는 것을 의미했고, 1990년의 총산업투자가 1972년의 총산업투자보다 높지 못할 만큼 자본을 파괴하는 것을 의미했다. 만약 영국 자본주의가 북해의 원유 수입이라는 거대한 보너스를 얻는 행운을 갖지 못했다면 영국 경제의 구조조정은 그 정도라도 부드럽게 진행될 수 없었을 것이다.

소련 경제는 영국 경제보다 훨씬 더 크며 그 기업들은 60년 동안이나 세계의 나머지 기업들로부터 격리되어 있었다. 그러므로 국제 경쟁에의 즉각적 개방이 가져올 파괴의 효과는 영국보다 그만큼 더 클 수밖에 없을 것이다. 이렇게 되면 소련에 남아서 경쟁을 벌이는 기업들은, 원료나 부품의 공급자나 생산물을 사줄 구매자를 잃게 됨으로써 상당한 피해를 볼 수밖에 없을 것이다. 즉 그러한 재구조화는 (시장 찬미자들의 표현처럼) '기업이 번창할' 여지를 제공하는 것이 아니라 도리어 세계에서 두 번째로 큰 경제에 일련의 블랙 홀을 만들어 내게 될 것이다. 이러한 사태는, 만약 그것이 브레즈네프 시대의 것보다는 스딸린 시대의 것에 더 접근하는 규모의 억압을 동반하지 않는다면, 우리가 지금까지 보아 온 그 어느 것보다 더 큰 규모의 사회적·민족적 불만을 키우게 될 것이다.

소련의 개혁파들은 외부의 경쟁에 맞서 국내산업에 대한 보호를 계속하는 한편 내부적인 시장 메커니즘을 도입하는 수밖에 다른 도리가 없었다. 그러나 그것은 거대한 소련 기업들을, 전체 경제에 필요한 것보다 그들이 생산하고 싶은 것을 생산하도록 시장에 명령을 내릴 수 있고 또 가격도 인상할 수 있는 독점적 혹은 반(半)독점적 지위에 남겨 두었다. 개혁을 하고자 하는 시도는 불가피하게 인플레이션과 물자부족의 악화, 그리고 개혁의 행정적 단절을 초래하였다.

마르크스는 언젠가, 인류는 스스로 풀 수 있는 문제만을 제기한다고 쓴 적이 있다. 그러나 그것은 개인이나 혹은 착취계급들에게는 타당하지 않다. 그들은, 자신들이 도달할 수 없는 목표를 달성하기 위한 시도들을 하도록 강제당한다. 바로 이것이 고르바쵸프와 러시아 국가자본주의가 겪었던 일이다. 지배관료는 경제개혁을 포기할 수도 없었고 그것을 성공시킬 수도 없었다. 바로 이것이, 뻬레스트로이카가 하나의 영감(靈感)으로부터 소련 내부의 모든 계급들이 주고받는 농담거리로 변질된 이유이며 러시아 관료제가 더 강력해지기는커녕 '경기침체'의 시기보다도 실질적으로 더 취약해진 이유이다.

동유럽에서의 옆걸음운동

러시아가 유행성 독감에 걸렸고, 동유럽 국가들이 폐렴에 걸렸던 1950년대 중반에는 소련에서의 개혁이 부다페스트에서의 무장혁명에 길을 열어 줄 것이라고 이야기되곤 했다. 1989~1990년에는 이와는 다른 길이 열리는 듯하였다. 소련 전역에 걸쳐 수백 명을 죽게 한 격동에 이어 폴란드, 헝가리, 동독 그리고 체코슬로바키아에서 평화적 개혁이 뒤따랐다. 이 사회들의 국가자본주의적 성격을 이해하게 되면 대부분의 동유럽 국가들에서 정치적 이행이 그토록 용이했던 이유를 이해할 수 있다.

이 모든 나라들에서의 지배정당들은 행정적 관료정당이었다. 1970년에는 프라하 노동자의 겨우 6퍼센트만이 당원이었다. 그리고 3년 뒤에는 육체노동자 8명 중에 1명만이 당원이었다.[214] 1960년대말에 이루어

136

진 사회학적 연구는, '당원들은 주로 관료이거나 아니면 독립 전문직에 속하는 사람들이다'고 결론 짓고 있다.215)

문화적 지식인 분파들 ── 이들은 당 기구를 운영하고 있었으며 흔히 '기술적 인텔리겐찌아'라고 불리웠다 ── 이 반대파를 형성하고 있는 곳에서조차도 국가와 기업은 매우 보수적이었다.216) 이들의 보수주의는 1956년의 충격 뒤에 낡은 지배정당들로 하여금 정권을 다시 장악하도록 한 핵심 요소였다. 이것은 1968년에 체코슬로바키아에서 일어났던 일이기도 하다.

그러나 이 기간 내내 자본축적의 필요성은, 동유럽의 기업들과 정부들의 개별 구성원들로 하여금 서방 기업들 및 국가들과 긴밀한 연관을 맺도록 몰아 부치고 있었다. 그리하여 비록 공식적 이데올로기는 여전히 이와는 다른 것으로 남아 있었지만, 성공적인 동유럽 기업들은 성공적인 서방 기업들처럼 사물을 보거나 사고를 하기 시작했다. 그리고 상대적으로 소규모인 경제들에서는 갈수록, 독점적 지위를 차지하고 있는 기업가들이 중앙의 '계획가'들이 무엇을 해야 할 것인가를 규정하게 되었다. 체코슬로바키아의 새 재무부 장관에 의하여 씌어진, 체코슬로바키아 경제에 대한 설명을 보면 1950년대 이래로 어떻게 해서 다음과 같은 일이 일어났는지를 알 수 있다.

> 거대 독점 기업들은, 그들이 새로이 획득한 권력을 사용하여, 중앙의 계획가들에게 계획을 짤 방향을 명령하기 시작했다. …… 20년 이상 동안 체코슬로바키아는 단지 '계획을 가지고 놀고' 있었을 뿐이다.217)

---

214) P. Hruby, *Fools and Heroes, the Changing Role of Communist Intellectuals in Czechoslovakia*(Oxford, 1980), p. 148에서 인용한 수치.
215) Hruby, 같은 책, p. 143에서 인용.
216) 폴란드에서의 이같은 집단화에 대한 최근의 통찰력 있는 설명으로는 Byrski, 'The Communist "middle class" in the USSR and Poland', *Survey*, 1969년 가을호를 보라.
217) *Financial Times*, 1989년 12월 13일.

　동유럽 기업가들은, 자신들의 기업들을 성공적으로 운영할 수만 있고 또 자본을 축적하여 그들 자신의 매우 실질적인 특권을 보호할 수만 있다면 이데올로기 따위에는 큰 관심을 두지 않았다. 그들은 당원 자격을 계속 유지하려 했는데 그 이유는, 당원이라는 사실이 그들이 성공하는 데 도움이 되었기 때문이다. 그리고 당은 노동자들의 불만을 진압하는 데에 도움을 주었다. 그러나 그들은 당의 공식 신념을 심각하게 받아들이지는 않았다. 예전에 슬로바키아의 반체제 인사였던 시메카(Simecka)는, 어떻게 해서 1968년 이전에조차 체코슬로바키아 당 내부에 '열렬한 반공주의자, 서방 소비사회에 대한 열광적인 찬미자'가 있을 수 있었는가에 대해 말한 바 있다.218)

　이런 식으로 지배정당 및 정부관료제 내부에서 핵심 간부들의 충성심에 갑작스런 전환이 있을 수 있는 여지가 서서히 마련되었고 그리고 사회가 깊은 정치적 위기로 진입할 계기가 마련되었다. 물론 최고 경영자들은 결코 반대파로 되지는 않았다. 내가 알기로, 동유럽이나 소련 어느 곳에서도 그런 사례는 단 하나도 없다. 거리로 나선 것은 관료들이 아니었다. 그들은, 1980~81년에 폴란드에서 그랬듯이, 노동자들이 파업을 할 때에는 언제나 정권편이었다. 그러나 날이 갈수록 그들은, 개인적 차원에서, 현재의 지배 이데올로기인 신스딸린주의 이데올로기에 대한 자신들의 봉사를 입발림 이상의 것으로 행하기에는 부적절한 것으로 보게 되었다.

　그러나 동유럽과 소련에는 이곳의 장기적인 경제적·사회적 경향에 대하여 우려하는 것을 직업으로 삼는 소규모의 지식인 집단이 있었다. 정권을 위한 학술고문, 경제고문, 사회고문 들이 바로 그들이었다. 1950년대와 1960년대에 이들은, 정권이 내놓은 경제발전 모델을 받아들였었다. 전 세계에 걸쳐 국가자본주의 경향은 다양한 수준에 걸쳐 있었지만, 모든 경제고문들은 '계획'과 국가소유를 당연한 것으로 받아들였다. 좀더 시야가 넓은 사람들은, 기존 체제가 다양한 종류의 위험들——특히 과

---

218) M. Simecka, *The Restoration of Order*(London, 1984).

잉축적과 투자 주기에 기인한 반복되는 위기 —— 과 낭비로 향하는 경향이 있음을 알고 있었다. 그들의 해결책은, 갈수록 '계획'이라는 언어를 많이 사용하고 있는 서방 자본주의의 방향으로 나아가는 것이 아니라, 명령 경제를 개혁하여 '개혁 공산주의'로 나아가는 것이었다.

시간이 흐르면서 이들의 태도가 변하기 시작했다. 세계 체제에 출현하고 있는 새로운 경향들에 이론적 표현을 부여하는 일군의 경제학자들이 나타난 것이다. 그들은, 성공적인 지배계급에게 중요한 것은 국가자본주의를 다국적적(多國籍的) 경쟁으로 교체하는 능력이라고 보았다. 그들의 이론은 구속받지 않는 시장을 숭배하는 것으로 바뀌었다. 그들은 스탈린주의적 사회모델에서 이른바 '시장 사회주의'라고 불리는 것으로 이동하였다. 머지 않아 그들은, '사회주의'(달리 말해 모든 종류의 국가통제)란 하나의 방해물에 불과하다고 주장하게 되었다.

경제고문들은, 지배계급이 어떻게 행동할 것인가를 결정할 수는 없었다. 그러나 그들은 지배계급에게, 경제적·사회적 위기가 실질적으로 터졌을 때에 그들이 그것에 대처할 수 있는 방법들을 제시할 수는 있었다. 헝가리의 관변 경제학자들은 모두, 1960년대 중반 이후로는, '시장 사회주의'의 철저한 지지자였다. 1970년대말의 위기는, 이전에는 계획의 지지자였던 칼레키(Kalecki)와 랑게(Lange) 같은 저명한 사람들을 포함한 폴란드 경제학자들을, 그와 같은 방향 속으로 밀어 넣었다. 1968년 사태 이래로 엄격한 이데올로기적 구속 상태에 있었던 체코슬로바키아조차도, 체코슬로바키아 과학아카데미내에 예측 기구를 만들어 자기 나라의 경영자들에게 대안적 길을 제시하였다.

바로 이랬기 때문에 동유럽 '공산주의'라는 건축물이 붕괴하는 데에는 외부로부터의 별다른 압력이 필요하지 않았던 것이다. 카다르 추종자들, 호네커 추종자들, 그리고 제이크 추종자들(Jakes)과 같은 최고위층의 늙은 사람들, 즉 일국적으로 폐쇄된 명령 경제에 기초한 낡은 축적 방식에 평생을 바쳐 온 사람들은, 배신에 대하여 고래고래 항의의 소리를 질러 댔고 때로는 경찰에게 발포명령을 내리는 것에 대하여 몽상하기조차 했다. 그러나 그들 하부의 핵심 구조들은 이미 —— 적어도 개인적으로는

—— 경제학자들로부터 흘러나온 새로운 다국적 자본주의의 상식을 수용하고 있는 사람들에 의해 운영되고 있었다. 서둘러 소집된 중앙위원회가 늙은 파수꾼들을 제거하기 위해, 그리고 지역적, 민족적 당 회의들이 중앙위원회 위원들을 제거하기 위해 필요했던 것이라곤, 경제적 위기가 다양한 수준의 평화적 대중저항을 동반하면서 닥쳐올 것이라는 예측뿐이었다.

거리로 나서서 경찰 보복의 위험을 무릅썼던, 학생들, 지식인들 그리고 무엇보다도 노동자들의 적극적이고 용기있는 주도는, 낡은 지배정당에 대한 지배계급 자신의 수동적이며 비겁한 그러나 결정적인 반란을 재촉하였다. 이것이 대중들로 하여금, 그들이 모든 것을, 그리고 매우 쉽게 쟁취하였다고 느끼게 만들었다. 그러나 지배계급의 중앙권력은 전혀 상처 입지 않고 그대로 남아 있었다.

지배계급과 지배정당은 결코 동일한 것이 아니다. 지배정당은, 사회의 나머지 부분들에 맞서 자신들 공동의 목표를 달성하는 데 도움이 되는 하나의 공동의 규율 속으로 그 구성원들을 묶어 세움으로써, 지배계급을 대변한다. 그러나 계급은, 당이 뿔뿔이 해체되었을 때조차도 자신의 권력과 권위 그리고 생산수단에 대한 자신의 통제력의 진정한 원천을 보존할 수 있다. 이것은, 파시즘 정당이 몰락한 이후에 독일, 이탈리아, 포르투갈 그리고 스페인에서 나타났던 것이다. 이곳들에서 경찰서장들, 군장교들, 정부 각료들 그리고 기업가들을 함께 묶고 있던 공식적 연결망들은 해체되었다. 그러나 비공식적 연결망들은 남아 있었다. 그리고 그들 하부의 사람들에 대립하여 하나의 공동의 계급 목표를 그들에게 부여하였던 축적의 충동도 역시 남아 있었다. 오래지 않아서 그들은, 과거의 정당들이 그랬던 바와 마찬가지로, 자신들의 이익을 방어할 수 있는 새로운 지배정당을 구축할 수 있었다.

동유럽에서 우리는, 지난 6개월에 걸쳐 낡은 지배정당들이 하나하나 붕괴되어 가는 것을 보아 왔다. 그러나 기업 총수들, 각료들, 장군들, 심지어 대부분의 경찰서장들은 변화들에도 불구하고 예전의 그 자리에 앉아 있다. 그들은 지금도 새로운 정당들 중에 어느 정당들을 후원하여 지배하게 할 것인지에 대하여 토론하고 있다. 그리고 그들은 지금, 이 새로운 정부로 하여금 자신들의 새로운 자본축적 모델을 확실히 실시하도록 만들기 위해 애쓰고 있다.

다국적 자본주의와 동유럽의 반대파들

자본주의적 지배의 한 형식에서 다른 형식으로의 부드러운 이행은 결코 지배계급의 태도에만 달려 있는 것이 아니다. 낡은 지배 형식의 위기는 거대한 대중적 불만을 창출하기 때문에 그 과정에는 이행을 촉구하는 압력이 따르기 마련이다. 그러나 이행 그 자체는 과거에 이 불만을 제어했던 메커니즘, 즉 지배계급의 정치적·이데올로기적 기구들의 파괴를 수반한다. 그 메커니즘을 유지하기 위해 필요했던 축적의 수준과 억압의 수준이 크면 클수록 이 파괴를 이용하는 대중이, 지금까지 누적되었던 비통함을 거대한 분노의 폭발로, 또 지배계급 개혁파들의 모든 계획들을 혼란에 빠뜨리는 폭발적 행동으로 표현할 가능성은 그만큼 커진다. 지배계급이, 어떤 결정적 순간이 되어, 자신이 과거에 박해했던 바로 그 반대파로부터 지원을 얻고자 희망하게 되는 되는 것은 바로 이 때문이다. 즉 오직 반대파만이 대중을 통제하여 이행이 부드럽게 이루어질 수 있도록 담보할 대중적 권위를 갖고 있기 때문이다.

폴란드에서 옛 지배정당의 지도적 당원이었던 레제크 밀러는 정부가 연대노조에 자리를 내준 논리를 이렇게 쓰고 있다.

연대노조 정부는, 자신들의 노조 조직이 활발한 활동을 보이고 있는, 몇 개의 거대기업들을 폐업해야만 할 것이다. 이것은 노동자들로부터의 강력한 저항을 만들어 내게 될 것이다. 우리는 이것을 여러 번 시도한 바 있지만 그 반응이 두려워서 매번 유보시켰다. 마조비에츠키는 이 문제를 처리해야만 할 것이다.

경제 상황은 아마도 더욱 나빠질 것이고 극단주의자들이 부상할 것이다. 반란이 시작될 것이고 나라는 마비될 것이며 폭력은 아마도 유일한 탈출구가 될 것이다.

…… 수상 마조비에츠키가 야루젤스키 장군에게 호전적인 법률을 도입하도록 요청하는 상황이 펼쳐질 것이다.219)

러시아의 친시장적 개혁파인 끌리암낀(Klyamkin)은, 아래로부터의 폭발을 통제할 수 있는 대안적 구조가 존재하지 않기 때문에 권위주의적 지배는 여전히 필요하다고 계속 주장하고 있다. '우리는 이른바 시민사회, 즉 국가로부터 독립적인 사회를 갖고 있지 않다. …… 우리에게는 권력을 양도할 곳이 없는 것이다.'220) 달리 말해서, 지배계급이 자본주의적 지배의 새로운 형식에 헌신할 사람들로 들어차기에는 아직 충분히 좋은 상황이 못되는 것이다. 그래서 이같은 목표를 위해 헌신할 '비공식적'인 반대파 조직들이 대중 속으로 파고 들어가야 하는 것이다. 국가자본주의 지배계급을 정복했던 이데올로기가 그것의 가장 치열한 적이었던 사람들까지 정복하고 있음이 분명하다. 1960년대와 1980년대 사이에 동유럽 국가들의 반대파 집단 내부의 지배적인 관념에 일어난 변화들은 이런 맥락에 놓여 있다.

1950년대 중반의 반란에서 반대파 세력은, 스딸린주의적 사회모델을 대체하는 모종의 '사회주의적' 대안모델에 대해 이야기하는 사람들에 의해 지도되었다. 헝가리 혁명 때에는 거의 아무도 전쟁 이전 상태로의 복고나 서방적 소유 형식의 모방을 요구하지 않았다. 임레 나지 정부 주변에 포진하였던 세력들은 기존 체제의 개혁 노선을 지지하고 있었다. 좀 더 급진적인 거리의 투사들과 노동자평의회의 대의원들은 이러한 모델을 믿지 않았다. 그들은 국가와 기업들에 대한 직접적인 민주적 통제를 요구했다. 그들은 사적 소유에 대해 이야기하지 않았다. (다만 임금노동자 '집단들' 사이의 구획을 통한 토지의 사적 소유만은 예외였다). 1956년 '10월'에 폴란드에서는, 새로운 고무우카 정부의 지지자들과 그에 맞서는 '좌익' 반대파 지지자들이 『포 프로스투』(Po Prostu)를 중심으로 모여서 '개혁 공산주의'를 지지하였다. 1968년말이 되어서도 폴란드 신

---

219) *Moscow News*, 1989년 10월 29일의 인터뷰.
220) *Financial Times*, 1990년 1월 26일에서 인용.

(新)스딸린주의와 체코슬로바키아 '정상화론'의 가장 급진적인 반대자들은 지배질서가 날조해 낸 사회주의에 맞서 진정한 사회주의에 대해 말했다.221)

기존 국가에 대한 유일한 대안은, 계획과 주요 생산수단에 대한 국가소유가 민주주의의 몇몇 급진적 형식과 결합되어진 사회인 것처럼 보였다. 반대파 내부의 논쟁들은 급진적 민주주의의 수준, 즉 노동자평의회가 기존 국가 곁에서 그와 나란히 충고하고, 통제하고, 작동해야 하는가 아니면 그것을 대체하려 해야 하는가에 관한 것이었다.

이것은 1970년대를 거치면서 변했다. 폴란드에서 쿠론과 모젤레브스키는, 두 번에 걸친 장기 투옥생활과 한번의 강제적 연금생활을 거친 후에 반대파 정치로 돌아왔으나 이전에 자신들이 옹호했던 혁명적 입장을 저버리고 '자기 제한적인' 혁명을 옹호했다. 아담 미흐닉은 『좌익과 교회』라는 장편 연구서를 집필했는데 거기에서 그는, 시민권의 옹호라는 평범한 주장을 옹호하면서 좌익 대 우익간의 낡은 논쟁을 벗어 던지자고 주장했다.222) 헝가리에서, 자신을 마르크스주의 전통 속에 위치지우는 '신좌익'은 1970년대초에 공개적인 반체제 활동이 재출현하는 과정에서 중심적인 역할을 했다. 그러나 몇 년 뒤에 그들 대부분은 사회주의적 전망으로부터 결정적으로 단절되었다. 오늘날에 와서 그들 대부분은, 구속받지 않는 시장경제를 자유민주적 가치와 양립가능한 유일한 것으로 바라보는 자유민주당에 가입해 있는 것으로 보인다.223) 체코슬로바키아

---

221) 폴란드에 대해서는 Jacek Kuron·Karol Modzelewski, 1965년의 *Open Letter to the Party*(최근에 *Solidarnosc: The Missing Link*로 재출간됨)를 보라. 이 당시 바르샤바 반대파에 대한 설명으로는 N. Karsow·S. Schechter, *Monuments Are Not Loved*(London, 1970)를 보라. 체코슬로바키아에 대해서는 Boffito·Foa, 앞의 책; P. Broue(편), *Ecrits a Prague sous la censure*(Paris, 1973); Committee to Defend Czechoslovak Socialists, *Voices of Czechoslovak Socialists*(London, 1977) 등을 보라.

222) *L'église et la gauche*(Paris, 1979)를 보라. 이 책의 일부는 F. Silnitsky, L. Silnitsky·K. Reyman(공저), *Communism and Eastern Europe*(Brighton, 1979)에 'The church and the left, a dialogue'라는 제목으로 번역되어 있다.

에서 페트르 울(Petr Uhl)과 같은 개인적인 혁명적 사회주의자들은 일당 지배의 붕괴에 이르기까지 반대파 운동에서 두드러진 역할을 계속 수행하였다. 그러나 반대파의 일반적 태도 변화는, 자신은 1970년대 중반부터 '사회주의'를 어떤 유의미한 용어로 보기를 그만두었다고 말한 바츨라프 하벨의 말 속에 잘 요약되어 있다.

반대파는 스딸린주의의 공포를 '유토피아적' 계획들의 위험을 증명하는 것으로 설명함으로써224), 혹은 지리·정치적 현실(다시 말하면 러시아 권력)을 고려할 필요를 지적함으로써 자신들의 이데올로기적 변화를 정당화하려고 한다.225)

그러나 그 어떤 주장도 그들의 변화를 온전히 설명해 주지는 못한다. 스딸린주의의 공포는 1950년대 중반 이래로 동유럽에서 잘 알려져 있었던 것이다. 그리고 '지리·정치적 현실'을 고려해야 한다는 주장도 러시아 군대의 개입 능력의 부식(腐植)과 더불어 의미를 상실했다. 실제로 일어난 일은, 반대파의 대부분이 기존 사회 질서에 대한 새로운 대안, 즉 기존 지배자들의 상당 부분이 설득을 통해 수용할 수 있는 대안을 찾기 시작한 것이다. 물론 그 대안이란, 기업을 경영하는 사람들이 당이나 국가관료들의 개입 없이 일국내에서, 그리고 국제적으로 경쟁하는 그러한 사회질서였다. 그 어느 누구도 그것을 이처럼 분명하게 표현하지는 않았지만 그것이 의미하는 것은, 구노멘클라투라의 국가자본주의적 축적 방법이 새로운 다국적적(多國籍的)이고 시장적인 축적 방법에 길을 내주는 것이었다.

이것은 폭력적 충돌의 위험을 전혀 포함하지 않는 정치적 변화의 전망이다. 그러한 전망 속에서 낡은 일당 체제를 해체하기 위해서는, 매우 제한된 대중 압력의 행사가 협상과 결합되어 사용되는 것으로 충분하다.

---

223) F. Silnitsky, 같은 책에 언급되어 있는 시리즈 논문 'Marx in the Fourth Decade'.
224) 이것은 본질적으로 F. Silnitsky, 같은 책, pp. 148~159에 재수록되어 있는 논문 'What is Marxism'에서 Haraszti가 취하는 입장이다.
225) 1970년대말과 1980년대초에 쿠론이 펼친 '자기 제한적 혁명'이라는 주장.

144

그러한 접근은 바르샤바의 지식인 서클에서 개척되었다. 1980~81년의 열광적인 시절에 연대노조를 위해 상담역을 했던 지식인 반대파들과 정부를 위해 상담역을 하던 사람들 사이에 허심탄회한 회합이 있었다. 1980년 8월에 그단스크에서 있었던 양측 사이의 첫번째 협상에 출석했던 야드비가 스타니쯔키스(Jadwiga Staniszkis)는 그것에 대해 이렇게 적고 있다.

> 양측의 전문가들은 …… 모두 어느 정도는 동일하게 바르샤바 배경을 갖고 있는 사람들이었다. 정부측 전문가들도 매우 비판적이었지만 그러나 그들은 근본적으로 정부에 충성스런 전문가들이었다. 우리는 그들보다는 좀더 솔직하게 비판적 태도를 보였다. 그러나 그 비판들도, [당 서기인] 기에렉이 내건 '창문 치장용'의 자유화라는 틀내에 수용가능한 것이었다. 이렇게 정치적 태도의 문제에 관해서 우리는 우리의 입장을 매우 쉽게 바꿀 수 있었던 것이다.226)

1981년을 거치면서 국가의 위기가 악화되자 연대노조의 가장 영향력 있는 지도자인 레흐 바웬사는 기존 지배자들이 내건 '개혁'과의 협상이라는 사상을 지지하였다. 그러나 지배계급 내부의 핵심 인물들은, 연대노조의 노조원들이 너무나 적의에 차 있고 또 자신만만해서 그러한 동의의 경제적 측면에 드는 비용을 아무 말 없이 떠맡지는 않으리라는 점을 알고 있었다. 1981년 겨울에 그들은 연대노조의 힘을 깨뜨리기 위해 군사적 방법에 호소했다. 그러나 군사적 방법은 경제위기를 끝낼 수 없었다. 1987년이 되자 정권 내부와 반대파 내부에는 '반(反)위기 협약'을 체결하고자 하는 중요한 세력들이 형성되었다. 정권측에서는 국가자본주의로부터 '다국적 시장 자본주의'로의 실용적 조정이 깊숙이 진행되어, 이전에 노멘클라투라였다가 이제는 성공한 사적 기업가로 바뀐 사람이 산업장관이 되었다. 연대노조측에서는 한때는 노조 투사의 일원이었으나 이제는 노동자들의 능력에 대한 신념을 잃어버린 노조 지도부가 그러한 거래를 진지하게 모색할 태세가 되어 있었다. 그리고 이들은 완전히 서

---

226) C. Barker, *The Festival of the Oppressed*(London, 1986), p. 26에서 인용.

방화된 경제를 설교하는 경제학자들을 자신들의 자문역으로 환영했다.

대부분의 반대파 구성원들은 사태를 그렇게 공공연한 방식으로 혹은 냉소적인 방식으로 사고하지는 않았다. 각 나라에서 거의 200명 정도 되는 강경한 반체제 인사들 대부분은 억압적인 일당 체제에 대한 깊은 증오심에 의해 움직였고, 그러한 체제를 대체할 가장 쉬운 대안을 바랄 따름이었다. 그리고 노멘클라투라 자본주의를 다국적 자본주의의 부속물로 변형시키려 하는 '시장' 경제학이 이러한 것을 약속하고 있는 듯이 보였다. 서방의 저널리스트인 티모씨 카톤 애쉬는 1989년 11월 중순에 체코 시민 포럼의 일일 회의에 참석했다. 그는 경제정책에 대한 결정이 어떻게 내려지는지에 대해 이렇게 말하고 있다.

참석자 대부분은 전에 반대파 활동에 적극적이었던 사람들이다. 그중의 가장 큰 단일 그룹은 77헌장의 서명자들이었다. 20년 전에 시민포럼의 참석자들은 저널리스트, 학자, 정치가, 변호사 등이었다. 그러나 지금의 시민포럼 참석자들은 기관차 화부, 창문 청소부, 점원 등이거나 가장 상층이라고 해야 해직 기자 정도이다. …… 그중의 몇 사람은 방금 감옥에서 출소한 사람들이다. …… 정치적으로 볼 때 참석자들은 신(新)뜨로츠키주의자인 페트르 울에서 매우 보수적인 카톨릭 신자인 바츨라프 베나에 이르기까지 다양하다. ……
그중에는 중요한 집단의 대표자들도 있다. 학생대표도 있고 …… 연예인 대표도 있고 …… 프라하의 거대한 중공업 복합기업인 CKD의 기술자인 페트르 밀러를 중심으로 하는 노동자대표들도 있다. …… 내가 선지학파(先知學派;Prognostic)라고 이름붙인 체코슬로바키아 과학아카데미 예측 기구의 구성원들도 있다. ……
선지학파들은 사실은 경제학자들이다. 그들의 특별한 신비감은 경제가 앞으로 어떻게 되어야 하는지를 알거나, 혹은 자신들이 안다고 믿거나, 혹은 안다고 믿어지거나 하는 데서 온다. 이 주제는 보통 사람들의 비상한 관심을 끌고 있는 문제이다. 하지만 이 문제에 대해서는 철학자, 시인, 연예인, 역사가 등 여기에 모인 대부분의 사람들이 비쇼카니의 전차에서 일하는 평범한 노동자들보다도 잘 알지 못하고 있다. …… 명석한 만큼 거만한 바츨라프 클라우스 박사는 밀턴 프리드만의 해법을 좋아한다. 그의 동료이면서도 그보다는 겸손한 토마스 예체크 박사는 그와는 달리 프리드리히 폰 하이에크의 사도(使徒)이다. ……227)

---

227) 'The revolution in the Magic Lantern', *The New York Review of Books,*

얼마 지나지 않아 벤세스라스 광장에서 열린 어떤 집회에서 경제학자들 중의 한 사람은, 수상직에 오르기 위한 노력으로 보이는 일을 꾸미고 있었다.

한 학생이 여러 학생들이 보낸 편지를 읽어 내려갔다. 그 편지는, 학생들이 대통령에게 아마덱(Amadec)을 코마렉(Komarec)으로 교체하도록 청원하는 것이었다. 거기에는 '판 도센트 코마렉은 프로그램을 갖고 있습니다'라는 내용이 쓰여 있었다. 광장에 서 있는 모든 사람들의 눈에 그것은, 시민포럼이 수상 후보를 내세우고 있는 것으로 보였음에 틀림없었다. 이처럼 매직 랜턴으로 가보면 누구나 시민포럼이 전혀 의도하지 않았던 일들이 벌어지는 것을 발견하게 된다.228)

이 사건이 보여주는 흥미있는 점은 이 과정에서 어느 누구도, 코마렉이 과거 오랫동안 지배정당의 당원이었다는 점을 언급하지 않고 있는 것이다. 1968년의 개혁운동과 77헌장 운동의 종결을 선언할 의사가 없고서야 체코슬로바키아에서 이런 일이 일어나는 것은 사실상 불가능한 것이었다. 만약 다른 사람이 그런 배경을 가진 다른 사람이었다면 학생들로부터 커다란 의심을 받았을 것이다. 하지만 그는 경제적·정치적 위기를 극복할 마술적 치유책을 제공할 것으로 보이는 경제학자였기 때문에 그러한 의심을 받지 않았다. 코마렉은 아직 수상직에 오르지는 못했다. 하지만 그는 경제문제를 담당하는 부수상이 되었다. 그는 지금 이 직책을 이용하여 그는 체코인들과 슬로바키아인들에게, 주택문제를 해결하는 방법은, 영국에서 대처가 사용한 방법을 모방하는 것이라고 설교하고 있다.229)

이와 비슷하게, 극단적인 '자유시장' 입장을 견지하는 연대노조 고문들이 바르샤바의 경제 각료직에 앉아 미국인 경제학자 제프리 색스로부터 충고를 듣고 있다. 그리고 사회민주주의적 경향의 쿠론은 노동부 장

1990년 1월 18일.

228) 같은 책, p. 48.

229) Prague Radio, 1990년 1월 3일(BBC 모니터부 보고서, 1990년 1월 5일자에 번역 수록).

관이 되어 그러한 정책들이 가져온 결과들에 대한 노동자들의 저항을 중단시키려 하고 있다.

동독에서 1989년 10월의 첫번째 시위에 위험을 무릅쓰고 참여했던 대다수의 사람들은 서방을 극단적으로 불신하고 있었다. 그러나 그들도, 시장경제로의 이동이 있어야만 한다는 사실은 당연한 것으로 받아들였다. 이것은 운동의 좌익에게도 해당되는 것임에 틀림이 없다. 즉 '통일 좌익에 속했던 대부분의 사람들도, 우리는 어느 정도의 시장과 외국 자본을 필요로 한다고 말한다.'[230] 그러나 이러한 그들의 관념들은, 어떨 때는 그들을 매우 곤란한 입장에 놓이게 한다. 그 때란, 서독에서 온 사회민주주의자들, 과거의 전시용 정당들의 당원들 그리고 동독 기업의 사장들 등 자신과 대립된 위치에 있는 사람들이 노동자들에게 — 그들이 주장하는 바와 똑같이 — 서독 국가로의 합병이 모든 사람들이 부딪힌 문제에 마술적 해답을 제공할 것이라고 말할 때이다.

1990년대의 전망

대중적 반대파 운동이 그것의 애초의 목표들을 달성했을 때는 언제나 도취감이 있기 마련이다. 그 승리에 포함된 유혈이 적으면 적을수록 도취감은 그만큼 커진다. 1830년의 파리에서, 1830년과 1848년 2월의 파리에서, 1917년 2월의 뻬트로그라드에서, 1918년 11월의 베를린에서, 1974년 4월의 리스본에서 그러하였다. 그리고 1989년의 동독의 수도들에서도 그러했다.

그러나 도취감은 오래 지속되지 못한다. 승리가 쉬웠던 것은 피착취 대중과 착취계급의 한 분파 사이에 추구하는 목표들의 일시적 일치가 이루어졌던 것의 결과이다. 구체제 내부에 있었던 개혁의 지지자들은, 결정적 순간에, 군대로 하여금 발포를 멈추게 했고 그럼으로써 무혈의

---

230) 통일 좌익의 Bjon Kruger가 1989년 겨울에 가진 인터뷰.

변화가 가능하도록 만들었다. 그러나 그들이 원하는 개혁은 낡은 착취 방식의 지속을 당연한 것으로 여긴다. 반면 인민대중들은 최소한 그러한 착취 방식의 개선을 원한다. 처음의 혁명적 시기에 누렸던 일반적 도취감은 곧 쓰라린 논쟁과 깊은 환멸에 길을 비켜주게 된다.

처음에, 쓰라림과 환멸은 낡은 질서에 반대하여 커다란 위험을 무릅썼던 사람들 사이에서 가장 깊이 나타난다. 그들은, 맨 마지막에 혁명적 조류에 편승했던 사람들이 핸들을 조정하고 있고 오히려 자신들은 정치생활의 언저리로 밀려나 있는 것을 발견한다. 폴란드에서 정부에 영향력을 행사하고 있는 것은, 1988년의 파업기간 동안에 장기형을 무릅썼던 노동자들이 아니라 연대노조의 지식인 자문들이다. 동독에서 정치를 주도하고 있는 사람들은 뉴 포럼(New Forum)이나 통일 좌익(United Left)의 나이든 활동가들이 아니라, 구체제의 전시용 정당들에서 안전하게 경력을 쌓은 사람들이나 서독 사회민주당이 국경 너머로 보낸 전문기술자들이었다. 체코슬로바키아에서는 거리에서 경찰봉에 얻어맞으며 싸웠던 학생들이 아니라, 싸움의 대세가 정해지기 전까지 지배정당을 떠나지 않았던 경제학자들이 정부 직책들을 운영했다. 루마니아에서는 차우체스쿠가 도망을 칠 때까지 혁명에 가담하지 않았던 장군들과 전직 당 기관원들이 벌써, 허가받지 않은 시위에 참여하는 사람들에게 감옥형을 내리겠다고 위협하고 있었다.

그러한 상황에서 예전의 반대파 활동가들이 배신감을 느끼기란 너무나 쉽다. 그들은 뒤늦게야 혁명에 참여한 사람들에 의해 배신당했을 뿐만 아니라 인민대중들로부터도 배신당했다고 느끼고 있었다. 우리는 앞에서, 폴란드와 동독의 활동가들이, 진정한 혁명을 수행할 절호의 기회를 놓쳐 버렸다고 생각하면서 마치 사회적·정치적 소요의 시대가 끝나 버린 것처럼 이를 탄식하고 있는 것에 대해 살펴보았다. 그러한 감정은 두 가지의 무익한 방향으로 나아갈 수 있다. 그 하나는 사기가 저하되어 활동에서 물러나는 것이며 또 하나는 대중의 지지를 받지 못하는 방식으로 새로 들어선 질서와 대결하는 영웅적 행동을 감행하는 것이다.

이 두 경우 모두에서 망각되고 있는 것은, 지배계급이 아직도 여전히 거대한 문제들에 봉착해 있다는 사실이다. 지배계급은 국가자본주의에서 다국적 자본주의로 이행하려 하는 정부를 갖고 있다. 하지만 그러한 이행은 전혀 쉽지 않다. 이행의 시대는, 비록 나라마다 심각성은 차이가 나겠지만, 경제적·사회적 모순이 반복되는 시대일 수밖에 없다.

지금도 동유럽 여러 나라들은, 소련에서 고르바쵸프의 경제개혁을 포위했던 것과 비슷한 경제문제들에 직면해 있다. 동유럽 각국에는 세계시장에의 완전한 개방을 결코 견뎌 낼 수 없는 산업 부문들이 많이 있다. 그리고 새로운 상황에서 번창하고 있는 부문들이, 다른 부문들의 붕괴에 의해 야기된 국민경제내의 결함을 보충하기에 충분할 정도로 빨리 성장할 수 있으리라는 보장은 전혀 없다.

동유럽에 새로 들어선 정부들의 경제학자들은, 서방의 투자가 자신들을 도와주지 않을까 기대하고 있다. 유럽공동체와 일본 수상이 떠들썩하게 공언했음에도 불구하고 지금까지 서방의 투자는 아주 작은 규모에 불과했다. 『파이낸셜 타임즈』지(誌)가 최근에 보도했듯이,

문이 열리자 마자 돈이 홍수처럼 쏟아져 들어 올 것이라는 동유럽의 가정(假定)과는 달리 서방 기업은 매우 조심스런 태도를 취하고 있다. 임금수준이 서방 수준의 3분의 1 혹은 그 이하임에도 불구하고 동방 블록의 나라들은 투자를 얻기 위해 세계의 다른 지역들과 경합을 벌여야만 한다. 서독 다국적 기업의 한 중역의 말에 의하면, 회사 중역들에게 동유럽이 장점을 갖고 있다고 설득하는 것이 쉽지 않다고 한다.
결과적으로 실질적인 투자 크기는 여전히 소규모에 머물러 있을 것으로 보인다. 최근에 제너럴 일렉트릭 사(社)가 헝가리의 퉁스램 사(社)를 1억5천만 파운드에 구입하였는데 이와 같은 대규모 입찰의 수는 매우 적어서 이것들이 동방 블록에 대한 대부분의 서방 투자가 단지 소규모 자본만을 포함할 뿐이라는 사실을 가릴 수는 없을 것이다.231)

서방 투자가들은 동방 블록에서 정치적 불안정의 시대가 끝났다고 보지 않고 있다. 그리고 그들은 자신들이 돈을 대서 동유럽에 건립한 공장

---

231) *Financial Times*, 1989년 12월 21일.

들이, 생산한 상품들을 서방에 판매하는 데에 어려움을 겪지 않을까 우려하고 있다. 왜냐하면 1970년대에 폴란드에 했던 대규모 투자에서 바로 이러한 일이 발생했었기 때문이다.[232]

심지어는 저임금조차도 언제나, 흔히 생각되는 만큼 그렇게 커다란 매력인 것만은 아니다. 세계의 여타 지역들에는 임금이 동유럽보다 더 낮은 지역도 있다. 게다가 임금의 구매력은 내구소비재나 전자제품으로 환산해 보면 낮은 것이지만 식품, 편의품, 난방 및 연료와 같은 필수품으로 환산해 보면 그렇게 낮은 것도 아니다. 세계시장에 개방된 지역에서 이들 물품의 가격은 국제 수준으로 인상될 것이다. 그리고 그렇게 되면 노동자들은 그들이 획득한 일당 지배로부터의 자유를 임금인상을 주장하기 위해 사용하게 될 것이다.

레흐 바웬사는 미국 기업가들에게, 주당 10달러면 폴란드 노동자들을 고용할 수 있다고 말할지 모른다. 하지만 그것이 가능한 이유는, 그 수준의 달러면 바르샤바에서는 뉴욕에서 살 수 있는 것의 열 배에 해당되는 기본 식료품과 서비스들을 살 수 있기 때문이다. 바로 이런 현실이야말로 폴란드 경제 각료들이 하루 빨리 바꾸고자 하는 점이다.

이행에 내포되어 있는 경제문제들은 동유럽 나라들 모두에게 일반적인 문제이다. 그러나 이 문제들은 어떤 나라에서는 다른 나라보다 훨씬 더 첨예하다. 폴란드와 헝가리의 지배계급들에게는 과거의 외채가 커다란 짐이다. 수출이 획기적으로 빠른 속도로 증가하지 않는다면 이자 지불이 이 나라들의 수출소득의 대부분을 먹어 치워 버릴 것이다. 그리고 서방에서 주어진 '원조'의 대부분은 추가 차관의 형식으로 이루어지고 있기 때문에 여기에도 추가 이자가 지불되어야 할 것이다. 그렇기 때문에 이들은, 수많은 대중들에게 매우 힘겨운 고역을 지우는 긴축정책을 펼치면서 다국적 자본주의로의 이행을 준비해 나가는 수밖에 다른 도리가 없는 것이다. 헝가리 정부는 자신의 정치적 취약성 때문에 자신의 계획을 아직 실행에 옮기지 못하고 있다. 그러나 폴란드 정부는, 국제통화

---

232) 같은 책.

기금(IMF)과의 협의 하에, 식료품, 연료, 주택 가격을 이전보다 여러 배나 높은 '경제적 수준'으로 올리고, 실질임금을 25퍼센트 삭감하며, 백만 명 이상의 실직자를 만들어 내게 될 조치들을 이미 실행에 옮겼다. 보도에 따르면 벌써 상점 앞의 줄들이 사라져 가고 있다고 한다. 사람들이 상점 안에 있는 상품들을 살 여유가 없는 것이다. 그러는 동안에 농민들은, 식량 수요의 감소가 많은 농민들을 파산으로 내몰고 있다면서 격렬한 불평을 터뜨리고 있다.

일당 지배가 붕괴되었을 때 동독은, 폴란드나 헝가리가 부딪혔던 것과 같은 외채문제는 안고 있지 않았다. 그러나 경제적 위기의 가능성은 18개월 전에 러시아 경제학자들에 의해 이미 예측되고 있었고[233] 그것은 곧 하루에 2,000명의 숙련 노동자들이 서독으로 떠남과 더불어, 서비스의 악화나 부족과 같은 모습으로 쓰라린 현실이 되어 나타났다. 대중들은 서독으로의 합병을 유일한 해답으로 보게 되었다. 이것은 이 나라의 가장 성공적인 콤비나트들(거대기업들)의 사장들이 서방 기업들과의 직접적인 연계를 서두르게 되면서 고무되어진 태도였다. 그러나 통일은, 지금 그것을 큰 소리로 요구하고 있는 바로 그 노동자들 사이에 거대한 불만을 창출할 수 있을 뿐이다. 동독의 식료품, 교통, 연료 그리고 주택의 가격은 서독 수준에 이를 때까지 몇 배씩이나 올라야만 할 것이다. 그러나 서독의 자본은, 자신들이 보기에 이미 폐물이 되어 비효율적인 동독 공장들에서 일하는 노동자들에게 인상된 가격을 따라잡을 수 있을 만큼 충분한 임금을 주려 하지는 않을 것이다. 그들은 아마도 그 공장들을 폐업처분하고——루르 지방에 있었던 비슷한 연령의 공장들을 그렇게 했듯이——그 공장의 노동력을 나머지 지역을 위한 값싼 노동력의 저수지로 전환시키는 방법을 택하게 될 것이다. 그래서 유럽공동체의 어떤 보고서는,

첫해에 15퍼센트의 실업이 있을 것으로 예측하고 있지만 실질적으로는 실업률이

---

233) *Financial Times,* 1988년 6월 3일자의 보고를 보라.

이보다 더 높을 것으로 보고 있다. 이 보고서는 서독으로부터 수입품이 쇄도함으로써 동독에서 정산(精算)문제가 더 악화될 것이라고 경고한다. …… 가격개혁 이후에 동독의 평균임금은, 서독의 평균임금이 월 2,400도이치마르크일 때, 월 1,400도이치마르크에 이를 수 있다. 임금소득자 개인에게 서독으로부터 300도이치마르크의 소득 이전이 부가적으로 있게 되면 평균임금은 서독의 70퍼센트 수준까지 오를 수 있을 것이다. ……

그러한 이전은, 비록 그렇게 높은 것은 아니지만, 불가피하게 서독 재정을 긴장시킬 것이다. 그렇게 되면 독일과 유럽공동체 모두에게 심각한 사회적 위험과 예산상의 위험이 있게 될 것이다.[234]

서독 재무장관조차도 '동독으로 도이치마르크가 유입되면 그것은 실업률을 높일 것이고 공장폐업을 강제할 것이며 사회보장제도의 창출을 요구할 것'[235]이라고 믿는다.

루마니아와 불가리아는 대부분의 서방 산업가들과 금융가들의 계획 속에서 거의 언급조차 되지 않고 있다. 그들은 이 나라들을, 너무 낙후되고 또 주요 시장에서 너무 멀리 떨어져 있어서 실질적인 이익을 볼 수 없는 곳으로 보고 있다.

체코슬로바키아에서 경제 각료를 지내고 있는 사람들 중의 일부는, 자국의 문제들이 — 예컨대 — 폴란드에서처럼 심각하지는 않다고 주장한다. 그리고 이들은 재구조화가 완전 고용 및 충실한 복지제도의 유지와 양립할 수 있다고 주장한다. 이와는 달리 또 한 사람의 저명한 개혁가는, 체코슬로바키아는 '대처 수상과 같은 사람을 필요로 한다'고 말한다. 이 나라는, 인구가 상대적으로 적어서 서방 경제들 속에서 자신의 수출품을 판매할 틈새를 발견할 수 있을지 모른다. 그러나 그러한 경우에조차도 체코슬로바키아 기업의 사장들은 재구조화의 비용을 노동자들에게 지우기 위하여 압력을 가할 것이고 그렇게 되면 저항의 물결이 일게 될 것이다.

동유럽의 조그마한 국가자본주의들은 세계질서의 새로운 거인들과의

---

234) *Independent*, 1990년 2월 10일자에서 인용한 보고.
235) *Financial Times*, 1990년 2월 13일자에서 인용.

경쟁에 직면하여 산산이 해체되었다. 그러나 이것은, 그들이 자신들을 거인으로 변화시키는 데 성공할 수 있다거나 혹은 어떻게 해서든지 거인들의 발 아래에서 봉사하는 것에 스스로를 성공적으로 적응시킬 수 있다는 것을 의미하지는 않는다.

개별 국가들에서의 상황과 무관하게, 한 가지 사실이 현실의 갖가지 객관적 시험을 견뎌 내었다. 많은 노동자대중들이 변화들로부터 기대한 것과 실제의 변화 사이에 커다란 격차가 있었다는 사실이 그것이다. 동유럽의 국가들은 서유럽의 국가들 중 가장 번창한 국가들에 인접해 있는데, 이곳의 대중들은 자본주의의 서방적 형식을 스칸디나비아 반도나 서독의 생활수준과 같은 것으로 생각하게 되었다. 그러나 동유럽에서 그러한 생활수준은 있을 법하지 않다. 어느 지점에 이르면 부풀려진 기대와 가혹한 현실 사이의 충돌이 불가피하게 일어날 것이다.

동유럽의 경제학자들은, 시장이 모든 문제들에 대한 마술적 해결책이라고 설교한다. 그리고 그들은 다국적 자본의 시대는 모든 계급에게—비록 정도는 다르지만—번영을 가져오는 무한한 경제팽창의 시대라고 설교한다. 이러한 설교만큼 진실과 거리가 먼 것은 더 없을 것이다. 세계적 규모의 거대기업들의 경쟁은 그들로 하여금, 국민경제의 특정 부문들을 육성하는 한편 다른 부문들을 고사(枯死)하도록 내버려두게 만든다. 그것은 그들로 하여금, 갑작스럽게 공장 문을 닫고 노동자들을 해고하고 모든 부문들을 황폐케 하는 주기적인 재구조화 소동을 벌이게 만든다. 필요한 원료와 숙련 노동을 찾아 낼 때에 그들은 경쟁적 축적이라는 광란(호황들)에 참여하게 되겠지만 그것은 곧 갑작스런 정체(경기후퇴)에 자리를 내주게 된다. 그렇게 되면 대부분의 신식 공장들은 놀게 되고 거대한 건축계획들은 미완성인 채 남게 된다. 그것은 그들로 하여금 더 수익성 있는 자리를 끝없이 찾아 헤매게 만들며 그 과정에서 과거의 노동자계급 공동체들을 해체하고 농업을 축소하는 방법들을 사용하도록 만든다.

이 모든 것은 동유럽의 새로운 정치 지도자들에게 전례 없는 어려움을 야기할 수 있다. 그들은 어떻게 해서든지, 더 이상 낡은 착취와 억압의 형식들을 참으려 하지 않는 노동자들에게 새로운 착취와 억압의 형식들을 받아들이도록 만들어 내야 한다. 때로 그들은, 노동자들이 극단적인 박탈의 조건에 직면해 있을 때 이런 일들을 해내야 할 것이다. 그러므로 그들이 성공하리라는 보장은 어디에도 없다.

국가자본주의에서 다국적 자본주의로의 이행을 이룸에 있어 객관적 문제들이 가장 큰 곳은 소련이다. 소련은, 동유럽에서는 관료제를 해체시킴이 없이 손쉽게 이루어졌던 정치적 변화마저도 달성할 수 없다. 나라가 동유럽의 나라들보다 훨씬 더 크고 그 결과 관료제 역시 동유럽의 관료제보다 훨씬 더 크기 때문이다. 소련의 기업들은 직접적인 대외적 경쟁으로부터 더 많이, 그리고 더 오랫동안 보호받아 왔다. 이러한 사정 때문에 소련에서는 세계수준에서 볼 때에도 효율적인 소수의 기업들이 효율성이 전혀 없는 다수의 기업들과 복잡하게 한데 얽혀 존재하게 되었다. 지난날 소련의 지배자들은 경제적 취약함을 군사적 힘으로 보충할 수 있었다. 그렇게 해서 그들은 자기보다 두 배나 큰 규모의 경제를 가진 미국에 필적하는 군수 부문을 창출해 왔다. 그러한 구조를 해체시키려는 시도가 이루어지면서 그것의 개별 구성 부분들은 허공에 떠 있게 되었다. 경제적·정치적 위기가 동시적으로 분출하고 있는 것이다.

소련이 당면한 경제적 곤경은 다음 10년 동안 서(西)시베리아에 새로운 석유화학 단지를 건설하기 위한 계획을 둘러싸고 지난해에 벌어졌던 논쟁에 의해 집약된다.

소련에서 심화되고 있는 생산의 위기와 소비재 사용의 위기는 일군의 고참 소비에트 과학자들로 하여금 가장 큰 국가투자 중의 하나를 폐기할 것을 요청하도록 강제했다. 그것은 다음 10년에 걸쳐 서시베리아의 원유 지대에 5개의 석유화학 프로젝트를 구축하는 것이었다. 그것은 미국, 일본, 서독 및 이탈리아 기업들과의 합작으로 계획되어 있었다.
과학자들은, 그 프로젝트가 계획된 410억 루블의 두 배에 이를 것이라고 주장한다. …… 조업이 개시되면 [그것은] 플라스틱과 폴리머(polymer)의 세계가격을 끌어내릴 것이다. …… 무엇보다도 그들은, 그 투자가 매우 필요한 여타의 화학 산업에 대한 투자를 축소시키게 될 것이고, 에너지 절약 전략을 채택하지 못하도

록 방해할 것이며 경제를 사회적 필요에 맞게 재조정할 가능성을 일체 배제하게 될 것이라고 주장한다.236)

흥미있는 점은, 화학 프로젝트의 논리가 낡고 폐쇄적인 일국적 국가 자본주의의 프로젝트가 아니라 다국적 자본주의에 연결된 생산을 구축하려고 시도하는 프로젝트라는 점이다. 비평가들이 말하는 바에 따르면 그 거대한 투자는 소련 내부 경제의 여타 부분을 왜곡하게 될 것이다. 그리하여 여타의 생산 부문들을 뒤쳐지게 만들고 여러 산업들간의 연관을 파괴하고 생활수준을 더욱 더 깎아내리는 압력을 낳게 될 것이다. 게다가 세계경제내의 여타 지역에서의 변화들이 이 프로젝트의 시행을 당황스럽게 만들지 말라는 어떠한 보장도 없다.

정치적 곤경은, 낡은 당구조와 하원이라는 새로운 의회구조, 그리고 소비에트 등이 그 어느 것도 헤게모니를 잡지 못한 채 공존하는 방식으로 나타나고 있다. 낡은 당구조는 기업들, 군대, 경찰, KGB, 그리고 지역정부와 중앙정부를 운영하는 사람들의 주요한 조정 중심이다. 브레즈네프 시대의 어느 조사를 보면 고위 당 기관원들의 40퍼센트는 전직 기업 경영자였고 25퍼센트는 전직 농업 경영자였으며 오직 12퍼센트만이 당 관료제의 밑바닥에서 혼자 힘으로 승진한 사람들이었다.237) '보수적' 당 위원장들은 경영 생활의 현실에서 동떨어진 공룡이 아니었고 거대기업을 경영하는 사람들의 대표자였다. 그들의 보수주의는, 그 구성원들이 서방 기업들과의 연계보다는 그들 서로간의 연계에 훨씬 더 깊이 의존하는, 특정한 계급의 보수주의였다. 그러므로 그들은 다국적 자본주의로의 이행을, 많은 동유럽 국가들의 관료들이 그랬던 것처럼, 자신들이 두려워 하는 변화들에 대항할 수 있는 어떤 손쉬운 보증서를 제공하는 것으로 보지는 않았다. 소련을 위로부터 변화시키려 한 고르바쵸프 정권은 이들 보수주의자들이나 혹은 그들이 지배하는 당구조를 무력화시킬 수

---

236) *Financial Times*, 1989년 4월 5일.
237) M. P. Gehlen, 'The Soviet Apparatchiki', R. B. Farrell(편),, *Political leadership in Eastern Europe and the Soviet Union*, London, 1970, p. 147에 실린 수치.

없었다. 그러나 이 구조들은, 아래로부터의 글라스노스트에 의해 고무된 새로운 힘들, 즉 민족운동들, 파업 위원회, 환경운동 등에 대한 영향력을 갈수록 상실했다. 그들은 발생한 운동들에 협박을 가하거나 그것들을 달래거나 하는 것 사이에서 오락가락했다. 그리고 그 과정에서 관료들의 서로 다른 이해관계들 때문에 이들은 서로 다른 방향으로 나아가기 시작했다. 그리하여 이들의 당이 일종의 내적 해체를 겪게 되면서 이들은 사회적 발전에 대해 어떠한 실질적인 통제력도 행사할 수 없게 되었다.

이렇게 되자 하원들과 소비에트들이 당보다 대중의 지지를 더 크게 받게 되었다. 그러나 그들은 지배관료의 여러 부문들의 행동을 조정할 중심으로서 당을 대체할 처지에 있지는 못했다. 이 때문에 소련과——예를 들어—— 체코슬로바키아의 대조라는 상황이 있게 된 것이다. 체코슬로바키아에서 당은 붕괴되었고 이 나라 기업들과 서방 기업들의 통합이 점차 증가하면서 사회는 전보다 훨씬 더 멀리 전진하였다. 그러나 소련에서는 당이 아직 붕괴되지도 않았는데 사회는 갈수록 더 해체되고 방향 상실에 빠져 있었던 것이다.

이것은 개혁파들 사이의 이데올로기적 차별화라는 이상한 상황을 낳게 되었다. 가장 잘 알려진 급진 민주주의적 지도자들—— 하원에서 옐친 주변에 포진한 사람들—— 은 시장과 민주주의를 동일시했다. 그러나 극단적인 시장 찬미자들 중의 일부는 지금, 권위주의적 지배가 필요하다는 결론에 이르고 있다.

이러한 견해는 지난해에 세계 사회주의 체제 연구소 연구원인 미그라니얀(A. Migranyan)이나 끌리암낀(I.Klyamkin)에 의해 명확하게 제시되었다. 미그라니얀은, '야노스 카다르 치하의 헝가리나 등소평 치하의 중국에서 그랬듯이 우리의 지도자[고르바쵸프]가 행정적 방식을 보다 강화한다면 사정은 좀더 나아질 것'이라고 주장했다. 그리고 끌리암낀은 다음과 같이 요청했다.

만약 어떤 개혁가가 과거에 시장을 도입하는 것을 지지한다고 선언했었다면 어떻게 되었을까? 과연 그것이 시장에 의존하여 달성될 수 있었을까? 분명 그렇지 않다. 왜냐하면 인구의 80퍼센트가 그것을 받아들이려 하지 않았을 것이기 때문이다. 그러나 결국 시장은 계층화, 소득에 따른 차별화를 의미한다. …… 그러므로 진지한 개혁가라면 개혁의 성공을 대중에게 의지할 수는 없다.238)

보리스 까갈리츠끼는 이것을 '시장 스딸린주의'라고 불렀다.239) 그러나 새로이 시도되는 권위주의적 해결책들이 둘러쓰는 이데올로기적 위장은 공공연히 스딸린주의적인 것은 아니다. 낡은 질서에 대한 반대가 너무나 크기 때문이다. 그 어떤 상황에서든, 권위주의적 재구조화론자들이 자신들의 기반을 쌓기 위해 취할 수 있는 방법들은 여러 가지가 존재한다. 과거는 산자의 머리 위를 악몽처럼 짓누른다. 그리고 과거는, 사악한 정치 세력들이 이용하려 하는 많은 편견들을 품고 있다. 예컨대 불가리아에서의 반(反)터어키 감정이나 루마니아에서의 반(反)마그야르[헝가리에 살고 있는 소수 민족 - 역자] 감정 그리고 헝가리에서의 반(反) '집시' 감정, 소련에서의 대러시아 국수주의, 그리고 거의 모든 지역에 퍼져 있는 반(反)유태주의 등이 그것이다. 그러므로 앞으로 권위주의적일 뿐만 아니라 반공주의적인 메시지를 설교하고, '질서'를 부과하기 위해서 낡은 보안 세력들의 잔당들과 협력할 준비가 되어 있는 새로운 정치결사체들이 출연할지도 모르는 일이다.

사회주의적 반대파들의 형성

동유럽 국가들 전체에 널리 퍼져 있는 스딸린주의와 사회주의의 동일시는, 진정한 사회주의자들이 청중을 얻는 것을 매우 어렵게 만들어 왔다. 그러나 강제수용소 상공에서 펄럭이던 적기(赤旗)를 본 적이 있는 노동자들은, 기쁨에 넘쳐 저절로 적기를 흔들지는 않는다. 게다가 일반적으로 사회주의적 반대파들은 낡은 일당 국가 하에서 자유주의 세력 —— 이

---

238) *Financial Times*, 1990년 1월 26일자에서 인용.
239) 그가 1989년 9월에 런던에서 가진 아이작 도이처 기념 강연.

158

들은 서방으로부터 어느 정도의 원조와 보호를 받고 있다 — 보다도 더 많은 고통을 겪는다. 그래서 비록 일군의 진정한 사회주의자들이 존재하고 있긴 하지만 그들의 수와 영향력은 당분간은 소규모인 상태로 남아 있을 수밖에 없다.

그러나 국가자본주의와 다국적 자본주의의 접목에 대한 저항은 어느 곳에서나 피할 수 없는 것이다. 그것은 세 가지의 주요 원천들로부터 솟구쳐 나올 것이다. 첫째로 낡은 일당 체제에 정면으로 도전했던 많은 수의 급진적 민주주의자들로부터 저항이 있을 것이다. 그들은, 노멘클라투라였을 때에 자리를 얻은 사람들이 이전에 걸쳤던 이데올로기적 외관을 다른 것으로 바꿈으로써 예전의 자리를 유지하는 것을 보고는 마음이 편치 않을 것이다. 그들은 정치경찰의 해산을 계속 요구할 것이다. 그리고 그들은 언론방송 매체들을 통제했던 낡은 당구조들이, 과거에 당에 임명되었던 사람들이 다국적 자본과 연합하여 예전과 마찬가지로 엄격한 통제를 행사하는 새로운 당구조들로 교체되는 것을 보고는 마음이 편치 않을 것이다.240) 평화주의와 녹색사상에 영향을 받은 사람들이, 자본주의의 새로운 형식은 낡은 군대에 의해 규정되며 이윤을 위해 환경을 오염시킨다는 것을 발견하는 데에는 오랜 시간이 걸리지 않을 것이다.

루마니아에서는 12월혁명을 일으킨 사람들과 권력을 장악한 사람들 사이에 이미 격렬한 충돌이 있었다. 폴란드에서는 평화주의, 무정부주의, 녹색사상 그리고 폴란드 민족주의 등 다양한 사상에 의해 영향을 받은 청년들과 경찰 사이에 거리에서 충돌이 되풀이되었다. 체코슬로바키아에서는 시민포럼의 많은 평활동가들이 급진 민주주의 슬로건을 너무나 깊이 받아들인 나머지 페트르 피트하르트(Petr Pithart) — 그는 텔레비

---

240) 오랫동안 브레즈네프, 야루젤스키, 지브코프, 그리고 차우체스쿠의 변호론자였던 로버트 맥스웰은 지금, '사유화된' 헝가리 정부 신문 주식의 50퍼센트를 소유하고 있다. 반면 머독(Murdoch)은 주요 반대파 신문들에 대한 통제권을 샀고 바르샤바에서 그는, 자신이 어느 신문을 통제할 수 있을까를 살펴보고 있는 중이다.

전 방송에서 공장과 지역의 시민포럼에게 '모든 경제적 계약서에 경영자들과 함께 서명할 권리를 얻기 위해 압력을 사용하는 것과 같은 사이비 혁명적 방법을 피하라'고 호소한 바 있다 —— 같은 지도자들의 말을 받아들이지 않게 되었다.241) 동독에서 뉴 포럼(New Forum)과 같은 옛 반대파 그룹의 활동가들은, 서독으로의 합병을 외치는 사람들이 거리시위를 벌이는 동안, 노멘클라투라 기업이 서독의 자본과 연결을 맺는 것을 보고는 쓰라린 마음을 금치 못했다. 헝가리에서 자유민주당 소속의 급진적인 시장지지적 민주주의자들은, 더욱더 권위주의적인 친(親)시장 이데올로기를 가진 정치정당들이 옛날 노멘클라투라 성원이었던 사람들과 공동작전을 폄에 따라 그것에 격렬하게 반대했다.

소련에서는 사태가 좀더 복잡하다. 왜냐하면 낡은 지배정당들이 여전히 지배하고 있고 급진 민주주의자들은 당과 하원의 기존의 민족적 구조내에서 소수파에 불과하기 때문이다. 고르바쵸프에 대한 환멸은 흔히, 시장으로의 보다 급진적인 이동을 요구하는 형식을 띠고 있다. 이것은 하원에서 옐친 주변에 결집된 집단과 반(半)합법적 반대파 정당인 민주주의 연합이 견지하고 있는 입장이다. 그러나 이들의 경우에 있어서도 사람들은 때때로, 시장으로부터 이익을 얻으려고 하는 사람들, 즉 대기업의 사장들이 왜 민주주의가 아니라 권위주의 쪽으로 기우는지를, 그리고 왜 서방의 지도자들은 고르바쵸프 정권을 유지하기 위해 온갖 노력을 기울이는지를 자문하지 않으면 안된다.

두 번째로 종종 소수 민족집단 사이에서 새로운 자본주의 형식에 대한 민족주의적 저항이 있을 것이다. 국가자본과 다국적 자본의 결합은 각 나라 내부의 경제발전의 불균등성을 악화시킬 수 있을 뿐이다. 다국적적(多國籍的) 경쟁을 효과적으로 수행하려면 다른 지역을 희생시키면서 특정 지역 —— 일반적으로 이미 가장 발전되어 있거나 외국의 생산시설이나 시장에 가장 인접한 지역 —— 에 생산을 집중시킬 필요가 있다.

---

241) Czechoslovak television, 1990년 1월 19일(BBC 모니터부 보고서, 1990년 1월 22일).

그 결과가 어떠한지는 다국적적인 연계에 가장 개방적이었던 동유럽 국가인 유고슬라비아에서 찾아 볼 수 있다. 이탈리아 및 오스트리아 접경지대에 있는 슬로베니아의 일인당 국민소득은 세르비아보다 두 배나 높고 또 세르비아의 국민소득은 남부에 있는 코소보보다 세 배나 높다. 동일한 경제발전 논리가, (아르메니아에서 카자흐스탄에 이르는) 소련의 남부 지역 공화국들과 러시아어를 사용하는 넓은 심장부와 더불어 체코슬로바키아의 슬로바키아어 사용 지역을 고통스러운 상태로 몰아 넣었다. 이와 동일한 논리로부터 동유럽의 일부 국가들이 다른 국가들보다 상대적으로 열악한 처지에 놓이게 되기도 했다. 유럽공동체의 서방측 광신자들은 이미, 유럽공동체에 회원국으로 가입하기에 '적합한' 상대적으로 선진적인 국가들(일반적으로는 동독, 때로는 체코슬로바키아)과 기껏해야 '준회원국(associate)'으로 될 수 있을 뿐인 발전이 더딘 지역을 구별하고 있다.

그 결과, 뒤처진 지역에 있는 나라들에 민족적 불이익의 감정이 강력하게 일어나는 것은 필연적일 것이다. 주민 대중 사이에 시장에 대한 광범위한 환멸감이 있을 수도 있다. 그리고 지배계급의 지역 분파들과 지식인들이 이러한 감정을 자신들의 지위를 높이기 위하여 사용하려는 시도들이 있을 수도 있다. 소련과 유고슬라비아에서 오늘날 민족주의의 물결이 일어남에 따라 이것은 중앙권력에 대한 민족주의적 반란이나 소수민족에 대한 지방자치주의적 공격으로 나아갈 수 있을 것이다.

세 번째로는—— 그리고 이것이 잠재적으로는 가장 중요한 것이다—— 노동자들로부터의 저항이 있을 것이다. 시장화가 가장 크게 진전된 유고슬라비아는 1987년과 1988년에 대규모의 파업을 겪었다. 동독에서는, 정권—— 누가 그것을 운영하건—— 이 생필품 가격을 서독 수준으로 높이려 함에 따라 파업은 불가피하게 되었다. 불가리아에서는, 들불처럼 번진 '광산' 파업과 더불어 1월에 '파업의 물결'이 솟구쳤다.242) 체코슬로바키아에서 하원 연방 수장인 카르노구르스키가 '많은 기업들에서의

---

242) Sofia Radio, 1990년 1월 26일(BBC 모니터부 보고서, 1990년 1월 29일).

무정부상태에 대한 경보(警報)'를 울린 적이 있다.243) 폴란드에서는 올해 연초까지는 아직 연대노조 출신의 각료들에 대한 신념이 무척 두터웠지만 그럼에도 불구하고 광산과 같은 곳에서는 파업이 봇물터진 듯 일어났다.

가장 중요한 파업은 1989년 여름 소련의 광산에서 일어난 파업이다. 파업이 시작된 곳인, 메즈두레헨스크에 있는 쉬비야스코프 탄갱에서 제기된 최초의 요구는 직접적으로 경제적인 것이었다. 즉 그것은 갱에 물통을 적절하게 보급해 줄 것과 겨울에 좀더 따뜻한 옷을 배급할 것과 한 달에 800그램의 비누를 제공할 것을 요구하는 것이었다. 그러나 파업이 확산됨에 따라 이 요구들은 좀더 넓은 범위에 걸친 불만의 초점이 되었다. 이 불만은 고르바쵸프 개혁의 한계로부터뿐만 아니라 그것이 취하고 있는 방향으로부터도 솟아나고 있었다. 볼코프 광산의 전기 기술자였던 케모로보 행동 위원회 의장이 말했듯이, '새로운 경제적 경영 조건에도 불구하고 노동자들의 노동조건은 아직 변한 것이 없다. 오히려 작업 강도는 더 높아졌다. 육체적 노동지출이 증가함에 따라 높아지기로 되어 있었던 보수는 그와 같은 비율로 높아지지 않고 있다. ……'244) 포스터들은 경제적 요구와 정치적 요구를 결합했다. '관료들을 타도하라!', '철야 근무 수당 40퍼센트 인상, 야간 근무 수당 20퍼센트 인상!'245) 등이 그것이었다. 곧이어 연금 인상, 추가 휴일, 출산 휴가 연장 등의 다른 요구들도 제기되었다. 공식 매체들과의 인터뷰에서 광산 노동자들은 자신들의 조건과 자신들의 사장들의 조건 사이의 차이에 대해 격렬하게 불평했다. 광부들은 통행증을 전혀 갖고 있지 않음에 반해 '행정기구의 성원들 모두는 매우 자주 여행을 한다',246) '주(州)의 당 지도자들은 좋

---

243) Prague Radio, 1990년 1월 27일.
244) Moscow home service, 1989년 7월 14일(BBC 모니터부 보고서, 1989년 7월 17일자에서 인용).
245) Soviet television, 1989년 7월 13일(BBC 모니터부 보고서, 1989년 7월 15일).
246) 소비에트 텔레비전과의 인터뷰, 1989년 7월 17일(BBC 모니터부 보고서, 1989년 7월 19일).

은 집에서 살고 있는 반면' 광부들은 '화학 폐기물들이 술술 불어 들어오는 비참한 오두막집에서' 산다.247) 3주가 지나 돈바스 광산의 파업 노동자들 중의 일부는 당 관료들을 위한 특별 점포와 같은 모든 관료적 특권의 즉각적 폐지와 국가의 새롭고 보다 민주적인 재구성, 그리고 자신들의 독립 노조를 구성할 권리 등을 요구했다.

그러나 파업 노동자들이 즉각 명료하게 계급 의식적인 전망에 도달했다고 생각하는 것은 잘못일 것이다. 많은 사람들은 광산 노동자들을 다른 노동자들과는 뭔가 다르고 더 나은 노동자로 간주한다. 쿠즈바스에서 많은 지지를 받은 초기의 요구는 개별 탄갱이나 개별 채광 지역의 금융적 자율에 대한 요구였다. 그 요구는 자신들에 대한 착취에 도전하려는 시도였지만 다른 한편에서 그것은 돈바스에 위치한 수익성이 상대적으로 낮은 기업들에서 일하는 노동자들이나 좀더 낡고 효율이 낮은 광산에서 일하는 노동자들의 이익과 대립할 수 있는 것이었다.

카라간다의 몇몇 파업 위원회 회의에 참석했던 보리스 까갈리츠끼는 이렇게 말한다.

우리는 노동자계급의 계급의식의 수준을 과장하지 말아야 한다. 우리는 지금 겨우, 노동자계급 운동의 첫 단계를 통과하고 있을 뿐이다. 때때로 광산 노동자들이 매우 분파적일 때도 있다. 예컨대 파업 위원회가 다른 노동자집단들과의 연대를 거부하기도 하는 것이다. 그러나 다른 한편에서 그것은, 대중들이 어떻게 배워 나가는가를 매우 인상적으로 보여준다.

가장 중요한 것 중의 하나는, 파업을 벌인 이후인 지금, 광산 노동자들이, 자신들이 매우 강하다는 사실을 깨닫기 시작하고 있다는 것이다. 바로 이 점이 그들을 더욱 절도있게 만들고 있으며, 자신들의 힘을 정치적, 경제적, 사회적으로 사용할 수 있게 만들고 있다.

그것은 커다란 변화이다. 수년 동안 노동자계급 대중은 어떤 것도 달성하지 못했다. 그러나 이제 그들은 뭔가를 달성할 수 있게 되었다. 반면 고르바쵸프 정권과 그 지도부는 아무 것도 달성할 수 없는 상태에 있다.248)

---

247) Soviet television, 1989년 7월 21일.
248) 1989년 10월 런던에서의 인터뷰.

파업 노동자들은, 결국 면담을 이루지는 못했지만, 고르바쵸프와 리즈코프로부터 약속을 받고는 작업에 복귀했다. 보르쿠타에서 광산 노동자들이 11월에 다시 파업을 개시했을 때 그들은 다른 지역들에서 적극적인 지지를 받지 못했고 그들의 파업은 결국 고르바쵸프가 새로 제정한 반(反)파업법에 부딪혀 분쇄되었다. 그러나 그해 여름의 파업들은, 고르바쵸프가 보기에, 소수 민족들의 투쟁보다도 더 커다란 위협이었다. 그는 최고 소비에트에서 다음과 같이 보고했다.

> 아마도 이것은 지난 4년간의 재구조화 기간 중에 우리 조국에서 생긴 최악의 시련일 것이다. 체르노빌 발전소의 사고가 있었고 여러 다른 불행이 있기도 했다. 그럼에도 불구하고 나는 이것[광산 노동자 파업 – 역자]을 가장 심각하고 가장 어려웠던 문제로 꼽겠다.249)

동유럽의 사회주의자들에게 가장 큰 희망을 주는 것은 그러한 노동자 투쟁의 불가피성이다. 그러나 그것이, 노동자들은 처음부터 사회주의 사상에서 출발할 것이라는 것을 의미하지는 않는다. 많은 노동자들은 처음에는 급진 민주주의자들과 (그리고 소수 민족들 사이의 민족주의 운동과) 자신을 동일시할 것이다. 소수의 노동자들은 당 보수파의 대중선동에 반할지도 모른다(이것은 개혁 지향적인 지식인들에 의해 흔히 과장되고 있는 위험이다). 낡은 질서에 대한 그들의 증오심은 때때로 그들로 하여금, 자신을 사회주의자라고 부르는 사람들을 불신하게 만들 것이다.

그러나 노동자들 사이에서 조직화된 지지 부대를 구축하고자 하는 급진적 민주주의자들의 시도는, 시장을 통해 국가자본을 다국적 자본에 연결시키려는 그들 자신의 노력에 의해 지속적으로 손상받게 될 것이다. 이 때문에 급진적 민주주의자들은, 기업을 경영하는 사람들과 그 기업에서 노동하는 사람들 사이에는 분명히 커다란 불평등이 존재한다는 사실을 받아들이게 된다. 그들은 낡은 불평등에 반대하지만, 그들이 말하는 불평등은 노멘클라투라적 연줄에서 유래하는 것이지 시장에서 유래하는

---

249) 1989년 7월 24일의 최고회의 연설(BBC 모니터부 보고서, 1989년 7월 26일).

것이 아니다. 그들은 또, 노동자들의 물질적 조건을 향상시키기 위한 자원들이 존재한다는 것을 믿지 않는다.250) 그래서 그들은, 노동자들은 정치적 요구들만을 위해 투쟁해야 한다고 말하면서, 물질적 조건을 향상시키려는 파업들을 지지하는 것에 주저하게 되는 것이다. 노동자들의 문제에 대한 그들의 접근법은, ('우리 나라의 노동자들은 어떻게 일해야 하는지를 모른다'는 식의 세계 각국의 중간계급들이 꾸며낸 이야기를 받아들이면서) 노동자들은 더 열심히 일해야 한다, 그렇게 하면 궁극적으로 생활수준이 상승하게 될 것이다라고 말하는 것에서 시작한다.

연대노조의 고문들이, 폴란드에 연립정부가 구성된 이후에도 그 전과 마찬가지로 파업에 반대한 것은 이런 이유에서이다. 체코슬로바키아의 정치적 변혁기인 11월에 시민포럼의 가장 저명한 인물들이 겨우 두 시간 동안의 파업을 요구한 후 노동자들에게 파업기간중의 생산 손실분을 보충해 주도록 요청한 것도 이런 이유에서이다. 옐친 주위의 하원 그룹이 소련에서의 광산 노동자 파업에 대해 취한 태도가 고르바쵸프의 태도와 다르지 않은 것도 이런 이유에서이다. 옐친은 파업을 야기한 조건을 비난할 준비가 되어 있었다. 하지만 그 후 그는 텔레비전에서 광산 노동자들에게, '인민과 국가에 대한 특별한 책임감을 보여줄 것'과 작업에 복귀할 것을 요구했다.251)

급진적 민주주의자들과 노동자투쟁 사이의 거리는 소비조합(cooper-atives) 문제를 둘러싼 소련의 논쟁에서 가장 극명하게 나타났다. 급진 민주주의자들은, 이것이 — 그들의 주장대로 — 소기업 및 개인기업의 이상을 구현하고 있는 것으로 보았고, 이것을 소련이 봉착한 문제를 푸는 마술적 치유책으로 보았다. 실제로 소련의 소비조합들은 중간계급들에게는 매우 값비싼 서비스를 제공했다. 그러나 그것은 노동자들의 경우에는 받을 수 없는 것이었다. 그것이 가능했던 이유는 소비조합들은, 대

---

250) 광산 노동자 파업 이후 모스크바의 어느 지도적인 급진론자로부터 내가 직접 들은 주장.
251) Soviet television, 1989년 7월 21일(BBC 모니터부 보고서, 1989년 7월 25일).

중이 자주 출입하는 상점에서는 찾아 볼 수조차 없는 물건들을 구비할 수 있었기 때문이다. 노동자대중이 그 소비조합들을, 당 엘리트들이나 출입할 수 있는 특별 상점과 마찬가지로 협오스럽게 바라보았던 것은 전혀 놀라운 일이 아니다.

경제적 쟁점을 둘러싼 파업들은, 대중의 좌절감을 순전히 민족주의적인 방향으로 인도하려고 하는 사람들에게도 특별한 문제들을 제기할 수 있다. 대기업의 노동자들은 대개 여러 민족 출신들로 구성되어 있기 마련이다.252) 그리고 노동자들의 투쟁은, 소수 민족의 권리를 고려하는 진정한 국제주의 전망을 제기함으로써, 이들을 인종적 구별을 넘어서는 파업 위원회 주위로 결집시킬 수 있다.

그렇지만 동유럽 국가들의 사회주의자들이 현재 벌어진 상황 속에서 자신들에게 유리한 요소들을 이용할 수 있기 전에 그들은 다음과 같은 몇 가지 중요한 점들에 대해 명료한 자각을 가지고 있어야 할 것이다.

첫째로 그들은, 국가자본주의에서 다국적 자본주의로의 이행이 일보 전진도 일보후퇴도 아니며 단지 옆으로 내디딘 일보에 불과하다는 것을 이해해야만 한다. 비록 몇몇 개별 노동자 그룹들(팽창하는 산업에서 일하는 숙련 노동자들)이 자신들의 조건을 향상시키기에 좋은 처지에 놓여졌고 다른 노동자 그룹들('합리화'될 산업들에서 일하는 노동자들)의 처지가 보다 악화되었다 할지라도, 노동자계급 전체에게 이 변화는, 하나의 착취 형식에서 다른 하나의 착취 형식으로의 이동을 의미할 뿐이다.

불행하게도 동유럽 국가들에는 아직도, 이것을 충분히 이해하지 못하고 있는 사회주의자들이 있다. 그중 일부는 자본주의의 서방적 형식을 '소비주의'나 '민주주의'(마치 이 두 용어가 '제3세계'와 신흥공업국에 있

---

252) 물론 이것은, 공장 경영진들이 어떤 인종적·종교적 이유에서 의식적으로 다음과 같은 노동자들, 즉 소련의 다른 곳 출신으로 모스크바의 공장들에서 일하는 임시직 노동자들('리미치끼'(limitchiki)), 헝가리 기업에 취직한 '집시들', 동독의 베트남인과 폴란드인, 발틱 공화국늘의 일부 공장에 이민 온 러시아계 노동자들 등에게 다른 노동자들보다 더 나쁜 일자리를 주었다는 것을 의미하지는 않는다.

는 방대한 수의 '자유시장' 자본주의들에도 적용될 수 있다는 듯이)와 혼동하는 실수를 범하고 있다. 그래서 그들은 시장을, 일정한 유보에도 불구하고, 기꺼이 받아들여야 할 무언가로 간주한다.253) 또 다른 일부는 산업의 국유화를 그 자체로서 옹호되어야 할 것으로 간주하며, '국유 재산'을 서방 다국적 자본에게 판매하는 것에 저항하는 것 — 혹은 동독의 경우에는 서독으로의 합병에 맞서 국가 전체를 방어하는 것 — 을 자신들의 주요한 과제로 생각한다.254)

그러나 국가자본주의는 노동자들의 투쟁 때문에 존재하게 된 것이 아니다.255) 그것은, 이제는 그 수명을 다해 버린 자본주의 발전의 특정 국면에서 제기되는 축적의 필요에 상응한다. 또 다국적 자본주의로의 새로운 전환도 민주주의나 소비자의 필요와는 아무런 상관도 없다. 그것이 발생한 이유는, 국가자본주의적 노멘클라투라가 국제적 경쟁에 맞서 자신을 유지할 다른 어떤 방법도 갖고 있지 못하기 때문이다. 사회주의자들의 과제는 축적의 다른 국면에 맞서 축적의 또 하나의 국면을 옹호하는 것이 아니라 우리들 자신의 혁명적 요구를 관철시키기 위해 한 국면에서 다른 국면으로의 이동 시도에 의해 야기되는 정치적·사회적 불안정을 이용하는 것이다.

구체적으로 말하면 그것은, 낡은 국가자본주의 질서에 대항하는 노동자들, 지식인들, 학생들, 혹은 피억압민족들의 모든 투쟁들을 지지하면서도 이와 동시에 이 투쟁들이, 국가자본주의 속으로 다국적 자본주의를 이식시키고자 하는 사람들에 의해 탈취되지 않도록 저항하는 것을 의미한다.

그것은 또 낡은 국가자본가들과의 동맹을 체결하는 것과 같은 올가미

---

253) 이 문제를 둘러싸고 야기된 몇 가지 논쟁에 대해서는 PPS-DR 당원과의 인터뷰를 보라('Solidarity at the Crossroads', *International Socialism* 41).

254) 브로클라브에서 1989년 12월에 열린 PPS-DR 대회에서 중앙위원들이 행한 일련의 연설이 바로 이런 논조를 보였다.

255) 소련에서조차도 국가소유가 가장 크게 늘어난 것은 1917년의 노동자혁명 동안이 아니라 1928~29년의 '스딸린 혁명' 기간 동안이었다.

에 걸려들지 않으면서 새로운 다국적 자본주의 세력들에 의해 부과되는 합리화에 저항하는 것을 의미한다. 낡은 국가자본가들과의 동맹을 체결하는 것은 노동자들이 국유화된 산업 내부에서 임금과 노동조건을 둘러싼 요구들을 제기하지 못하도록 하면서 생산성을 향상시키는 일에 협력하도록 타이르는 것이 될 것이다. 이것은 흔히 '사유화(私有化)의 위험'을 물리치고 나라가 '신식민지'로 타락하는 위험을 물리치는 유일한 방법이라고 주장된다. 그러나 만약 노동자들이 이런 꾐에 빠진다면, 그들은 강도 높은 착취를 막기 위해 …… 또 하나의 강도 높은 착취를 허락하는 것이 될 뿐이다. 지난 16년간 영국에서 있었던 재구조화의 경험을 상기하는 것은 가치있는 일일 것이다. 브리티쉬 에어웨이 사(社), 브리티쉬 에어로스페이스 사(社), 브리티쉬 스틸 사(社), 브리티쉬 조선(造船) 사(社), 그리고 어스틴 로버 사(社)의 최고 경영자들은 모두 노동자들에게 '국유화 과업에 참여'하라고 촉구했다. 이러한 촉구는, 그 전의 사유화(私有化) 과정에서 대규모 공장폐쇄와 과잉 노동자의 해고를 통해 그들이 상당한 이득을 본 다음에 이루어졌다. 그리고, 예를 들면, 폴란드에서 이것은 친(親)시장적 각료들이 사태를 진행시키려 하는 방식이다. 그들의 고문 중의 한 사람인 스타니슬라브 고무우카는 어떤 인터뷰에서 '그들은 우선 소규모의 사유화(私有化)에서 시작하여 영국 모델에 따라 이 과정을 꾸준히 넓혀 나가려 한다'고 말했다.256)

이행의 정치적 위기를 이용하는 것의 일부는 급진 민주주의자들의 민주적 요구들을 그것들이 갖는 한계 너머로까지 밀어 부치는 것이다. 즉 민주적 요구로서, 자유선거 문제를 제기하는 데 그치지 않고 자유노조나 자유로운 파업권 및 시위권, 억압 세력들(정치경찰, 보안경찰, 비밀경찰 등)의 완전한 해체, 국가기관과 기업으로부터 과거에 이들과 협력했던 사람들 모두를 숙청하는 것, 정부나 노멘클라투라 혹은 거대기업 임원들이 아니라 실제로 그 속에서 일하는 사람들이 언론방송 매체를 통제하게 하는 것 등의 문제까지 제기해 나가는 것이다. 그것은 국가자본주의

---

256) *Independent*, 1990년 2월 5일.

에 대한 민주적 투쟁을 다국적 자본주의에 대한 민주적 투쟁으로 전환시키는 것을 의미한다. 그리고 이 과정에서 급진적 민주주의자들 중의 가장 선진적인 분파가 다국적 자본을 적으로 보도록 설득하는 것을 의미한다.

이와 결부된 문제는 국가의 성격이라는 문제이다. 동유럽의 많은 사회주의자들은 기존 사회를 좀더 공정하고 좀더 효율적인 것으로 만들기 위한 계획을 제기하는 식의 함정에 빠져 있다. 그들은 어떻게 하면 산업이 덜 낭비적인 방식으로 재조직될 수 있는가, 어떻게 하면 노동자들로 하여금 더 열심히 일하도록 설득할 수 있는가, 어떻게 하면 시장과 계획의 올바른 결합을 달성할 수 있는가 따위의 문제에 대해 끝없이 토론한다. 그들이 이런 토론에 탐닉하게 되는 것은, 그들이 다음과 같은 가장 근본적인 진실들로부터 출발하지 않기 때문이다. 그 근본적 진실이란, 첫째로 자신들이 하나의 계급사회에 살고 있으며 이곳에서 하나의 계급은 다른 계급의 희생 위에서 매우 안락한 삶을 영위한다는 것(그래서 그들은 **노동자들**이 통제하는 사회가 아니라 '자주적으로 관리되는 사회'를 운위하는 경향이 있다), 둘째로 그러한 사회는 사회의 나머지로부터 절연된 국가를 갖고 있으며 그것이 사회적 생산물의 상당 부분을 흡수한다는 것, 그리고 셋째로 '국가의 이익'이나 '사회의 이익'에 대해 떠드는 것 모두가 실제로는 이러한 사실을 은폐한다는 것이다.

국가의 성격이 이해되어야만 민족문제에 대한 올바른 이해에 도달할 수 있다. 조금이라도 자신을 기존 국가와 동일시하는 사회주의자들은 필연적으로, 기존 국가로부터 독립하려는 소수 민족의 요구를 '노동자계급 내부의 분열'로 나아가는 것이라고 보기에 이른다. 이와는 달리 계급국가로서의 기존 국가를 분쇄하고자 하는 사회주의자들은, 그것이 하나의 단일한 자본주의 국가로 남아 있는가 아니면 두 개의 자본주의 국가로 갈라져 있는가 하는 문제에는 개의치 않는다. 우리는 소련(USSR)이라고 불리는 러시아 민족국가를 숭배하지 않으며 그렇다고 라트비아 민족국가를 숭배하지도 않을 것이다.

그러나 우리는, 만약 하나의 소수 민족이 억압받고 있다고 느낀다면,

그 소수 민족의 노동자들이 다수 민족에 속하는 노동자들의 투쟁과 자신을 동일시하도록 할 수 있는 하나의 방법이 있음을 알고 있다. 그것은, 다수 민족의 노동자들, 혹은 적어도 그들 중의 의식적 사회주의자들이, 자신들은 그러한 억압을 계속하기를 원치 않음을 분명히 밝히는 것이다. 다수 민족의 노동자들과 사회주의자들은, 소수 민족이 자신들의 국가를 구성하기를 원할 때, 그들이 수립하려는 국가가 어떤 형식의 것이든 상관없이 그 권리를 지지해야만 한다.

소수 민족은, 자신들을 막다른 골목으로 인도하려는 쁘띠 부르주아(혹은 쁘띠 부르주아적) 지도자들의 영향 하에 놓여 있을지 모른다. 그러나 소수 민족의 노동자들이 이러한 지도부로부터 단절되게 하는 유일한 방법은, 이들로 하여금 다수 민족에 속하는 사회주의적 노동자들의 운동이 자신들의 쁘띠 부르주아적 지도자들보다도 민족 억압에 맞서 더 효율적인 방식으로 싸울 태세가 되어 있다는 것을 보게 하는 것뿐이다.

동유럽 국가들의 개혁정부와 급진 민주주의자들은 수명을 다해가는 국가자본주의적 착취 형식으로부터 다국적 자본주의적 착취 형식으로의 이행이 사회적 안정과 더 넓은 번영을 가져올 것이라고 믿는다. 그들은 틀렸다. 동유럽 국가들에서, 이행에 대한 낡은 일당 기구의 저항을 극복하는 첫걸음은 내딛어졌다. 그러나 그것은 아직 장기간의 경제적 조정(調整)의 시기를, 그리고 이와 연관된 사회적·정치적 조정의 시기를 남겨 두고 있다. 심지어 그 시기가 채 끝나기도 전에 세계적 규모에 걸친 자본주의적 재구조화의 새로운 물결이 범람하여, 경제적, 사회적, 그리고 정치적 소용돌이를 낳는 새로운 압력으로 작용하지 않으리라는 보장은 어디에도 없다.

그동안 소련에서는 아직 그 첫걸음마저도 아직 내딛어지지 못했다. 고르바쵸프 주변의 집단들은 혼란을 두려워하여 앞으로 나아가기를 주저하고 있다. 그렇지만 그들은 자신들이 뒤로 돌아갈 수도 없다는 것을 잘 알고 있다. 만약 국가자본주의가 다국적 자본주의로 자신을 변형시키지 못하면 우리는 매우 장기간의 격렬한 사회적 투쟁의 시기를 깆게 될 것이다. 그리고 그 속에서 진정한 사회주의 세력은, 비록 규모는 작지만,

많은 역할을 할 수 있을 것이다.

'자유시장', 자본주의의 다국적적인 형식 등을 칭찬하는 정당들은 이미 동유럽 전체에 공공연하게 존재하고 있고 소련에서도 반공개적인 형태로 존재하고 있다. 국가자본주의의 낡은 정치기구의 잔당들은, 재구조화 과정에서 고통받는 사람들로 하여금, 그들이 낡은 질서 하에서 견뎌내야 했던 고통들을 잊게 만드는 대중선동을 통해 자신들의 정치적 행운이 되살아나기를 바라면서 그들 나름의 새로운 정당들을 만들고 있다. 인종주의와 자치주의의 포교자들은 환멸이라는 기회를 포착하고서 그쪽 편에 가담하고 있다. 진정한 사회주의자들의 긴급한 과제는, 자본주의의 구판(舊版)이나 신판(新版) 모두에 대해 혁명적 반대의 입장을 취하면서 그들 자신의 당을 건설하는 것이다.

제 2 부

계급과 위기 : 동유럽 사회들에서의 이행

마이크 헤인즈

"……그러나 그러한 진공상태가 존재한다는 사실 자체는 비록 왜곡된 방식으로이긴 하지만 우리 분석의 요점, 즉 현재 일정에 올라 있는 것은 계급사회 형태의 변화일 뿐 무계급사회에서 계급사회로의 이행이 아니라는 것을 확인시켜 주는 것이다. 1989년 이전의 동유럽에 존재한 것이 사회주의의 한 형태—— 그것이 아무리 타락했다 하더라도—— 였다고 주장한 사람들은 구체제 하에 존재했던 착취와 소외의 규모를 충분히 이해할 수가 없었다. 또 그들의 어려움은, 그러한 정권에 맞서 노동자계급의 대다수를 조직했던 연대노조의 성장에 의해 더욱 복잡해졌다. 1989년과 그 이후의 사건들은 이 주장이 갖는 문제점을 강화했다. 왜냐하면 노동자들이 과거의 체제를 방어하는 데 전혀 어떠한 관심도 보여주지 않았기 때문이다. 이것은 오늘날, 물질적 의미의 위기의 징후들이 점증하고 있음에도 불구하고 뚜렷이 나타나고 있다. ……"

계급과 위기 :
동유럽 사회들에서의 이행(移行)*

　체코슬로바키아 대통령 바츨라프 하벨(Vaclav Havel)에 따르면, 1989년 동유럽에서의 대중 권력은 겨우 한번 미소지을 시간 동안만 지속되었다. 그 미소의 시간 동안에는 모든 것이 가능해 보였다. 레흐 바웬사는 1989년 가을에 미국의 은행가들을 대상으로 연설하면서 이렇게 말했다. '할 일이 너무 많기 때문에 실업이란 절대 있을 수 없을 것입니다.'1) 오늘날의 현실은 그와는 매우 다르다. 이곳 전역에서 위기가 드세어지면서 이제 당시의 미소는 사라지고 없다. 긴축정책이 시행된 곳에서도 생활수준은 하락했고 실업은 늘어났다. 변화의 속도가 다른 곳보다 상대적으로 더뎠던 루마니아, 불가리아, 알바니아 같은 나라들에서도 위기의 발전 과정은 다른 곳 못지않게 격렬하다. 이 때문에 이곳에서는 그에 대한 반대급부로서 옛날의 방식 속에 어떤 구원의 길이 있지 않았는가 하는 생각이 부상하고 있다.

　고통이 심해짐에 따라 열광도 사라져 버렸다. 이러한 사태의 결과로, 특히 폴란드와 헝가리에서, 정치 체제에 대한 무관심과 그것에 대한 소외감이 놀라울 정도로 높아졌다. 그 밖의 지역들에서 주로 이득을 보고

---

* Mike Haynes, 'Class and crisis — the transition in eastern Europe', *International Socialism*, 1992년 봄호에 처음 수록.

1) 이 연설은 1989년 11월 18일에 워싱턴에서 행해졌다. *The Failure of Communism : The Western Response. An International Conference Sponsored by Radio Free Europe, Radio Liberty Fund*(Munich, 1989), pp. 49~50을 보라.

174

있는 것은 민족주의이다. 유고슬라비아는 민족주의가 이끄는 길에 무엇
이 놓여 있는지를 보여주는 끔찍한 사례이다. 지금 하벨은 이렇게 말하
고 있다. 이제 '행복은 가고 없다. 제2막은 위기라고 불린다. 위기는 장
기간 계속될 것이며 그 후에 파국이 올 것이다. 끝으로 카타르시스가 오
고 그 후에 모든 것은 좋아질 것이다.'[2] 그가 혹시 맞을지도 모르겠다.
그러나 동유럽의 현실적 상황을 살펴보면 그의 희망은 예견 가능한 미
래에 있을 객관적 가능성에 대한 냉정한 평가에 기초했다기보다 다분히
삶에 대한 문학적 상상에 기초하고 있음을 알 수 있다.

이 논문의 목적은 동유럽의 미래에 대한 객관적 평가를 시도하는 것
이다. 이것은 긴급한 과제이다. 왜냐하면 동유럽의 붕괴에 의해 조성된
방향 상실 현상이 지구 전역의 좌익들에게 영향을 미치고 있기 때문이
다. 이와 때를 같이하여 우익 이데올로그들은 동유럽의 변화에 대해 터
무니없이 낙관적인 설명을 제시함으로써 주도권을 유지하려 하고 있다.
그러나 일시적인 이행의 난관 후에 더욱 밝은 내일이 열릴 것이며 떠오
르는 태양을 향해 나아가는 새로이 해방된 인민들에게 새로운 미래가
열릴 것이라는 그들의 약속은, 실제로는 약속의 땅에 대한 스딸린의 넘
쳐흐를 정도의 선전 문구들 일부와 동일한 기초를 갖고 있다.

1989년에 동독, 폴란드, 헝가리, 체코슬로바키아 등에서 벌어졌던 사
태들과 구소련, 루마니아, 불가리아, 알바니아 등에서 현재 진행중인 변
화의 압력들은 멀리 떨어져 있었던 두 가지 차원의 운동의 합류를 반영
한다. 한 차원에서 그것들은 아래로부터의 대중적 압력의 표현이었다.
이것이 없었다면 그들은 발전할 수 없었을 것이다. 그러나 어떠한 혁명
적 위기의 시기에도 거기에는 두 번째의 운동, 즉 체제의 상층부에서의
움직임이 있기 마련이다. 기존의 지배계급은 자신들의 권력 핵심을 보존
하기 위해 자신들의 지반을 옮긴다. 그들은 대중의 감정을 수용하여 그
들이 가장 미워하던 대표자들을 희생시키며, 미래에 자신들을 더 잘 유
지할 수 있도록 하기 위해 스스로를 재구성한다. 동유럽의 경우에 그들

---

2) *Guardian*, 1990년 12월 14일자에서 인용.

은 이런 일들을 상대적으로 쉽게 처리할 수 있었다. 왜냐하면 이곳의 시위 군중들과 파업 노동자들이 주로 정치적 요구들만을 제기했기 때문이다. 그들은 대개, 자신들을 지배하는 사람들이 갖고 있는 권력의 사회적 기반이 무엇인가 하는 문제를 제기하지 않았다. 예외가 있었다면 공산당의 역할을 통해 그 문제가 표현될 때뿐이었다. 물론 그것은 부분적인 것에 불과했다. 바로 이 점이, 이 사회들에서의 '혁명들'이 내포하고 있었던 명백한 역설을 설명해 준다.

국가는 상당 정도로 해체되고 있고 계획은 시장 통제로 대체되고 있다. 그러나 이전과 동일한 사회 그룹이 —— 공식적인 우두머리들과 옛 비밀경찰만을 제거한 채 —— 여전히 통제권을 쥐고 있다. 이곳에서 성공적으로 이루어져 온 것은, 권력의 제도적 기반을 '국가 지대(地帶)'로부터 '개인 지대'로 이동시키는 것이었다. 그 과정에서 지배계급내 일부의 상향 이동이 있었고 또 때로는 지배계급에 새로 편입하는 사람들도 생겼다. 또 지배계급 내부의 여러 분파들 사이에서도 세력균형의 일정한 변화가 있었다. 그러나 이곳에서 일정에 올라 있는 것이 사회주의 생산양식 혹은 새로운 형태의 계급사회가 자본주의 사회로 대체되는 것이었다고 주장해 온 사람들의 견해와는 달리, 이곳 지배계급의 성격에 어떤 근본적 변화가 일어나고 있다는 증거는 어디에서도 찾아 볼 수 없다. 실제로 일어난 변화가 너무나 적다는 것은 정말 놀라운 일이다. 장군을 해임하고 대령을 승진시키는 것은 사회 혁명과는 무관하다. 국유기업을 그것을 경영하는 사람들에게 매각하는 것이나 그것을 같은 종류의 사람들의 통제에 맡겨 재국유화하는 것도 사회 혁명과는 아무런 관계가 없다. 이런 변화들을 통해 우리는, 이곳에서 일정에 올라 있는 것이 진정한 사회 혁명이 아니라 생산양식 내부에서의 내적 변형에 불과하다는 것을, 즉 이곳의 자본주의의 형태가 강고한 국가자본주의 형태로부터 국가와 시장이 혼합된 보다 복잡한 형태로 이행하고 있음을 알 수 있다.

이러한 결론에 반대하고 싶은 사람들은 적지 않을 것이다. 그래서 우리는, 우리의 주장을 뒷받침하기 위해, 동유럽의 지배계급이 자신의 권력 기반을 어떻게 변화시켜 왔는가에 대해 뒤에서 상세히 분석할 것이다. 그러나 이런 일이 어떻게 그리고 왜 일어났는지를 충분히 이해하기 위해서는, 동유럽의 위기가 어떻게 발전되어 왔고 이것이 그 후 1990년대에 시장으로의 이행의 실질적 가능성을 어떻게 제약했는지를 분석할 필요가 있다. 이를 통해 우리는 이곳에서 사회적으로 문제가 되고 있는 것이 무엇이며 또 이것이 이들 사회의 내적 계급구조와 어떻게 연관되는지를 보다 잘 이해할 수 있을 것이다.

구체제 하에서의 합리성과 비합리성

동유럽에서의 붕괴 과정에서 부패와 낭비 그리고 비효율이 잇따라 폭로되자 많은 평론가들은, 이러한 체제들이 어떻게 그토록 오래 지탱될 수 있었는지에 대해 경악을 금치 못했다. 그러나 그들이 경악을 금치못했던 바로 그 사실은 하나의 중요한 문제를 환기시킨다. 그것은 이 체제들이 매우 오랜 기간 동안 생존할 수 있었을 뿐만 아니라 역동적이었다는 점이다. 지금까지 이 체제들의 역동성이 과장되는 경우는 드물지 않았다. 하지만 그럼에도 불구하고 그 체제들에 역동성이 있었다는 것만은 분명한 사실이다. 어떤 파산 기업을 평가할 때 만약 우리가, 회사 폐업 당시의 마지막 대차대조표, 즉 평가절하된 주식액이나 자산금에 기초하여 그 기업의 공과를 따진다면 그것은 아무런 의미도 없을 것이다. 이와 마찬가지로 우리가, 동유럽과 구소련에서 있었던 엄청난 규모의 붕괴에 사로잡혀 과거에 이들이 거두었던 성과를 보지 못한다면 그것은 잘못일 것이다. 냉전의 공포는, 비록 그것이 과장되어 왔음에도 불구하고, 어떤 실제의 위협에 근거한 것이었다.

이러한 현실은 결코 '사회주의'의 성과로 이야기될 수 있는 것이 아니다. 왜냐하면 이 사회들은 노동자계급에 대한 대규모의 착취와 억압——이것은 노동자계급의 주기적인 반란을 초래했었다——에 기초하고 있었기 때문이다. 오히려 그 현실은 1928~29년에서 1970년대까지 소련에서,

그리고 1948년에서 1970년대까지 동유럽에서 존속되었던 국가 지도 하의 경쟁적 산업화의 시기에 속한다. 이러한 현실의 배후에 놓여 있는 것은, 세계경제의 군사적·경제적 압력에 더 잘 대처하기 위해 상대적으로 뒤져 있는 자국의 경제적 후진성을 타개하고자 한, 이들 사회의 서로 다른 지배집단들의 경쟁적 몸부림이었다.

이들은 과거에 이 문제를 해결하기 위해 시장에 의지한 바 있다. 하지만 그것은 크나큰 실패작으로 끝나고 말았다. 구동독 및 1917년 이후의 소련을 제외한 동유럽에서 나온 가장 최근의 통계를 보면 우리는, 이 지역의 경제들이, 1945년 이전에 선진 자본주의 경제들과의 사이에 벌어져 온 격차를 메우는 데 별다른 결실을 거두지 못했음을 알 수 있다.[3] 이와 동시에 평화적이고 실용적인 국가 개입 — 그것의 내용은 협소한 투자 이익을 기존의 지배계급 내부에 묶어두는 것이었다 — 역시 이 지역의 난관을 해결할 수 없음이 입증되었다. 여기에서 우리는 — 이 지역의 지도적 역사학자 두 사람의 말을 빌면 — '완전한 경제적 혼돈, 거의 해결할 수 없을 정도의 혼란 그리고 완전한 절망 상황'에 의해 특징지워지는 세계자본주의의 한 부분을 볼 수 있다. 어떤 미국의 경제평론가는 이를 두고 '이 지역에 존재하는 거대하게 집적된 후진성, 점증하는 인구 압력, 항상 실패로 끝나는 경제정책들, 효과적인 협력을 가로막는 해결 불가능할 정도의 민족주의적 장벽들 등은 필연적으로 이곳의 경제적 성장 과정을 저지하게 된다'[4]고 말했다.

---

3) 1914년 이전 상황에 대해서는 N. Crafts, 'Gross national product in Europe 1870 ~1910 : some new estimates', *Explorations in Economic History*, vol. 20, 1983, pp. 387~401을 보라. 양차 대전 사이의 상황에 대해서는 P. Bairoch, 'Europe's Gross National Product : 1800~1975', *Journal of European Economic History*, vol. 5(1976)를 보라. 1939년 이전 시기의 서유럽의 성장률에 관한 상세한 논의는 M. Kaser·E. Radice(편), *The Economic History of Eastern Europe, 1919~1975*의 제1권, *Economic Structure and Performance between the Wars*(Oxford, 1986)와 제2권, *Inter-war Policy, the War and Reconstruction*(Oxford, 1987)을 보라.

4) D. Alderoft, 'Eastern Europe in an age of turbulence, 1919~1950', *Economic*

물론 이 지역이 1945년 이후에 거쳐 나갈 발전의 특수한 형식이 미리 결정되어 있었던 것은 아니다. 하지만 과거에 이 지역이 밟아 온 실패의 역사와 세계경제내에서 1945년 직후에 작용한 여러 압력들로 말미암아 이 지역은, 그때까지 발전해 온 구체적 정치 형태와는 무관하게, 상당 정도의 국가적 요소들을 포함하는 산업화를 향해 나아가지 않을 수 없었다. 예컨대 우리는 여기서 다음과 같은 사실, 즉 국가 주도의 성장을 이루어 온 1945년 이후 30년 동안 매우 큰 영향력을 행사해 온, '제3세계' 개발경제학에 담겨 있는 본래적 사상들이 실제로는, 자본주의 세계경제내에서의 후진성과 성장 정지라는 악순환을 벗어나지 못하고 있었던 동유럽 국가들의 무능함에 대한 대응으로서 정식화되었다는 사실을 상기해 둘 필요가 있다.5)

결국 전쟁, 냉전, 스딸린주의적 통제 등의 상황들을 통해 우리는, 1948년 이후 이 사회들의 지배계급들이 1928~29년 이후 소련의 지배계급이 추구해 온 것과 비견(比肩)될 수 있는 국가 주도의 산업화 정책을 추구해 온 것을 알 수 있다. 이러한 양식을 채택하도록 만든 특별한 상황들, 그리고 세계경제의 압력이라는 맥락 속에서, 그리고 소비에트 지배계급과 재구성된 동유럽 지배계급의 필요라는 맥락 속에서 작용해 온 이러한 움직임의 보다 상세한 논리는 다른 곳에서 이미 논한 바 있으므로 여기서 다시 그것에 대해 논할 필요는 없을 것이다.6) 중요한 것은, 새로운 정책들이 그 나름의 객관적 조건들의 제약 속에서 장기간에 걸쳐

History Review, vol. xli, no. 4, 1988년 11월호. p. 593~596에서 인용.

5) PN Rosenstein-Rodan, 'Problems of Industrialisation of Eastern and South Eastern Europe', *Economic Journal*, vol. LII, 1943년 7~9월호를 보라. 인구의 25퍼센트가 완전 실업이나 부분 실업에 처해 있는 상황에서 벗어나기 위해 로젠스타인-로던은 광범위한 국가 주도적 발전을 강행할 것을 옹호했다. '만약 국제적으로 궁핍한 지역의 산업화가 사적 기업의 일상적인 유인(誘因)에 전적으로 의존하게 되면 그 과정은 매우 느릴 것이고 투자율은 소규모일 것이며 또 (결과적으로) 국민소득은 낮을 것이다. …… 그 지역 전체의 경제적 구조는 다양한 형태로 남아 있을 것이다', p. 206~207.

6) Y. Gluckstein, *Stalin's Satellites in Europe*(London, 1952)을 보라.

작동해 왔다는 것이다. 그것의 비용은 막대했다. 그러나 그 덕분에 이 국가들은 자신을 가로막고 있던 장애물들을 제거할 수 있었고, 또 선진 서방의 경쟁자들에게 한동안 실질적 수익을 가져다 주었던 것과 같은 속도로 앞을 향해 나아갈 수 있었다. 이러한 사실을 뒷받침하는 근거는 다음의 <도표 2-1>에 제시되어 있다.

도표 2-1 : 1950~1980년의 일인당 평균성장률 (단위 : 퍼센트)[7]

세계 평균	2.7
중앙 계획 경제들	3.6
산업화된 경제들	3.1
중소득의 시장 경제들	3.0
저소득 경제들	1.5

이러한 성장률의 결과 선진적 서방 경제들과의 격차가 어느 정도 좁혀지게 되었을 뿐만 아니라 동방 블록내에서도 —— 취약한 경제들이 좀 더 빠르게 성장함에 따라 —— 서로간의 격차가 어느 정도 좁혀지게 되었다.

이것은, 동유럽내의 지배계급들이 희망해 왔던 바로 그것이었다. 그러나 시간이 지나면서 성장은 완만해졌고 1970년대말, 1980년대초가 되자 동유럽 경제들은 정체하기 시작했다. 그리고 이들과 선진 서방 사이의 격차는 다시 벌어지기 시작했다. 우리의 주제와 관련해서 중요한 것은 다음의 문제, 즉 새롭게 대두된 이 위기가 어떤 과정을 밟아 서방과의 경쟁을 위해 채택되어졌던 장기 전략들의 한계를 드러내는가 하는 점이다.

(초창기의 소련에서와 같은) 산업화의 충동은, 축적과 상품생산의 요구에 의해 지배되는 세계 속에서 강제적으로 경쟁하지 않을 수 없다는

---

7) 이 성장률은 서방의 표준 추정치에 근거한 것이다. W. Baumol, 'Productivity growth convergence and welfare', *American Economic Review*, vol. 76, no. 5, 1986년 12월호를 보라.

사실에 근거를 두고 있다. 경쟁을 수행하기 위해 이곳의 경제들은 선진 서방의 국가들과—군사적으로 그리고 경제적으로—직접적인 경쟁을 벌이는 구조를 구축하지 않으면 안되었다. 그것은 예컨대 군대는 군대에 대항하여, 핵 미사일은 핵 미사일에 대항하여, 강철 산업은 강철 산업에 대항하여 구축되어야 한다는 식이었다. 1930년대에 세계 공황의 충격은 소련 경제를 내부로 돌리도록 강제했고, 그 결과 이곳에서는 해외무역과 직접적인 상품경쟁의 중요성이 줄어들었다. 주요한 경쟁 충동은 군사 부문을 통해 간접적으로 표현되었다. 이후 이 부문은 축적이 끊임없이 이루어지도록 강제하는 주요한 경쟁축으로 되었다. 그러나 시간이 경과하면서 이 군사적 경쟁은 날이 갈수록 무역을 통한 직접적 경쟁이라는 압력에 의해 더욱더 많이 보충되게 되었다. 소련에 비할 때 동유럽의 경우에는, 후자의 경쟁 형식이 언제나 상대적으로 더 중요한 형식으로 작용해 왔다. 그러나 두 경우 모두에서 무역관계는, 자신보다 더 우월한 서방과의 경쟁에서 더 유리한 경제적 기반을 구축하기 위하여 어느 정도는 통제되었다. 즉 세계경제에서 가장 선진적인 군사력 및 경제력에 맞서 더 나은 경쟁력을 보이기 위해, 이들 상대적으로 취약한 경제들의 세계시장 속으로의 통합은 일정하게 제한되어야만 했던 것이다.

시간이 경과하면서, 세계경제 속에서의 성장 압력과 통합 경향이 거세지자 이러한 양상은 깨지기 시작했다. 그러나 이 지역들에서의 통합과 특화(特化)는 여타 지역에 비해 상대적으로 약한 편이었다. 특히 이곳에서는 숙련 노동자들과 미숙련 노동자들의 이동이 제한되어 있었기 때문에 노동운동이 상대적으로 미약했다. 만약 이러한 이동에 제한이 가해지지 않았다면 동유럽은—유고슬라비아가 그러했듯이—아마도 전후 세계에서 이민 노동력의 주된 수출국이 되었을 것이다. 둘째로 이곳에서는 다국적 자본의 직접적인 투자나 침투가 제한되어 있었기 때문에 자본의 이동도 상대적으로 약했다. 셋째로 무역, 즉 상품과 서비스의 국제적 교환량도 이곳에서는 훨씬 적었다. 시간이 경과하면서 무역량이 실질적으로 상승한 것은 사실이다. 하지만 생산 특화나 통합은 여전히 제한되어 있었다.8) 동유럽 블록과 그 지역의 국가들은 자신들과 경쟁하고 있는 사회들의 구조를 복사하려 했다. 하지만 그들은 이것을 성공적으로 수행하기에 충분한 시장을 갖고 있지 못했고 그만큼 발전해 있지도 못했다. 그리고 이 사실은, 근래에 들어 세계경제의 나머지 부분들에서 통합의 보조가 빨라지면서 특히 두드러지게 되었다. 이 점을 이해하는 것은 동유럽의 이행의 충격을 평가하는 데에 매우 중요한 것이다. 따라서 이 구조에 깃들어 있는 여러 차원들을 보다 엄밀하게 살펴보는 것도 가치있는 일일 것이다.

첫째 차원은, 이 경제들이 자신들에게는 군사적 경쟁력과 위력을 제공했지만 세계시장 전체의 관점에서 보면 거의 아무런 의미도 없는 대규모 산업 부문들을 발전시켰다는 것이다. 자본주의의 전 지구적 논리와 동유럽에서 나타난 그것의 특수한 국민적 형식 사이의 모순은, 이곳의 산업들이 오직 대규모의 국가 보조금에 의해서만 지탱될 수 있었고 이것이 이 경제들에 상당한 부담을 지웠다는 것을 의미했다. 경쟁의 압력이 컴퓨터와 같은 고기술 산업들로 이동하게 되는 1970년대와 1980년대에 들어서 이 문제는 훨씬 더 분명하게 된다. 그 결과, 블록 범위에서는 선진적이지만 세계적 범위에서는 대수롭지 않은 동독의 컴퓨터 산업에서 일련의 '저급 및 고급 기술' 산업들의 취약성이 집중적으로 반영되어 나타난 것이다.

시장이 작기 때문에 이러한 산업 부문들내에서 서구에서 볼 수 있는 바와 같은 완숙한 규모의 경제를 발전시키는 것은 불가능했고 또 서구와 같은 높은 수준의 다변화와 생산경쟁력을 갖는 것도 불가능했다. 비록 이러한 특징들이 계획 결정 속에서 강조되었고 또 실제로 선호되었

---

8) 이것을 나타내는 하나의 지표는, 세계경제의 통합이 증대했는데도 서방의 주요한 성장 지역들과의 산업내부 거래의 발전이 취약했다는 것이다. 예를 들어 1980년 대 중반에 영국·소련간 산업내부 거래는 겨우 17퍼센트 증가에 그쳤는데 이는 영국·프랑스간 산업내부 거래가 64퍼센트 증가하고 영국·독일간 산업내부 거래가 62퍼센트 증가한 것과 비교가 된다. M. Kaser, 'The East European Economies in transition', *European Management Journal*, vol. 8, no. 3, 1990년 9월호, p. 295.

지만 동유럽 경제들의 상대적 취약성은 이들로 하여금 다음과 같은 방향으로 나아가지 않을 수 없도록 만들었다. 즉 이들은 자국내에서 산업의 전 분야를 구축하기 위해 높은 수준의 수직적(垂直的) 통합을 이루어야 했고, 상대적으로 적은 수의 생산자들이 서방보다 더 큰 공장 부지를 갖추고 생산해야만 했던 것이다. <도표 2-2>는 이러한 사실의 한 측면, 즉 생산의 집중이 서방에서보다 훨씬 높은 정도로 진척됨에 따라 동유럽의 공장 부지의 크기가 그만큼 커졌다는 것을 보여준다.

도표 2-2 : 1980년대 공장 부지당 노동력의 집중률[9]

공장당 노동자의 수	서방*	서독	동독	폴 란 드		
				전체	국가	주식회사
100명 이하	35	17	10	2	6	42
101~500명	33	30	25	13	21	54
501~1,000명	13	13	15	12	16	4
1,000명 이상	19	40	51	73	58	1

* 서방의 수치는 오스트리아, 벨기에, 프랑스, 이탈리아, 일본, 그리고 스웨덴을 평균한 수치이다.

이러한 집중의 다른 측면은, 이들 대공장의 대부분이 실질적으로는 이 경제들(그리고 때로는 블록 전체)에서 해당 생산물의 독점적 생산자들이었다는 것이다. 예를 들면 소련에서 이루어진 어떤 산업생산에 대한 조사는, 기술 산업에서 생산된 거의 6천 개의 독립적 생산물 항목들 중에서 87퍼센트가 절대적 내부 독점력을 가진 단 하나의 기업에 의해 생산되며 이외에도 이들 생산물 항목의 8퍼센트 이상이 오직 2~3개 기업체에서 독점적으로 생산된다는 것을 보여준다. 개별 생산물 생산이 개별

---

9) A. Yakolev, 'Monopolizm v ekonomike SSSR i faktorui ego obuslovlivaoushsc-hie', *Vestnik Statistiki,* no. 1, 1991, p. 4에서 뽑아 낸 동서독 자료. D. Lipton · J. Sachs, 'Creating a marker economy in eastern Europe : the case of Poland', *Brookings Papers on Economic Activity,* no. 1, 1990, p. 84의 폴란드와 서구 표본 자료.

공장에 집중되는 이러한 현상은 위의 기술 산업에서 특히 두드러지지만 이러한 기본 양상은 소비에트와 동유럽 경제들 전체에 걸쳐 나타나는 것이다. 예를 들어 소련의 금속 생산에서는 생산물 항목의 28퍼센트가 절대적 독점력을 가진 기업에서 만들어지며 이외에도 생산물 항목의 47퍼센트가 오직 2~6개의 생산자에 의해 생산된다.10)

그래서 이후 이 경제들의 세계시장에의 개방은 급격한 재구조화의 개시를 가져오지 않을 수 없었다. 특히 산업의 산출량은 상대적으로 그리고 (단기적으로는) 절대적으로 감소되고 있다. 상대적 감소는, 지난날 경쟁력 있는 산업 기반의 구축과 농업 부문의 일정한 양성을 위해 억제되었던 부문인 서비스 부문의 확장을 반영한다. 절대적 감소는, 핵심 산업 부문들이 국가 매개적 형식을 띠고 있었던 과거와는 달리 세계 경쟁에 직접적으로 노출되었으면서도 그것을 버텨 낼 수 없게 된 일종의 무기력 상태를 반영한다. 이러한 상황은 또 공장 규모의 축소와 생산의 분산을 낳고 있다. 즉 이 경제들내에서의 더욱 큰 전문화와 동시에 세계시장과의 더 심화된 통합을 허용하고 있는 것이다. 그렇지만 경제적 핵심 부문들에서 내부적 시장 경쟁은 강화되고 있지 못하다. 왜냐하면 여러 산업 부문들에서는 그러한 경쟁의 기반이 전혀 갖추어져 있지 않기 때문이다. 그리고 재구조화가 진행됨에 따라 제한된 수의 생산자들에 대한 의존성은 계속 유지될 것으로 보인다. 왜냐하면 오직 제한된 소수만이 살아남을 것이기 때문이다.11)

그러므로 여기서 제기되어야 할 질문은, 세계시장과 한층 깊이 통합되어 더욱더 시장에 기초하게 된 경제구조로의 이행 시도가 도대체 어째서 동유럽의 지배계급에게 호소력을 갖는가 하는 문제이다.

---

10) Yakolev, 앞의 책, pp. 3~4. 또한 IMF 외, *A Study of the Soviet Economy*, 1991, vol. 2 chap. IV. 2, pp. 36~40을 보라.
11) 남한 경제 같은 곳에서는, 이와 똑같은 이유로, 오로지 제한된 내부경쟁만이 있게 된다. ' "Poor Man's Burden" : A survey of the Third World', *Economist*, 1989년 9월 23~29일, pp. 38~39에서 인용된 자료를 보라.

동유럽은 도약했는가 아니면 떠밀렸는가?

지배계급이 도약했는가 아니면 떠밀렸는가 하는 질문에 대해 우리는, 어느 정도는 양쪽 모두라고 대답할 수 있다. 그들이 먼저 행동을 취했고 그 과정에서 기본적인 추진력을 갖추었다는 의미에서 그들은 도약한 것이다. 그러나 아래로부터의 압력이 1989년의 어둠 속에서 그들로 하여금 그 나름의 도약을 하지 않을 수 없도록 만들었다는 의미에서 그들은 떠밀린 것이다. 지배계급의 핵심 부분을 이러한 방향으로 밀어 넣은 것에는 — 이미 우리가 살펴본 — 장기간에 걸친 경제적 모순들 외에 여러 요인들이 포함되어 있었다.

첫째로는 지배계급 내부에서 자기 자신의 지위에 대한 내적 불만족이 점차 증대했다는 것이다. 이것의 한 측면은, 체제가 정체함에 따라 그들의 이데올로기적 힘이 쇠약해졌고 그와 더불어 그들이 서방의 경쟁자들보다 인기가 없어졌다는 것이다. 실제로 위기가 발전되어 나가면서 그것은 곧장 지배계급 그 자체의 특권을 잠식하기 시작했다. 폴란드의 아담 미흐닉(Adam Michnik)은 이른바 '라디에이터(radiators)의 원리'라고 불리는 것을 통해 이를 다음과 같이 잘 표현하고 있다.

> 3년 전에 모든 라디에이터들은 작동을 멈추었다. …… 자신의 아파트에서 추위로 벌벌 떨면서 …… [미흐닉은] …… 그래도 당 관리들은 자기들의 별장에서 따뜻하게 보내고 있을 것이라고 생각했다. 그 후 그는 친구의 결혼식에서 전직(前職) 폴란드 수상의 부인을 만났다. 그런데 그녀도 추위로 벌벌 떨고 있었다. 그는 그녀에게, '당신은 왜 그렇게 추위하고 있습니까?'라고 물었다. 그녀는, '내 남편은, 코시긴이 자기에게 준 털모자를 쓰고 집에 앉아 있습니다'라고 대답했다. 나라의 히터들이 '영원한 동맹파업' 중에 있었던 것이다.[12]

두 번째 요소는, 1980년대의 점증하는 위기가 이 블록의 단기적 모순

---

12) Lipton · Sachs, 'Creating a market economy in eastern Europe : the case of Poland', *Brookings Papers on Economic Activity,* no. 1, 1990, p. 76에서 인용.

을 심화시켰다는 것이다. 이것의 한 측면은 점증하는 외채 부담이었다. 이것은 성장률의 하락을 막을 구제수단을 제공하기 위해 서방 자본을 끌어다 쓰면서 생긴 것이다. 이것은 성공적이지 못한 것으로 판명났다. 그리고 1980년대말이 되어서 이 블록은 세계에서 가장 높은 자본축적률을 보였으나 이윤율과 성장률은 오히려 마이너스를 기록하거나 낮은 수준에 머물렀다. 성장률을 높이기 위한 조치들은 이내 화(禍)를 불러 왔다. 특히 외채 부담은 치명적으로 되기 시작했다. <도표 2-3>은 이러한 사태를 잘 설명해 준다.

도표 2-3 : 동유럽에서의 순부채의 성장 (단위 : 10억 달러)[13]

	1985	1986	1987	1988	1989	1990
불 가 리 아	1.6	3.6	5.1	6.1	8.0	9.8
체코슬로바키아	3.6	4.3	5.1	5.6	5.7	6.3
헝 가 리	11.5	14.7	18.1	18.2	19.4	20.3
폴 란 드	28.2	31.9	35.8	34.1	37.5	41.8
루 마 니 아	6.5	6.3	5.1	2.0	-1.3	1.3
소 련	15.8	16.6	25.1	27.7	39.3	43.4
합 계	67.3	77.5	94.3	93.8	1.809	122.9

이어, 외채 부담을 감당하는 데 필요한 외환을 확보하기 위해, 그리고 세계경제가 이루고 있는 성장을 이용하기 위해 서방 시장에 침투하는 것도 점차 어렵게 되어 갔다. 예를 들어 1978년과 1989년 사이에 전체 세계무역은 60퍼센트가 팽창했고 이중 서유럽으로의 수출이 50퍼센트가 확장되었음에 반해, 폴란드의 경우 대(對)서방 수출은 겨우 19퍼센트 상승했을 뿐이었다.[14] 세계경제와의 통합의 비중이 점점 커짐에 따라 역설적이게도 이들 나라들의 무역 양상에는 스스로 원치 않았으면서도 강제된 내적 후퇴가 일어났던 것이다. 이러한 사실은 <도표 2-4>에 반영되어 있다. 몇몇 보수주의자들는 1980년대 중반에 이러한 사태를 만족스

---

13) OECD, *Financial Market Trends*, 1991년 2월, no. 48, p. 20.
14) Lipton · Sachs, 앞의 책, pp. 104~105.

럽게 받아들이고 있었지만 그들은 단지 소수에 불과했다. 개혁주의자들의 경우에는 이러한 경향을 중지시킬 필요가 더욱 더 커져 가고 있었다.

도표 2-4 : 1980년대의 위기에 동유럽의 무역구조에 나타난 지역별 변화[15]

		1980	1985	1988
수출대상국	동유럽	42.1	46.8	49.0
	선진국	32.0	25.6	21.9
	개발도상국	13.8	13.2	14.3
	다른 '사회주의 국가'	12.1	14.4	14.8
수입대상국	동유럽	42.9	47.6	54.0
	선진국	35.4	27.8	25.1
	개발도상국	11.5	11.0	8.2
	다른 '사회주의 국가'	10.2	13.6	12.7

세 번째 요소는, 지배계급 자신이 새로이 등장하는 질서에 한 발을 담그기 위해 1989년 이전에 —— 특히 폴란드와 헝가리에서 —— 자신이 차지했던 사회적 지위를 조정하기 시작했다는 것이다. 사회학자 엘레머 한키스(Elemer Hankiss)는 헝가리에서 벌어진 그러한 과정을 다음과 같이 예리하게 관찰하고 있다.

오늘날[1988년을 말한다] 카다르주의적 과두독재에 속하는 가문을 만나기란 그다지 어려운 일이 아니다. 이 가문에서는, 아버지가 당이나 국가의 고위 관료이고 딸은 시(市) 중심가의 의상실을 소유하고 있고, 큰아들은 헝가리 주재 서방 회사의 대표이고 사위는 최근에 창립된 기업의 사장이거나 서방 은행의 행장이고 할머니는 밸러톤 호반(湖畔)에 가족호텔을 소유하고 있다.[16]

---

15) *Financial Times*, 1990년 3월 12일.
16) 한키스(Hankiss)는 이러한 실례를 많은 곳에서 사용하고 있다. 간단한 설명으로는 P. R. Weilemann, G. Brunner · R. Tokes(편), *Upheaval against the Plan : Eastern Europe on the Eve of the Storm*(1991)에 실려 있는 그의 'Reforms and the conversion of power'를 보라. 좀더 풍부한 분석을 위해서는 그의 *East European Alternatives*(Oxford, 1990)를 보라.

한키스는 이곳에서 벌어지고 있는 것을 '관료의 새로운 권력 지위로의 이전'으로 보고 있다. 나는 이것을 지배계급의 사회적 기반의 부분적 변화로 보고 싶다. 하지만 그것의 정치적 의미는 어느 쪽으로 보건 마찬가지다. 1989년 이전에도 이곳에서는 대중의 압력 하에서 변화를 재빨리 수용할 수 있는 새로운 제도를 마련하고자 하는 움직임이 있었다.

그렇다고 해서 최종 목적지가 분명히 이해되고 있었던 것은 아니다. 한키스는 이 과정을 단지 '반(半) 의식적'인 것이었다고 말하고 있다. 대부분의 사람들은, 온건한 수준의 재조직화만으로도 바람직한 결과를 가져올 수 있을 것이고 또 어떤 나라들에서는 재조직화가 전혀 없이도 동일한 결과를 가져올 수 있을 것이라고 가정하고 있었다. 소련의 재구조화 과정 초기에 고르바쵸프의 당시 고문이었던 아벨 아간베기얀(Abel Aganbegyan)은 뻬레스트로이카와 더불어 '소련의 국민소득이 2000년에는 미국의 국민소득에 육박하게 될 것'17)이라고 호언장담했었다. 그러나 일단 이 길을 내딛자마자 1989년 이전에는 잠복되어 있었던 지배계급 기반의 사회적 이데올로기적 변화 경향이 가압(加壓)되어, 1989년 중반부터는 이 경향이 그 최종적인 도약을 이룰 수 있을 정도로까지 자신의 능력을 강화시켰다. 그해 초에 당시 헝가리 공산당 개혁가였던 임레 포즈가이(Imre Pozsgay)는 당시의 상황을 다음과 같이 표현했다.

내 생각으로 우리는 지금 매우 물살이 세고 빠른 하나의 강에 당도한 셈이다. 당신이 이 강을 건널 수 있는 유일한 방법은 이곳에 놓인 돌들을 하나하나 차례로 딛어 나가는 것뿐이다. 그러기 위해서 당신은 일정한 속도를 내야 한다. 왜냐하면 만약 당신이 어느 하나의 돌 위에 멈춰 선다면 당신은 균형을 잃고 강에 빠져 버릴 것이기 때문이다. 그리고 이것은 오늘날 헝가리가 처한 상황이다. 그러나 빠른 속도로 강을 가로질러 건넌다면 우리는 도강(渡江)에 성공할 수 있을 것이다.18)

---

17) A. Aganbegyan, *The Challenge, The Economics of Perestroika*(London, 1988).
18) I. Pozsgay, 'Hungary for change', *Marxism Today*, 1989년 5월호, p. 27.

실제 사태에 있어서 달리기의 속도는 포즈가이가 상상했던 것보다 훨씬 더 빨랐다. 그러나 그 유추는 유용한 것이었다. 실제로 일어난 일은, 지배계급이 강을 건너기에 충분한 추진력을 이미 갖고 있었다는 것이다. 그들은 사태를 되돌리기란 불가능하고 맞은 편에 안전 지대가 있다는 사실을 깨닫자마자 신속히 돌을 딛고 강을 가로질러 건넜다.

그들로 하여금 자신들의 달리기 속도를 높이도록 강제한 것은 1989년 가을에 분출한 아래로부터의 압력이었다. 동유럽 사회들의 역사는 아래로부터의 크고 작은 반란들로 점철(點綴)되어 왔다. 이제 1989년 가을이 되어 지배집단이 약화되자 인민들은 동독을 떠나 딴 곳으로 이주하려 함으로써 자신들의 반대 의사를 표현했다. 그 후 자신감이 커감에 따라 그들은 시위를 벌이고 저항을 하고 파업을 전개했다. 이러한 과정 전체는 지난날 자본주의 역사상의 위대한 혁명적 전환점에서 그러했듯이 이제 국경을 넘어 딴 나라로 흘러가기 시작했다.

이러한 상황에 직면하여 지배계급 내부의 지배집단들은 명백한 동요를 보이고 있다. 그중의 일부는 억압을 모색하고 있고 또 다른 일부는 타협을 모색하면서 우유부단을 보여주고 있다. 때로는 어쩔 수 없이 강제되어, 또 때로는 고의로, 경찰과 군대는 변화를 요구하는 들끓는 외침 앞에서 마비되었다. 저항의 규모가 크고 국가기구가 이에 비해 명백히 취약하다는 사실 때문에 타협과 변화를 모색하고 있던 상층부 인사들의 결심은 더욱 굳어지고 있다. 지배계급 전체가 아래로부터의 압력에 보조를 맞추기 위해 내닫기 시작한 것이다.

이러한 상황의 본질을 포착한 사람도 다름 아닌 한키스였다. 1989년 가을의 소요가 한창일 때 그는 '왜 그들은 쏘지 않았는가'라는 질문을 제기하는 기사를 썼다. 그해 초에 중국에서는 지배자들이 대중의 반란을 힘으로 진압했다. 그러나 동유럽에서는 이런 일이 일어나지 않았다. 한키스의 대답은 그 어떤 것보다도 정확하게 이 과도적 상황의 핵심을 이해할 수 있도록 해 준다.

지배 엘리트의 한 분파가 알고 있었던 것은 다음과 같은 점이다. 즉 그들은, 어떤 것도 잃지 않고서, 강제에 기초하고 있던 관료적 정당으로부터 시장경제와 민주주의 양자를 결합시킨 새로운 체제에서 기능할 수 있는 정치적·경제적 권력으로 자신의 권위를 매우 쉽게 변형시킬 수 있다는 점을 인식하고 있었다. 그러면 당국가(party-state)는 역사의 파도 아래로 평화롭게 가라앉을 수 있을 것이었다.19)

우리가 지금 지배계급을 취급하고 있다는 점을 고려하면, 여기서 이와는 약간 다른 용어를 사용하는 것이 나을지 모른다. 하지만 1989년에 무슨 일이 벌어지고 있었는가에 대한 동시대적 통찰로서 이보다 더 나은 표현을 찾기란 어려울 것이다. 그리고 우리가 나중에 보게 되겠지만 한키스는, 역사가 드물지 않게 연출하는 역설적 간지(奸智)들 중의 하나에 힘입어, 자신이 서술하고 있던 과정의 한 부분에 구체적 형상을 부여할 수 있게 되었다.

동유럽과 취약한 국가경제들의 일반적 위기

동유럽에서의 이행(移行)에 대한 대부분의 설명들은, 그러한 위기의 과정이 마치 특정 지역에 국한된 특수한 현상이었던 것처럼, 즉 이른바 '사회주의' 생산양식의 붕괴의 일부에 불과한 것처럼 서술되어져 왔다. 물론 어떤 상황에서건 특수한 요소들은 있기 마련이다. 하지만 동유럽의 경우에 그 위기의 특수한 문제들은, 1980년대에 세계경제의 상당 부분을 타격했던 위기들과 질적으로 구별되기보다는 양적으로 구별될 뿐이다. 사실 세계경제 일반의 발전 경향들과 문제들이 최근에 표현된 특수한 방식을 통일적으로 이해하고자 하지 않으면 동유럽에서 나타난 위기의 특수한 표현 방식을 이해하는 것은 불가능하게 될 것이다.

---

19) E. Hankiss, *Vilag,* 1989년 11월 23일. A. Gresh, 'Les sentiers escarpes du passage a la democratie', *Le Monde Diplomatique,* 1990년 2월호, p. 5에서 인용.

아주 거칠게 표현해서 세계경제의 발전에 대한 모든 최종적 분석은 두 가지의 기본적 경향들을 보여준다. 하나는, 상품 교역과 자본 및 노동의 이동이 생산과정을 전 세계적 규모로 보다 밀접하게 결합함에 따라 나타나는 통합의 경향이었다. 그것의 결과는 세계경제의 점증하는 다국적화 또는 지구화였다. 두 번째 경향은 국가 통제의 확장 경향이었다. 이것은 정도에 있어서 다양한 변화를 겪어 왔지만 세계자본주의내

도표 2-5 : 1880~1986년간 시가(時價)로 본
국내총생산 대비 정부 지출의 비율[20]

	1880*	1913	1929	1938	1950	1973	1986
미 국	자료없음	8.0	10.0	19.8	21.4	30.7	37.1
영 국	9.9	13.3	23.8	28.8	34.2	41.5	45.9
독 일	10.0	17.7	30.6	42.4	30.4	41.2	47.8
프 랑 스	11.2	8.9	12.4	23.2	27.4	38.8	53.2
네 델 란 드	자료없음	8.2	11.2	21.7	26.8	49.1	58.0
일 본	9.0	14.2	18.8	30.3	19.8	22.9	35.5
평 균	자료없음	11.7	17.8	27.7	26.7	37.4	46.3

* 독일은 1881년의 수치이고 일본은 1885년의 수치이다.

에서 전개되었던 보편적이고 장기적인 경향이었다. 이것의 규모를 도표화하는 것은 어렵다. 왜냐하면 국가 소유, 규제, 그리고 통제 등은 하나의 공통 요소로 쉽게 환원될 수도 없고 또 쉽게 측정될 수도 없기 때문이다. 그러나 <도표 2-5>는 이러한 경향에 대한 하나의 측정치, 즉 국가가 스스로를 생산하는 방식과 국가가 '사적 부문'으로부터 자원을 끌어내고 또다시 그것을 재투입하는 방식을 반영하는 정부 지출의 성장 정도를 보여준다.

그들이 취하는 형식 때문에 이 두 가지의 경향은 서로 모순되기도 하

---

20) 최근의 자료로는 A. Maddison, 'Origins and Impact of the Welfare State, 1883 ~1983', *Banca Nazionale del Lavoro Quarterly Review*, 1989(p. 71)를 보라.

고 또 서로 보완하기도 한다. 그리고 그들간의 정확한 관계와 균형은 지난날 여러 가지 방식으로 — 이들은 중요한 의미를 갖는다 — 변화해 왔다.21) 가장 최근의 변화는 1970년대에 나타났는데 이 시기에 세계경제가 겪은 점증하는 곤란은 — <도표 2-5>에 분명히 적시된 나라들에 대해서뿐만 아니라 세계경제의 취약 지역들에 대해서도 — 국가 행동의 수준을 특별히 증가시키는 것으로 작용했다.

그 결과로 나타난 양상은 자본과 국가 사이에 분명한 구별선을 긋고 동유럽에서와 같은 국가 지배는 어쨌든 자본주의의 부정을 의미한다고 주장하려 했던 사람들에게는 곤란한 문제들을 제기했다. 국가 통제의 수준을 비교하는 것은 참으로 어려운 문제이다. 왜냐하면 서로 경합하는 척도들이 서로 경합되는 결과들을 낳기 때문이다. 그러나 그 어느 척도로 재건간에 동유럽이 세계경제내의 어떤 지역에 비해서도 더 높은 수준의 평화로운 국가 통제를 경험했다는 것만은 분명한 사실이다. 그렇다 하더라도 흔히 충분히 평가되지 못하는 것이 하나 있다. 그것은, 만약 우리가 세계의 경제들 모두를 국가 통제의 규모에 따라 0퍼센트에서 100퍼센트 사이의 어딘가에 위치시켜 본다면 실제로 모든 경제들이 50퍼센트에서 75퍼센트 사이에 위치지워질 것이라는 점이다. 예를 들어 <도표 2-6>은 생산고 — 순수한 물적 생산물 — 속에서 중앙정부의 지출액이 차지하는 몫에 따라 동유럽에서의 국가 통제의 수준을 측정한 수치이다. 우리는 국가 통제의 척도로서 <도표 2-6>을 <도표 2-5>와 단순히 비교하는 것과 같은 경솔한 짓은 하지 말아야 한다. 그러나 이 도표들은 우리들의 주요한 논점, 즉 두 개의 블록 사이의 차이가 너무 과대평가되어 왔다는 것을 잘 설명해 준다. 다시 말해, 선진 서방에서 국가의 역할은 과소평가되고 구(舊)동유럽 블록에서 국가의 역할은 과대

---

21) 이 두 경향 사이의 팽팽한 균형에 대해서는 이 저널[『인터내셔널 소셜리즘』을 말한다 - 역자]과 기타 다른 곳에서 현재 논쟁이 진행중이다. C. Harman, 'The state and capitalism today', *International Socialism*, 2.51(1991)[크리스 하먼, 『오늘의 세계경제 : 위기와 전망』(갈무리, 1994)에 「국가와 오늘의 자본주의」로 소개되어 있다]과 거기에 실린 참고 문헌을 보라.

평가되어 온 것이다.

도표 2-6 : 동유럽과 소련에서 생산고 대비 중앙정부 지출의 퍼센트[22]

	1982	1985	1989
불 가 리 아	54.7	55.2	61.9
체 코 슬 로 바 키 아	67.0	69.8	76.6
헝 가 리	61.2	61.1	59.0
폴 란 드	52.2	48.2	48.1
소 련	49.3	49.8	51.4

세계경제에 닥친 공황의 여파로 서방과 동유럽간의 격차는 더욱 줄어들었다. 1980년대의 전환기에 닥친 공황이 라틴 아메리카에 어떤 영향을 미쳤는지를 생각해 보라. 페루에서는 1970년에서 1982년 사이에 GDP(국내총생산)에서 차지하는 공공 지출의 비중이 24퍼센트에서 60퍼센트로 높아졌다. 같은 기간에 멕시코에서 그것은 22퍼센트에서 46퍼센트로 상승했다. 아르헨티나와 베네주엘라에서는 1980년에 이르러 공공 지출이 GDP의 2분의 1 이상으로 상승했다.[23]

국가 통제의 확장과 더불어 서방에서도 일반적으로 동유럽 체제를 연상시키는 특징들이 집중적으로 나타났다. 예를 들어 다음과 같은 특징을 보이는 일단의 경제들을 생각해 보라.

> 자원의 이동과 사용, 가격, 투자, 그리고 경영과 노동 사이의 관계 등의 제반 문제에 대한 결정권의 엄청난 중앙집중 …… 공공 기관들과 기업들은 …… 언제나 비효율, 낭비, 투기 등의 주인공들이다.

---

22) V. Tanzio, 'Eastern Europe : the state's role in mobilizing savings', *IMF Survey*, 1991년 5월 27일, p. 166.
23) S. Shahid Husain, 'Reviving growth in Latin America', *Finance and Development*, 1989년 6월호, p. 2. 또 제3세계에서 국가의 행동에 관해서는 'Poor man's Burden', *Economist* survey의 앞에서 인용한 곳을 보라.

이것은 동유럽을 두고 하는 이야기일까? 그렇지 않다. 이것은 1989년에 라틴 아메리카 지역에 대해 세계은행의 부의장이 쓴 글이다.[24] 물론 이것은, 라틴 아메리카가 반드시 변화해야 한다는 세계은행의 믿음에 강조점을 두고 씌어진 말이다. 그러므로 여기에 일정한 정도의 과장이 있을 수 있다는 것을 인정할 수 있다. 그렇지만 과연 서방에, 동유럽에 존재하는 것과는 질적으로 다른 어떤 형식이 존재하는가 하는 문제는 여전히 남는다. 그리고 두 블록에서 전개되는 공황의 성격에 대해서도 이와 똑같은 의문이 제기될 수 있다. 세계경제의 일반적 곤란들이 계속되고 국가 조치들 —— 때로 이것은 외채에 의해 충당되기도 한다 —— 이 늘어나면서, 이 공황이 가져온 다양한 충격들로 말미암아 점차 국가 주도적 조치들의 문제점들이 드러나기 시작했다.

도표 2-7 : 경제 성과의 유형에 따른 국가 구별과 각 유형의 국가에 거주하는 인구의 세계인구 속에서의 비율 (단위 : 퍼센트)[25]

	선진국	격차를 좁히고 있는 국가	상대적으로 뒤쳐진 국가	일인당 생산고가 하락하고 있는 국가
1960년대	28.5	25.2	43.3	3.0
1980년대	22.6	2.6	51.1	23.7

도처에서 공황은 세계경제의 확장률을 낮추기 시작했고 경제 순환의 상승과 하강에 이를 종속시켰다. 그러나 가장 첨예한 충격은 경제적 성과가 나라별로 점차 차별화되는 것에서 감지되었다. 평균적인 세계경제가 좀더 느리게 성장하면 세계경제의 가장 취약한 지역과 세계경제에 가장 개방된 지역들은 성장을 전혀 하지 못하거나 후퇴하였다. 1960년대에는 오직 15개국만이 10년 이상 동안 자본당 수익이 하락하는 식의 경제적 곤란을 겪었었다. 1970년대에 그 숫자는 27개국으로 늘어났고 1980년대에는 62개국으로 늘어났다. <도표 2-7>은, 세계경제의 문제들을 겪

---

24) Husain, 앞의 책.
25) *The Rise of World Poverty*, Socialist Economic Briefing, 1990.

194

고 있는 나라의 주민들이 세계인구상에서 차지하는 비중을 정리한 것이
다.

이러한 사태로 말미암아 취약한 국가들에게는 재구조화를 하라는 외
부적 압력이 가중되었다. 이러한 압력은 IMF나 세계은행과 같은 기관들
에 의해서뿐만 아니라 선진 자본주의 나라들의 대외정책들 속에서도 제
기되었다. 이러한 정책들은 지배계급의 많은 부분들에 다양하고 불균등
하게 수용되었다. 이리하여 라틴 아메리카와 아프리카, 그리고 아시아에
서는 IMF가 후원하는 일련의 긴축 프로그램들이 실시되게 되었다. 이
프로그램들은 이제 막 동유럽에서 시행되고 있는 프로그램의 직접적인
선행 사례였다.

라틴 아메리카에서 시행된 전형적 프로그램은 다양한 정책들을 포함하고 있다.
가치절하, 은행신용과 공공 차용의 제한, 가격 보조금의 폐지, 관세삭감과 일부
수입규제의 철폐, 해외투자의 장려, 명목임금의 상승에 대한 금융적 수단을 통한
억제 등이 그것이다.26)

이러한 프로그램들을 뒷받침하는 논리는 이윤율을 회복하고 외채를
상환할 수 있는 능력을 회복한다는 것이었다. 1981년 이전까지 — 이때
이후보다 훨씬 더 성공적으로 정책이 집행되어 왔는데도 불구하고 —
이 프로그램이 인플레이션에 미친 영향은 미미한 것이었다. 이 긴축 프
로그램들은 성장 문제에 대해서도 다각적인 충격을 미쳤다. 어떤 경우에
는 그것이 성장률을 약화시키기도 했지만 성장률을 높인 경우도 있었다.
이 두 가지의 분명한 성과들은 한편에서는 '무역수지의 개선'을 그리고
다른 한편에서는 '기금 프로그램들의 가장 강력하고 가장 일관된 효과,
즉 소득 가운데 노동력이 차지하는 몫의 절대적이고 상대적인 감소'27)

---

26) M. Pastor Jnr, 'The effects of IMF programmes in the Third World : Debate
and evidence from Latin America', *World Development*, vol. 15, no. 2, 1987, p.
250.
27) 그러한 정책의 효과에 대한 비판적 논쟁으로서는 Pastor, 앞의 책 ; MD

를 가져왔다. 이것이 의미하는 것은, 위의 긴축 프로그램들이 한쪽에 IMF나 세계은행 소속의 경제학자들조차도 무시할 수 없었을 정도의 빈곤을 키우는 대신 그 위에서 특별한 목적을 달성하기 위해 고안되었다는 것이다.28)

동유럽에서 지금 일어나고 있는 일은, 공황과 그에 대한 긴축 대응이라는 전반적 논리의 특수한 전개일 뿐이다. 실제로 IMF와 세계은행에서 지금 동유럽을 위한 프로그램들을 짜고 있는 사람들은 1980년대 중후반에 라틴 아메리카에서 경험을 쌓았던 바로 그 사람들인 경우가 많다. 이러한 사례로서 가장 악명높은 것은 제프리 색스(Jeffrey Sachs)인데 그는 흔히 '경제학의 인디애나 존스'29)라고 불리워 왔다. 색스는 '볼리비아의 기적'을 기획한 사람이었는데 그가 이제는 폴란드 연대노조와 연대노조 정부의 고문이 되었으며 지금 소련의 많은 개혁 프로그램들 중의 하나를 짜는 데 참여하고 있다.

그러므로 여기서 볼리비아 자체에서는 어떤 일이 일어났으며 이것이 보다 일반적인 차원에서 폴란드와 동유럽의 라틴 아메리카화와는 어떻게 연관되는지를 살펴보는 것이 유익할 것이다.

볼리비아 모델과 긴축의 논리

Ramirez, 'The impact of austerity on Latin America, 1983~1989 : A critical assessment', *Comparative Economic Studies,* vol. xxxiii, no. 1, 1991년 봄호를 보라.

28) 그들의 프로그램에 드는 비용에 관한 IMF와 세계은행의 방어적 설명을 참조하려면 G. Pfeffermann. 'Economic crisis and the poor in some Latin American countries', *Finance and Development,* 1987년 6월호 ; C. Humpheys · W. Jaeger, 'Africa's adjustment and growth', *Finance and Development,* 1989년 6월호 ; J. Greene, 'The debt problem of Sub-Saharan Africa', *Finance and Development,* 1989년 6월호 등을 보라.

29) J. Weiner, 'Capitalist shock therapy : the Sachs Plan in Poland', *Professors, Politics and Pop*(London, 1991).

196

인구가 겨우 640만에 불과하고 육지로 둘러싸여 있는 볼리비아는 라틴 아메리카 나라들 중에서 가장 가난한 나라이다. 그러나 1980년대말에 이 나라는 칠레를 대신하여 '자유시장'30)을 시험할 모델 지역으로 선정되었다. 볼리비아의 과거 역사는 은(銀), 안티몬, 구리, 텅스텐 그리고 특히 주석을 캐는 광업을 중심으로 전개되어 왔다. 크기가 작고 전반적으로 후진적이었음에도 불구하고 볼리비아에서 광업의 발전은 광부의 노동력과 농부의 노동력을 밀착시켰다. 이들의 일부는 광업과 농업 양자에 모두 종사하고 있었으며 1952년에는 멕시코 혁명 및 쿠바 혁명과 더불어 근대 라틴 아메리카 역사의 3대 혁명을 구성하는 볼리비아 혁명의 기초가 되었다.31) 비록 실패하였지만 이 혁명 덕분에 볼리비아는 라틴 아메리카에서 가장 강력한 노동조합 조직 중의 하나인 센트럴 오브레라 볼리비아니아(Central Obrera Boliviania)를 가지게 되었다. 뿐만 아니라 이 혁명은, 1985년에 이르러서는, 경제의 약 70퍼센트가 국가 수중에 장악되는 것을 의미하는 일종의 국가자본주의 전통을 굳히는 것으로 작용했다. 그렇지만 볼리비아는 1952년 혁명 이후 수십 년에 걸친 일련의 좌충우돌에도 불구하고 후진성을 벗어나지 못하고 있었으며 세계경제의 온갖 경향들의 포로로 남아 있었다.

1980년대 전반기 세계경제의 점증하는 위기는, 볼리비아 경제에서는, 주석(朱錫) 시장이 붕괴하고 25,000퍼센트라는 초(超)인플레이션이 이곳을 강타한 1985년에 그 절정에 도달했다. IMF의 후원을 받으면서 이 나라 지배계급의 한 분파는 제프리 색스에 의해 기안된 지독한 긴축 정책을 강제로 부과할 기회를 포착했다. 이 프로그램의 핵심은 금융긴축, 국가지출의 삭감 그리고 국가의 규제적 역할의 대폭적인 폐기였다.

---

30) J. Weiner, 'Capitalist shock therapy : the Sachs Plan in Poland', *Professors*, 이 토론은 주로 'Bolivia : the poverty of progress', *Report on the Americas*, vol. xxv, no. 1, 1991년 7월호를 둘러싸고 전개되었다. *Politics and Pop*(London, 1991).
31) J. Newsinger, 'The Bolivian Revolution', *International Socialism*, 2.18(1983)을 보라.

색스는 이 전략이 무엇을 달성하려 하는가에 대해 놀라울 만큼 솔직하게 말했다. "당신들이 가지고 있는 것은 '초(超)인플레이션에 시달리는 가련하고 궁핍한 경제'이다. 만약 당신들이 용감하고 단호하다면, 또 당신들이 옳은 일이라면 무엇이든 한다면 당신들은 마침내 '물가가 안정된 가련하고 가난한 경제'를 갖게 될 것이다."[32] 그렇지만 그는 결국에는 그러한 전략이 성장을 유지하는 기초가 될 것이라고 주장했다. 바로 이것이 IMF와 색스, 그리고 세계은행의 주장이 유지되어 온 방식이다. 그리고 색스를 비롯하여 색스의 추종자들 — 최근 폴란드의 시장 전략의 지도자들, 그리고 나아가 구소련 및 동유럽의 시장 전략의 지도자들과 같은 — 의 신임이 유지되도록 도운 것도 바로 이런 식의 주장들이었다. 그러므로 볼리비아에서 실로 무슨 일이 일어났던가를 이해하는 것은 그만큼 중요하다.

하나의 반(反)인플레이션 전략으로서 색스의 계획은 매우 성공적이었다. 1987년까지 인플레이션율은 15퍼센트 이하로 하락하였다. 그리고 그것은 1990년에 들어서도 불과 18퍼센트에 머물고 있다. 이 수치는 라틴 아메리카에서는 눈에 띌 정도로 좋은 기록이다. 그러나 색스의 예측이 그대로 맞아떨어진 것은 아니다. 왜냐하면 계획이 실제로 달성한 것은, 색스가 예측한 '물가가 안정된 가련하고 가난한 경제'가 아니라 '대체로 물가가 안정된 비참할 정도로 더 가난해진 경제'였기 때문이다. 일단 긴축 프로그램이 도입된 이후에는 1980년대말에 보이듯이 일정한 경제성장이 이루어지는 것은 사실이다. 그러나 대중들의 생활수준은 1985년 이전 수준으로 하락하고 있었고 심지어 어떤 통계에 따르면, 생활수준이 1985년에 비해 60퍼센트 이상 하락한 것으로 나타났다.[33] 이처럼 긴축계획이 성공하고 있다는 온갖 선전에도 불구하고 평범한 볼리비아 대중들의 핵심적 관심사는, 언제 자신들의 생활수준이 1978년 수준으로 돌아갈 수 있을까 하는 것이었다. 1985년 이후의 성장률 수치에 기초해서 추

---

32) 'Bolivia : the poverty of progress', 앞의 책, pp. 28--29에서 인용.
33) *Guardian*, 1991년 7월 2일.

198

산해 보면 이러한 대중들의 관심사에 대한 대답이 주어지려면 40년이 걸리는 것으로 나타났다! 더구나 1985년 이후에 이루어진 성장의 상당 부분이 색스가 전혀 예상치 못했던 것, 즉 코카인에 기초하고 있었다. 코카인 생산은 지금 75,000명을 직접 고용하고 있는 것으로 추산되며 볼리비아 GNP의 10퍼센트를 창출한다. 그리고 이것은 볼리비아 수출소득의 3분의 1에서 2분의 1 정도를 차지하고 있다. 그리고 바로 이것이 이윤의 미덕과 자유시장의 논리에 대한 보증으로 이야기되고 있는 것이다.

1985년 이전에 볼리비아 국가정책은 현대적인 산업 부문과 수출을 장려해 왔다. 그러나 1970년대의 칠레에서와 마찬가지로 국가 보조가 철폐되고, 엄격한 금융 규율과 결합된 전반적 자유화가 시행되면서, 그리고 국가지출이 삭감되면서 볼리비아 경제 전반은 세계시장의 논리에 발맞춰 급격한 재구조화를 겪지 않을 수 없었다. 이렇게 되자 소규모 산업 부문 — 라틴 아메리카의 수준에서 보면 상대적으로 현대적인 것임에도 불구하고 — 의 상당 부분은 더 이상 살아남을 수 없었다. 그러나 농업도 고통을 겪게 되었다. 왜냐하면 세계시장에서의 수입가격이 흔히 농민의 생산비를 밑돌았기 때문이다. 세계시장 가격이 낮게 유지되면서 광업도 수축되었다.

그 결과 일인당 생산고가 하락했을 뿐만 아니라 일정한 정도의 탈산업화가 진행되어 생산이 일차 부문과 서비스 부문 쪽으로 특이하게 쏠리는 현상이 나타났다. 이 과정에서 핵심적인 현대적 산업 부문은 손해를 보게 되었다. 그러나 농민들도 점차 코카인 생산으로 방향을 돌리기 시작했고 마약 무역은, 그것에서 얻는 이익을 손쉽게 감출 수 있게 해주는 금융자율화 덕분에 계속적으로 늘어났다. 이와 동시에 도시 인구는 더욱 더 비공식적 부문으로 몰렸다. 남자들뿐만 아니라 소규모의 생산과 거래를 통해 살아남으려고 몸부림치는 많은 수의 여자들 및 어린아이들까지 흡수하면서 이 부문의 규모는 급속히 커져 갔다.

전략가들은 사적 기업의 호황이 있을 것이라고 장담했다. 그리고 그들은 비공식 부문의 성장을, 사업상의 좋은 조건들이 형성되고 있는 증거라고 보았다. 색스에게 그것은 폴란드와 동유럽에서 무엇이 이루어질 수 있는가를 보여주는 하나의 증거물이었다. '볼리비아 시장의 인디안 농부들'이 이런 식으로 좋은 성과를 거둘 수 있는 이상, '문명화된 폴란드인들'이 시장의 논리를 익히는 것은 '식은 죽 먹기'일 것이라는 주장이 그것이었다. 이것은 물론 하나의 신화에 불과하다. 설령 비공식 부문이 기업심(企業心)과 자본축적을 위한 토양을 제공한다 할지라도 그러한 토양이 뭔가 실질적인 토대로 구축되려면 수십 년이 걸릴 수밖에 없을 것이다. 실제로 비공식 부문에서의 생활수준은 긴축 정책이 실시되어 가면서 크게 하락했다. 그것은 이곳에서 어떤 실질적인 자본축적이 이루어질 수 있다는 전망을 흐려 놓았다. 자유 기업이 호황을 맞을 것이라는 앞서의 장담 가운데 다른 일부는 사유화(私有化)를 통해 실현되어야 했다. 이것의 목표는 158개의 국유기업을 국내외의 사적 부문에게 매각하는 것이었다. 그러나 이루어진 것은 아무 것도 없었다. 실제로 1991년 중반에 이르기까지 이들 국유기업들 중에서 완전히 사유화(私有化)된 것은 단 하나도 없었다.

바로 이것이 — 그럴 듯한 선전들이 빠뜨리고 있는 — 볼리비아 기적의 이면이다. 그러나 여기서 문제들을 찾아내는 것은 전혀 어렵지 않다. 여기서 명백하게 제기될 수 있는 의문은 다음과 같은 것이다. '만약 이것이 하나의 가련한 궁핍의 나라에서 또 하나의 가련한 궁핍의 나라로 이행하면서 치러야 하는 대가라면 대체 이러한 이행이 무슨 의미가 있단 말인가? 우리는 지금, 시장의 열광자들이 실제로 무엇이 일어나고 있는가에 대해서는 눈을 감은 채 자신들의 생각만을 무턱대고 강요하고 있는 그러한 세계를 보고 있는 것은 아닌가?'

경제학자들 자신의 관점에서 보더라도 이런 식의 판단에는 상당한 진실이 있다. 시장경제 이론은 — 그 가정(假定)의 허위성과 제한성은 젖혀 놓고라도 — 논리적 반박을 불가능하게 만드는 일종의 억지에 가까운 단순성을 갖고 있다. 왜냐하면 여러 가지 실질적인 논박이 있다 하더라도 그것들 모두에 대해, 몇몇의 악의적 세력들 — 가령 국가, 독점, 좌익들 — 이 시장의 정상적 작동을 방해하고 있기 때문이라는 식으로 간단히 대답해 버리기 때문이다. 색스와 그의 추종자들은 정치와 경제를 상호 분리된 영역으로 본다. 그리고 이들은, 정치적 영역을, 경제적 영역이 '문제들에 대한 원활하고 전문적인 해결을 …… 찾지 못하도록'[34] 가로막을 위험을 항상 갖고 있는 그러한 영역으로 본다. 이런 문제에 대해 그들이 제시하는 유일한 해결책은 시장에 더욱 커다란 활동의 여지를 제공하는 것이다.

시장 경제학자들은 거머리로 하여금 환자의 피를 빨리는 것이 특효약이라고 보았던 빅토리아 시대의 의사들과 같다. 그들은 환자가 치료를 완강하게 거부하면, 이 환자의 경우는 더 많은 피를 빨리는 것이 필요하다는 결론을 내린다. 그리고 물론 이들 의사를 신뢰해 온 환자들은, 자신들이 마지막 숨을 거둘 때까지 이런 식의 '치료'를 받아들인다. 시장 이론가들의 '비합리적 합리성'을 가장 잘 포착했던 인물은 아마도 케인즈였을 것이다. 그는, 2차 세계대전 이후 자유시장 경제학의 할아버지 역할을 한 프리드리히 하이예크(Friedrich Hayek)의 작품을 읽고, 그것은 '잘못된 전제에서 출발하면 아무리 엄격한 논리학자도 베들럼[런던의 정신병원 – 역자]에 입원하는 것으로 끝나고 만다'는 사실을 보여준 하나의 실례라고 보았다.

그러나 이것은 단지 부분적인 설명에 불과하다. 시장은 실제로 하나의 강력한 무기이다. 그 이유는 단지 그것의 이데올로기적 내용 때문만은 아니고 그것이 — 몇몇 이론가들도 부분적으로 인정하고 있듯이 — 여타의 현실적 목적들을 뒷받침해 주고 있기 때문이다. 그러나 현실의 자본주의 세계가 그들의 모델과는 다르듯이 이 현실적 목적들도 그들의 일반적인 이론적 주장들과는 서로 다르다.

볼리비아에서 실제로 일정에 올랐던 문제는 경제적·정치적 질서의 회복이었다. 이 과정에서 세계자본주의와 볼리비아 지역 자본주의를 통제하려 한 사람들은 이득을 보았다. 반면 그 밖의 다른 사람들은 손해를 보았다. 볼리비아 지배계급 중의 일부 분파들도 분명 고통을 겪었지만

---

34) 1991 World Bank Annual Conference, *IMF Survey*, 1991년 5월 27일자에 기고한 제프리 색스의 보고를 보라.

대개의 경우에 질서의 대가를 치러야만 했던 노동자계급과 농민들이 혹심한 고통을 겪었다.

이러한 현실적 목적들 중 첫번째의 것은 선진 자본주의의 이익을 위해 연약한 국가를 금융적으로, 그리고 정치적으로 훈련시키는 것이었다. 긴축 정책이 무엇보다도 앞서 달성한 것은 세계 금융 공동체에 대한 신뢰, 즉 'IMF의 인가장(認可章)'이었다. 이것은, 이곳의 경제들이 자국의 금융 질서에 의해, 그리고 무역적자 상태의 전환을 통해 외채를 상환할 목적으로 재구조화되고 있음을 의미한다. 이것은 경제적 과제일 뿐만 아니라 정치적 과제이기도 하다.

세계 금융 시장의 이익을 거역하려 하는 내부 세력들을 패퇴시키기 위한 가장 근본적인 과제는 정치적 과제이다. 일단 이런 세력들이 정비되고 나면 서방의 은행들과 국가들은 경제적 문제들에서 약간의 양보 조치를 취하면서 관대함 —— 물론 경제적 이익이란 결코 '관대'할 수 없는 문제이다 —— 을 보일지 모른다. 게다가 그러한 관대함은 —— 비록 그것이 일반화될 기회는 없겠지만 —— 볼리비아나 폴란드 같은 모델 경제들이, 다른 나라들이 따를 하나의 모범으로 돋보이도록 만들 수 있다. 때때로 그러한 프로그램들은 —— 볼리비아에서의 코카인 확산이 보여주는 것처럼 —— 선진 자본들에 대해 어떤 예기치 못한 결과들을 가져올 수도 있다. 그러나 이런 경우에조차도 그러한 결과들을 이용하여 그것들을 국제적 규율을 강화하는 수단으로 이용할 수도 있다. 예컨대 미국이 라틴 아메리카 지역에서 마약과의 전쟁을 강력하게 수행한 것은 이러한 사례들 중의 하나이다.

이 현실적 목적들 중 두 번째 것은 특별히 국가의 권위라는 내부적 문제와 결부되어 있다. IMF가 후원한 충격 프로그램들이 도입되기 전에 겪었던 공황들은 일반적으로 사회적 해체를 의미했다. 이것은 부분적으로는, 이 지역의 국가들이 서로 다른 집단들의 요구들을 중재할 수도 없었고 또 이들에게 규율을 부과할 수도 없었다는 사실 속에 반영되어 왔다. 이러한 사실이 가장 명확하게 표현되는 곳은, 모든 사람들을 만족시키려 했지만 실제로는 아무도 만족시키지 못한 채 치솟기만 했던 인플레이션이었다. 이것을 잡기 위해 국가의 내적 권위가 재창출되어야 했고 사회 내의 경쟁하는 여러 분파들에게 그것이 강제적으로 부과되어야 했다. 이러한 현실은 볼리비아의 재무부 장관의 입을 통해 다음과 같이 표현되고 있다. '새로운 경제 정책은 엄격한 경제 프로그램이라기보다 하나의 정치적 계획이다. …… 첫번째의 정치적 과제는 사회 전반에 대해 국가의 권위를 회복하는 것이다.'[35]

세 번째의 목적은 특별히 이 두 번째의 목적으로부터 연원하는 것이다. 왜냐하면 싸우고 있는 집단들의 경쟁 소용돌이가 일반적으로 노동자들에게 하나의 위협으로 작용하는 동안 조직된 노동자계급 전체를 자본의 통제 아래로 끌고 오는 것이 제1의 내부 문제로 되는 경향이 있기 때문이다. 재구조화는 이러한 과제를 정치적으로, 즉 노동자계급 지도부로 하여금 긴축 프로그램들을 받아들이도록 강요하거나 설복시킴으로써 달성한다. 또 이것은 이러한 과제를 사회적으로, 즉 긴축 프로그램들이 산업구조의 조정이나 실업을 통해, 조직된 노동자계급의 기반을 잠식하는 방식으로 달성하기도 한다. 만약 이러한 사회적 과정이 매우 첨예하다면 이것만으로도 노동자계급의 묵종을 끌어내기에 충분할 것이고 그렇게 되면 노동자계급의 옛 지도부와 어떤 형식적 공모관계를 맺을 필요도 없을 것이다. 바로 이것이 실제로 볼리비아에서 일어났던 일이다. 이곳에서는 공황의 효과와 긴축의 효과가 결합되어 주석 산업의 상당 부분을 해체시켰고 그 결과 이 산업에 종사하던 75,000 노동인구 중 80 퍼센트를 해고시켰으며 나아가 COB[센트럴 오브레라 볼리비아니아(Central Obrera Boliviania)]의 핵심 그룹들 중의 하나를 파괴했다.

시장 모델의 매력

우리가 우리들의 집을 정돈하지 않으려고 하는 것이 아니다. 다만 우리는 우리들

---

35) 'Bolivia : the poverty of progress', 앞의 책, p. 12에서 인용.

의 집을 지키고 싶을 뿐이고 그것이 화염에 휩싸이도록 하고 싶지 않을 뿐이다.
— IMF의 긴축계획이 야기한 폭동 이후인 1980년대초에 도미니카 공화국 계획부 장관이 한
말36)

서방 스타일의 시장경제를 구축하는 데 찬성하는 동유럽의 여론 수준은 라틴 아
메리카와 여타의 개발도상 지역들에서 나타난 찬성 여론의 수준보다 더 높다.
— 연대노조의 미국 경제고문들인 데이비드 립턴과 제프리 색스의 말37)

서방의 고문들이 동유럽으로 쇄도하기 시작하면서 그들은 한 가지 특
이한 점 때문에 매우 놀라지 않을 수 없었다. 그것은, 그들이 마르크스
주의자들일 것이라고 상상해 온 사람들이 그들 자신의 생각들에 대해
아무런 저항감도 표현하지 않는다는 것이었다. 어디에서나, 제시되는 생
각이 우익적이면 우익적일수록 더 큰 환영을 받았다. 이러한 여론은 두
가지 측면을 가지고 있었고 또 지금도 그러하다. 그중 하나는 도미니카
공화국의 계획부 장관에 의해 제기되었던 측면인데 그것은, 이곳 동유럽
에서는 낡은 스딸린주의에 대해서건 또는 새로운 스타일의 시장개혁에
대해서건 아래로부터의 저항이 거의 없거나 혹은 전혀 없었다는 것이다.
이 사실은 이곳의 지배계급이 시장쪽으로 방향을 전환하는 것이 훨씬
쉬웠다는 것을 의미한다. 왜냐하면 이들은 보다 취약하고 또 보다 관료
적인 부분들로부터 제기되는 반대, 그것도 날이 갈수록 약해져 가는 반
대에 대해서만 걱정하면 되었기 때문이다. 일부 라틴 아메리카 나라들과
는 달리 이곳에서는 아래로부터의 저항 때문에 모든 집들이 화염에 휩
싸이지나 않을까 하는 점에 대해서는 걱정할 필요가 별로 없었다.
　두 번째 측면은, 립턴과 색스가 주장한 것처럼, 반대파의 대부분과 지
배계급의 상당 부분이 시장에 매료되었다는 것이다. 이러한 이데올로기
적 방향 전환 —— 국가의 효능에 대한 믿음으로부터 시장의 효능에 대한
믿음으로의 전환 —— 의 성격은 헝가리 경제학자 야노스 코르나이(Janos

---

36) Pastor Jnr, 앞의 책, p. 259에서 인용.
37) Lipton · Sachs, 앞의 책, p. 75.

Kornai)의 영향력 있는 저작에서 매우 예리하게 규명되었다. 코르나이는 헝가리와 동유럽에 존재했던 구체제나 혹은 새로이 들어선 신체제와의 직접적 대면을 조심스럽게 회피했다. 하지만 그의 저작은 동유럽의 옛 경제들이 작동한 방식에 대한 동과 서에서의 정통적 설명에 대해 중요한 이론적 뼈대를 제공해 왔고 지금은 '충격요법'이라는 가장 잔인한 형태의 토론에서 중심적인 논제를 제공하고 있다.38) 코르나이는 원래, 이른바 '계획의 전능함에 대한 믿음'이라고 하는 것과 '시장의 완벽함에 대한 신뢰'라고 하는 것 사이의 중간쯤에 위치해 있었다. 전자가 문제가 되고 있을 때에 코르나이는, 동유럽의 기업들은 '예산 압박이 약하기' 때문에 서투르게 굴러갈 수밖에 없다는 점을 강조했다. 즉 동유럽의 기업들은 파산의 공포를 전혀 갖고 있지 않아서 경영자를 다그치고 자극할 필요가 없다는 것이다. 이러한 비능률성은 '결핍 경제', 즉 '구매자가 판매자의 임의에 맡겨지며 또 구매자 스스로가 그렇다고 느끼는 사회적 관계'39)에 의해 더욱 강화되었다. 그러나 이와 동시에 코르나이는 또 자기 자신을 시장에 대한 비판자로 간주했다. 그리고 그는 시장이 실업을 낳는 경향에 대해 예리한 통찰력을 갖고 있었고 시장이 균형과 평형을 낳을 수 있다는 이론의 비현실성을 알고 있었다.

코르나이가 지적(知的)으로 사회민주주의 중도파 이론가의 한 사람으로 간주되어 온 것은 이런 점들이 고려되었기 때문인지 모른다. 그러나 1990년대초가 되자 알렉 노브조차도 그를 '비인간적 얼굴을 한 자본주의'의 지지자라고 비난했다. 코르나이는 '역사는 필연적으로 직선으로 운동하는 것이 아니라 진동추처럼 운동한다. …… 지금은 국가의 역할을 줄여 최소 국가의 방향으로 나아갈 때이다'40)라고 썼다.

---

38) K. Bossanyi, 'An interview with Janos Kornal', *Acta Oeconomica*, vol. 42, no. 3~4, 1990, pp. 315~328을 보라.

39) J. Kornai, *The Economics of Shortage, Growth, Shortage and Efficiency : A Macrodynamic Model of the Socialist Economy* 1980.

40) A. Nove, 'Reforming the Soviet economy', *Dissent*, 1991년 겨울호, p. 11 ; J. Kornai 'The Hungarian Reform Process : visions, hopes and reality', *Journal*

코르나이는 서방을 자주 방문했었는데 이러한 행적은 위의 '최소 국가'라는 구절 속에 분명히 반영되어 있다. 이 구절은 동유럽 경제들, 특히 헝가리의 경제를 개혁해 보려 했던 이전의 시도들에 대한 환멸을 반영하고 있는 것이기도 하다. 사실상 이곳에서 번번이 진행되었던 것은 ─ 그가 알고 있다시피 ─ '직접적인 관료 통치'에서 '간접적인 관료 통치'로의 전환, 다시 말해 '변화라곤 별로 없는 …… 지리멸렬한 20년'일 뿐이었다. 코르나이는 이제, 국가가 효율적으로 될 수 있는 방법은 없으며 그렇다고 해서 내일 대규모의 사유화(私有化)가 진행될 수 있는 것도 아니라고 (오히려 국가의 지속적 비효율성이 이것을 가로막을 것이라고) 주장한다. 이것은 다시 말하면 '예산 압박이 강화될 수 있다는 희망은 이제 버려야 할 때'라는 것을 의미한다. 국가관료제의 비능률성은 필연적이다. '어떤 식으로도 해결될 수 없는 몇 가지 문제들이 있는데 그들 중의 하나가 바로, 대규모의 국가 소유 부문은 효율적으로 작동할 수 없다는 것이다.' 그 결과 '시장 사회주의라는 기본 이념은 물거품이 될 수밖에 없다.' 코르나이는 이렇게 말한다.

> 시장 조절(co-ordination)이 사적 소유의 자발적인 효과이자 자연스러운 존재 양식인 것과 마찬가지로 관료적 종속은 국가 소유의 자발적인 효과이자 자연스러운 존재 양식이다. 이것은 더 이상 어떤 논쟁 대상이 아니다. 단지 받아들여져야만 할 사실일 뿐이다.[41]

우리들의 관심사는, 동유럽에서 가장 영향력 있는 경제학자라고 볼 수 있는 코르나이의 사상적 발전 과정을 이해하는 것이다. 그러므로 여기서 우리는, 코르나이가 '사실'이라고 주장하는 것이 실제로는 '사실'이 아니라는 것과 위 문장의 두 측면이 모두 잘못된 것이라는 우리 자신의

---

of Economic Literature, 1986년 12월호도 역시, 개혁과 관료제 처리의 가능성에 대한 그의 환멸을 표현하고 있다 ; J. Kornai, *The Road to a Free Economy. Shifting from a Socialist System : The Example of Hungary*(London, 1990).

41) Kornai, *The Road*, 앞의 책.

견해를 단순히 적어 두고자 한다. 더욱 흥미있는 것은 코르나이의 이 주장이 어떻게 해서 전통적인 우익 사상 속에 그대로 반영되고 있는가 하는 점이다. 그의 논리는 폴란드에 부과된 '충격요법'에 상당한 영향을 미쳤고 또 헝가리에 그와 유사한 처방을 내리게 하는 데에도 상당한 영향을 미쳤다. 앞서 언급한 두 사람의 연대노조 경제고문인 데이비드 립턴과 제프리 색스는, 자신들의 결론이 '야노스 코르나이의 결론과 일치하며 …… 우리는 코르나이 교수와의 상세한 토론을 통해 많은 도움을 얻었다'고 밝혔다. 또 코르나이는 그 찬사에 응답하여 다음과 같이 말했다. '데이비드 립턴과 제프리 색스가 제출한 정책 제안들은 …… 여기에서 어떠한 비판도 받지 않을 것이다. 색스와 나는 이 주제들에 대해 여러 차례 토론하였고 우리는 모든 근본적 원칙들에서 완전한 일치를 보았다.'[42]

헝가리 문제에 있어서도 코르나이는, 헝가리 주민들은 결국 수술을 받지 않으면 안될 환자와 같다는 색스의 제안을 지지하고 그에 동의했다.

> 내가 보기에 헝가리 주민은 더 이상 견딜 수 없는 지점에 도달하고 있다. ……
> 나는, 그들이 근본적 수술을 받을 준비가 되어 있다고 믿는다. 그리고 수술로 인해 생길 수 있는 여러 가지 일시적인 외상(外傷)에도 불구하고 수술은 진정한 질서와 평정을 약속해 줄 것이다.[43]

여기서 우리가 보고 있는 것은 '의사의 지시'라는 안락한 이데올로기이다. 의사는 환자가 느끼는 고통을 느끼지 못할 뿐만 아니라 문제가 되고 있는 것으로부터 자신을 세심하게 차단한다. 설령 그 수술이 성공적으로 끝난다 해도 그것이 '진정한 질서와 평정'을 가져올 리는 만무하다. 왜냐하면 시장은 그런 식으로 작동하지 않기 때문이다. 더구나 이 환상

---

42) Lipton · Sachs, 앞의 책, pp. 77, 138(그들의 글 뒤에는 코르나이의 주석이 매달려 있다).

43) Kornai, *The Road*, 앞의 책.

적인 건강 상태를 달성하기 위해 애쓰는 과정에서 고통은 오히려 가중되기 쉽다. 그러나 일단 주장이 이런 방식으로 정식화되고 나면 어떤 식으로건 건강을 회복하려는 노력이 부족하다는 이유를 들면서 환자를 비난하는 것으로 나아가기란 매우 쉬운 일이다. 이처럼 코르나이에게 있어서는 '어떤 사람이 실업을 당했을 때 그 사람의 첫번째 임무는 자력으로 일어서도록 노력하는 것이다.' 물론 정부 보조는 그 실업자가 자력으로 일어서는 것을 도울 수 있다. 하지만 코르나이는 19세기에 유행했던 가정들을 상기시키는 다음과 같은 말로써 이렇게 충고한다. '무분별한 보조를 제공함으로써 건강한 신체를 가진 실업자를 완전히 타락시키는 일은 피해야 한다.'44)

동유럽에 존재해 온 것이 일종의 비(非)자본주의 사회라고 생각한 사람들은 동유럽에서 이러한 주장들이 이토록 활발하게 제기되는 것에 대해 놀라움을 금할 수 없을 것이다. 도대체 어떻게 해서 시장이 동유럽 개혁파들의 마음 속에 그토록 강력한 지배력을 행사하게 되었을까? 이에 대한 가장 분명한 설명이 있다면 그것은 다음과 같은 것, 즉 서방이 동유럽의 이데올로기적 시야에 너무나 강한 영향을 끼친 결과 그것이, 지난 수십 년 동안 방향을 잃고 있었고 또 동유럽의 급속한 붕괴에 의해 더더욱 방향을 잃어버린 동과 서의 좌익들의 대안적 설명들을 부차적인 것으로 만들어 버렸다는 것이다.

사실 서방의 좌익은, 비록 동유럽 사회의 성격에 대한 자신들의 분석 때문에 혼란에 빠지긴 했지만, 동유럽의 구(舊)정권에 반대하는 견해들을 지지하는 일에서 그다지 나쁜 기록을 세우지는 않았다.45) 물론 이 점에서 더 많은 성과가 있었을 수 있었고 또 그래야만 했다. 하지만 제한된 자원에 기초한 실질적 지지는 이루어졌다고 볼 수 있다. 반면 서방의 지배계급들은, 자신들의 온갖 수사(修辭)에도 불구하고, 동유럽의 기

---

44) Bosanyi, 앞의 책, p. 327.
45) 예를 들면, *Focus on Eastern Europe*의 선전과 캠페인, 그리고 전 세계 공산당들의 좌파 그룹들이 벌인 개별적인 캠페인들을 보라.

존 지배계급과의 거래를 더 선호했다. 오랜 기간에 걸쳐 내적 억압을 자행해 온 차우체스쿠 정권과의 악명높은 밀월관계가 그 대표적 사례이다. 사실 소비에트측이 가지고 있었던 불안의 씨앗은 바로 이러한 현실에 대한 대중들의 가시적인 반응이 터져 나오지나 않을까 하는 것이었다. 그러나 서방 국가들의 전술이 동유럽의 시장으로의 전환을 촉구하는 것으로 바뀌자 그들은 과거의 약속들 전부를 내팽개쳐 버렸다. 다만 사회주의적 반대파를 구성해 왔던 명예스러운 소수 그룹만이 예외였을 뿐이다.

선진 서방 권력의 기반은, 근년에 들어서 그들의 경제적 성과가 동유럽의 성과보다 우월하다는 사실에 놓여 있다. 동유럽의 개혁파들에게 시장의 우월성 논리를 파는 것을 돕기 위해 그들은, 최근에 자신들이 보인 우월성의 원인은 시장의 마술적 힘에 있다고 설명했다. '오늘날 세계의 지도자들은 자국 국민들의 필요를 충족시키기 위해 시장의 힘 쪽으로 방향을 돌리고 있다. …… 역사의 심판은 내려졌다'46)고 조지 부시는 여러 차례 주장했다. 그러나 역사는 그런 말을 전혀 입증해 주지 않는다. 1980년대 동안에 서방 자본주의에 있어서 국가의 중요성은 우익의 주장과는 달리 전혀 감소하지 않았다. 이러한 사실은, 국가 개입이 경제 과정의 결정적 부분을 차지하는 미국에서 특별히 그러했다. 그러나 이런 현실이 존재한다고 해서 시장 추종자들의 신화들이 사라지지는 않는다. 그들의 신화들은, 해당 정부, IMF, 세계은행, OECD 등의 권위를 업고 원조기금의 후원을 받으면서, 동유럽의 대부분의 경제평론가들의 주장 —— 성공의 비밀을 담고 있다는 —— 속에 나타났다.

그러나 시장의 마술적 힘이라는 생각이 활개치게 된 것을 설명하는 데에는 서방의 권력들을 살펴보는 것만으로는 부족하다. 동유럽과 구소련의 이데올로기 주형(鑄形)의 두 가지 측면들은, 이곳의 여론 형성자들과 개혁파들, 그리고 상당수의 반대파들이 시장 경제학을 과거의 실패와

---

46) 1990년 9월 25일에 IMF–World Bank Annual Meeting에서 행한 부시의 연설을 보라.

미래의 성공을 설명할 도구로 채택하도록 만드는 요인이 되었다. 그 첫 번째 측면은, 동유럽 사회들이 발전해 온 방식을 결정한 것은 '사회주의'라는 하나의 특이한 이데올로기적 부과물이었다는 널리 퍼진 환상이다. 이들 경제들이 제대로 작동하는 것으로 보일 때에는 '사회주의'는 아무런 문제가 없는 것처럼 여겨졌다. 그런데 이들이 비틀거리기 시작하자 그들의 성공의 뿌리에 '사회주의'가 있다는 과거의 주장은, '사회주의'가 그들의 어려움을 낳은 원인이 되었다는 정반대의 주장으로 뒤집어졌다.

여기에서 '사회주의'라는 말은 단순히 국가 통제를 의미할 뿐이다. 경제적 개혁파들이 국가 통제의 수준을 변경시키려 애썼을 때에도 이들은 이 경제들에 대한 환상을 깨우치지는 못했다. 시장으로의 경사는 이미 진행중에 있었다. 사실 서방에서 시장에 대한 강조가 계속되고 있었지만 그것의 전체적 개념은 선진 세계의 양측에서 이루어지는 발전을 결정하는 실질적 힘을 설명해 주지 못하는 것이었다. 문제는 다음의 두 가지 사례 모두에서 동일했다. 하나는 자본주의적 경쟁에 있어서 국가의 역할을 이해하지 못하는 것이다. 국가는 이러한 경쟁을 간접적으로 지원할 뿐만 아니라 또한 국가자본주의적 생산자로서, 그리고 경쟁자 그 자체로서 직접 행동하기도 한다. 이러한 사실을 이해하지 못한 것은 동과 서에서 시장으로의 경사가 일어나게 된 하나의 조건이 되었다. 그리고 이것은, 국가 행동의 확장이 과거의 경쟁적 압력과 구조적 제약에 대한 실용적 반응으로서 나타났었다는 사실을 제대로 평가하지 못하는 결과를 낳았다.

그 결과 국가의 역할을 축소시키려는 이데올로기적 프로그램들이 나타났지만 실제로 해당 국가가 경쟁적 압력이나 구조적 제약에 직면하게 되면 언제나 국가가 독단적 방식으로 개입하여 이 문제들을 풀어 나가려 했다. 이것이 바로 1980년대의 대처주의와 레이건주의의 경험이었다. 나아가 이것이 1990년대에는 동유럽의 경험이 될 것이라는 점이 이미 명백하다. 그 근본적 이유는, 집권한 정당이 누구인가 하는 것과는 상관없이, 동유럽이 세계경제의 취약 지역으로 남아 있는 한 그것은 대규모의 국가 부문을 필요로 할 것이기 때문이다. 국가의 크기를 줄이는 것은

210

가능하지만 그러기 위해서는 국가에 의해 후원되는 산업들의 몰락과 같은 거대한 비산업화(deindustrialisation)를 대가로 치러야만 한다.

보다 뿌리가 깊은, 두 번째 이유가 있다. 그것은 스딸린주의 하에서 동유럽을 지배했던 이데올로기적 구조의 성격에 놓여 있다. 이데올로기들은 복잡한 방식으로 작동한다. 단순한 예로 기독교는, 그것이 흔히 빈곤에 대해 긍정적인 평가를 하지만, 반란의 이데올로기로 채택될 수도 있다. 초창기의 기독교가 바로 그러했다. 그러나 역사상의 대부분에 있어서 기독교는 권력의 이데올로기였다. 즉 그것은 지배계급들이 자신의 지배를 분명히 표현하고 자신들의 이익과 정책을 표명하는 수단이었다. 기독교의 실질적인 내용은, 종교 사상이 기독교 그 자체의 기원을 부차화하고 중화시키면서 일단의 특별한 강조점을 가진 총체적 사상으로서 발전되어 온 과정에 의해 결정되었다. 동유럽에서도 계급과 이데올로기의 관계는 이와 같았다. 비록 몇몇 구절이나 개념이 1917년의 기원을 계속 간직하고 있었지만 이들은 추상적 도상(圖像)에 불과했다. 노동자들은, 어떤 소련 작가가 '포스터 영웅들'이라고 부른 그러한 존재로 바뀌었다. 그들은 비록 '영웅'으로 불리고 있었지만 그들의 실제의 계급적 이익은 관료들의 발밑에 짓밟혔던 것이다.

이외에도 1917년에 존재했던 사회주의 사상의 내밀한 내용은 거세되었고, 그것의 핵심은 제거되어 새로운 핵심으로 대체되었다. 그리하여 그것은 현대화되고 있는 서방의 보수주의와 더욱 깊이 결합되었다. 냉전이라는 개념에 사로잡힌 많은 정통 평론가들은 이 사실을 인식할 수 없었다. 왜냐하면 그들은 겉껍질들, 포스터들, 도상(圖像)들, 상투적 문구와 주문들만을 보고 있었기 때문이다. 그러나 동유럽을 지배해 온 사상들의 근본적으로 보수적인 성격을 이해하지 못하고서는, 그곳의 과거를 이해하는 것이나 혹은 오늘날 그곳에서 시장 관념이 그토록 쉽게 접수될 수 있는 까닭을 이해하기란 불가능하다.

1920년대와 1930년대에 소련에서 혁명이 파괴된 것은 초기 볼세비키의 사고에 활력을 부여했던 사상들을 죽게 만들었다.47) 그러나 이것이 단순히 이데올로기적 공백 상태나 몇몇 생각들의 일관성 없고 혼란된

혼합물을 남겨 놓은 것은 아니다. 가장 분명하고 공식적인 차원에서 스딸린주의는 국가자본주의적 발전의 특수한 이데올로기, 즉 서방을 따라잡는다는 목적에 부합되도록 사회를 개조할 필요를 강조하는 경쟁적 근대화 이데올로기로 되었다.[48] 그러나 더욱 깊고 비공식적인 차원에서 이 '부르주아' 이데올로기는, 소련과 동유럽을 지배한 실질적 계급관계를 표현하고 강화하는 관념들과 실제적 조치들의 확대에 의해 보강되었다. 이러한 태도는 (화폐를 포함한) 물질적 조건의 획득에 대한 강조에서부터, 사회의 발전을 위해 열심히 일하도록 격려하면서도 다른 한편에서는 전통적인 여성상을 받아들이도록 요구한 여성에 대한 태도나, 얌전 빼는 것을 장려한—이것은 착한 카톨릭교도의 마음에는 드는 것이었지만 폴란드에서 미래의 교황의 마음을 편하게 해 주는 것은 분명 아니었다—성(性)에 대한 태도, 그리고 핵가족이라는 덕목을 찬양하는 것 등에 이르기까지, 삶의 모든 측면들에 영향을 미쳤다. '동성연애자들'을 가족이나 사회적 가치에 대한 '병적' 위협으로 간주하면서 그들을 의심하고 억압한 것은 저변에 흐르는 사회적 가치의 근본적 보수주의를 나타내 주는 잘 알려진 극단적 사례 중의 하나에 불과했다. 이들 소심한 관념들이 전 사회적 정신(ethos)에 얼마나 깊이 침투해 있었나 하는 것은 일상생활에 임하는 이들의 사고구조를 조금만 조사해 보아도, 즉 대중문학 속에 표현된 내용을 조사해 보거나 아니면 동유럽인들과 잠깐 대화를 나누어 보아도 금방 알 수 있다.[49]

---

47) 이 과정에 대한 연구들 중에 이보다 더 오래된 두 개의 연구는 지금도 여전히 유효하다. Barrington Moore Jnr, 'Some readjustments in communist theory', *Journal of the History of Ideas*, vol. 6, 1943, pp. 468~482 ; R. V. Daniels, 'The State and Revolution : a case study in the genesis and transformation of communist ideology', *American Slavic and East European Review*, vol. 12, 1953, pp. 22~43을 보라.

48) 국가자본주의에 대해 비록 이 저널[『인터내셔널 소셜리즘』을 말한다-역자]에서 논의된 것과는 다른 개념을 갖고 있기는 하지만, B. Chavance, *Le capital socialiste, histoire critique de l'economie politique du socialisme*, 1917~1954(Paris, 1980)는 이러한 이데올로기적 이행에 대해 많은 관심을 기울였다.

212

이러한 사실의 가장 중요한 표현은 실제의 노동자계급에 대한 적나라한 적대감이다. 이 적대감은 너무나 커서, 조지 오웰이 20세기초에 영국의 중산계급 아동들 속에 침투했던 것으로 묘사한 계급적 편견조차도 이에 비교하기 어려울 정도였다. 오웰의 묘사에 따르면 당시 영국의 노동자계급은 어리석고 상스럽고, 거칠고, 난폭한 것으로 여겨졌다. '이 계급은 네 마디의 흉측한 단어들로 요약되었다. 이 단어들은 요즈음은 사람들이 입에서 소리내기조차 조심스러워 하는 것이지만 나의 어린 시절에는 너무나 쉽게 내뱉어졌던 것이다. 그것은 하층의 계급들은 냄새가 난다(*the lower classes smell*)는 말이었다.'50) 동유럽에서 지식인과 관료들의 노동자계급에 대한 일반적 태도에 익숙한 사람들은 누구나 그들의 견해가 오웰이 묘사한 견해들과 흡사함을 인정치 않을 수 없을 것이다. 이러한 견해는 때로는 노동자들 자신에게서도 재생산되었다. '무분별한 보조를 제공함으로써 건강한 신체를 가진 실업자를 완전히 타락시키는 일은 피해야 한다'는 앞에서 언급한 코르나이의 말 속에 나타난 계급적 편견의 반향을 생각해 보라. 자신도 모르는 사이에 이와 동일한 태도를 드러내면서 '당신의 직업을 잃을지도 모른다는 위협이야말로 게으름과 술주정과 무책임을 치유할 수 있는 좋은 약이다'51)고 주장했던 소련의 개혁가 니꼴라이 쉬멜레프의 말을 생각해 보라. 우리가 여기에서 볼 수 있는 것은 시장이라는 추상적 원리에 기초한 개혁 프로그램만이 아니다. 여기에는 본능적인 계급 원칙들에 기초한 프로그램도 같이 들어 있다. 그리하여 여기에서 상층의 계급은 자신들의 실질적 권력과 특권을 유지

---

49) 소련의 사상의 보수적 역할과 보수적 내용, 그리고 그것과 서방 보수주의와의 연관은 오래 전에 나이젤 해리스에 의해 주목된 바 있다. 그의 책 *Beliefs in Society*(London, 1971)를 보라. Bera Dunham, *In Stalin's Time. Middle Class Values in Soviet Fiction*(London, 1976)은, 이 보수적 심성, '부르주아적 가치'의 발전이 대중적 문필 속에 어떻게 반영되어 왔는지에 대한 매우 흥미진진한 연구서이다.

50) B. Crick, *George Orwell, A life*(London, 1980), pp. 52~53.

51) N. Shmelev, 'Avansy i dolgi', *Novy Mir*, no. 6, 1987, p. 147.

하는 데 관심을 갖고 다른 계급으로 하여금 개혁의 대가를 지불케 하려는 보수적 세력을 이루고 있는 것이다.

이러한 주장의 진실성을 입증하는 가장 뚜렷한 증거는 아마도, 여러 동유럽 국가들에서 수많은 공산당의 당원들이 선거상의 지지와 정치적 지지를 새로운 우익 정당들에게로 돌렸다는 점에 있을 것이다. 이런 경우를 두고 기회주의가 광범위한 규모로 창궐했다고 설명하는 것은 잘못일 것이다. 이 사태를 설명할 수 있는 유일한 방법은, 낡은 도상(圖像)에 충성을 표해야 할 필요성이 사라지자 이들 당원들이 자신들의 본래적 정치적 고향을 찾아 돌아갔다고 보는 것이다. 예를 들어 구동독의 경우에 구 SED — 구동독의 공산당 — 당원의 3분의 2가 베를린 장벽의 붕괴 이후 우익 기독민주당에 투표한 것으로 추산된다.52) 유고슬라비아와 루마니아의 경우도 구동독의 경우에 못지 않다. 이 나라들에서도 우리는, 과거와 현재의 '공산주의자들'의 상당 부분이 전통적인 민족주의 강령들을 전적으로 채택하고 있는 것을 볼 수 있다.

여기에서 시장이 갖는 호소력은, 그것이 사람들로 하여금 '노력한 만큼의 응분의 보상'을 받게 하며 거칠고 나태하며 술주정뱅이 같은 노동자들을 질서 잡아 주는 것으로 보인다는 것이다. 비극은, 지난날 이러한 가정들에 공감하지 않았고 오히려 그러한 태도와 싸워 온 좌익 인사들이, 선택은 오직 스딸린주의냐 시장이냐 사이에 있을 뿐이라는 그들 나름의 견해에 따라 그 문제들을 풀고 있다는 점에 놓여 있다.

이리하여 지금 진행되고 있는 이행의 과정은, 스딸린주의가 해결할 수 없었던 후진성의 유산을 극복할 토대를 창출하지 못하고 있다. 그 대신 이들 경제들은 세계경제에 보다 단단히 자신을 꿰맞추기 위해 재구조화되고 있다. 이 과정에서 지배계급은 '탁월한 도피술'을 펼치고 있고 이행과 위기의 대가는 전적으로 노동자계급에게 지워지고 있다. 구질서의 실질적 희생자였던 사람들은 이제 신질서에서도 실질적 희생자로 되고 있는 것이다.

---

52) *Financial Times*, 1990년 10월 29일.

쓰라린 현실 : 동독의 사례

동독의 이전 경제는 붕괴되었다. 그것은, 어떤 경제학 그룹이 '실로 어떤 역사적 선례도 찾아볼 수 없을 정도의 …… 불황'53)이라고 부른 사태를 겪었다. 붕괴의 이유는 간단하다. 통일 이후 동독 경제는 유럽에 있는 가장 강력한 경제로부터 불어오는 거센 경쟁의 폭풍에 노출되었던 것이다. 자본주의 국가들이 흔히 사용하는 무기인 관세에 의해서도, 그리고 통화가치를 조정하는 능력에 의해서도 보호받지 못하게 되자 동독 경제는 어쩔 수 없이 쇠퇴하거나 표류할 수밖에 없었다. 그것은 빠르게 침몰했다.

이러한 사태의 저변에 깔려 있는 이유는, 동독의 생산성 수준이, 비록 동유럽에서 최고이고 또 세계수준에 비추어 보더라도 높은 편이었지만, 지금 경쟁해야만 하는 선진 경제들에 비해서는 여전히 낮은 편이었다는 것이다. 여기에서 시장의 논리는 분명하게 드러난다. 수익성이 낮은 기업은 파산할 수밖에 없다는 것이 그것이다. 이 경우에 그 기업의 수익성이 경쟁기업에 비해 10퍼센트가 낮은가 50퍼센트가 낮은가 혹은 90퍼센트가 낮은가 하는 것은 중요하지 않다. 그 어떤 경우든 수익성이 낮은 경우에는, 직접적 경쟁기업이 그 기업을 파산하도록 몰아붙일 것이기 때문이다. 이러한 논리에 대한 대안이, 동독과 동유럽의 낡은 경제들을 쇄신하여 그들을 세계수준으로 끌어올리기 위한 대규모 투자 프로그램이다. 그러나 그러한 프로그램에 치러야 하는 비용 때문에 서방 자본은 그것을 그다지 매력적인 것으로 생각하지 않는다. 게다가 서방 자본은 새로운 직접적 경쟁자 그룹의 출현을 격려하는 일을 좋아하지도 않는다. 그러므로 스딸린주의로부터의 그러한 이행은, 세계경제의 동학(動學)과 정면으로 대립하는 또 다른 종류의 논리에 기초를 두어야만 진행될 수 있었다. 그러나 이것을 수행하는 것은 동과 서 양쪽 권력의 실질적 사회

---

53) G. Akerloff 외, 'East Germany in from the cold : the economic aftermath of currency union', *Brookings Papers in Economic Activity*, no. 1, 1991, p. 1.

기반에 도전하는 것을 의미할 것이었다. 그러한 도전을 감행할 준비가 되지 않았기 때문에 세계시장의 논리가 이행의 형태를 규정하게 된 것이다. 우리가 동독에서 보아 온 것은, 이러한 논리가 작동하는 하나의 축도이다.

사실 그 후에 발간된 동독의 자료 덕분에 경제학자들은 동독 산업의 실질 비용과 마르크화의 환율로 경쟁할 수 있는 동독 경제의 능력을 보다 정밀하게 측정할 수 있게 되었다. 이러한 자료에 기초해서 계산할 때, 구동독 산업의 오직 8퍼센트만이 서방과의 직접적 경쟁에서 살아남을 수 있었다. 상대적으로 가장 낮은— 물론 절대적으로는 높은 것이었지만— 생산비용이 드는 부문은 에너지, 야금, 유리 부문이었다. 반면 가장 높은 생산비용이 드는 분야는 화학, 식료 부문이었다. 경제학자들의 연구에 따르면, 이것을 시장의 논리에 그대로 내맡겨 둘 때, 시장은 동독의 상대적으로 선진적인 산업들 상당 부분을 파괴하게 될 것이고 그것들을 통일 독일과 세계경제 속으로 통합하면서도 이곳의 생산을 중단기적으로 서독 수준으로까지 끌어올리기보다는 부진하고 후진적인 지역으로 남겨 놓을 것으로 나타났다.

또 같은 연구의 추산에 의하면 88개의 그래도 나은 기업체들을 살아남게 하기 위해서도 75퍼센트의 실질적인 임금 보조가 필요한 것으로 나타났다.[54] 이런 규모의 보조금은 사실상 기대할 수 없는 것이었다. 서독 수상 헬무트 콜은 상대적으로 덜 고통스러운 이행을 약속했다. 보다 극적인 붕괴를 막기 위해 결국 보조금이 인상되어야만 했다. 1991년 봄이 되자 다섯 개의 새로운 동독 주의 GDP의 50퍼센트가 서독 지역에서의 이전금으로 구성되었다. 하지만 그러한 이전금은 낡은 경제의 산업적 핵심을 일으켜 세우는 데에 사용되지 않고 직접적 소비를 유지하는 데에 사용되었다.[55]

그 결과 1991년 동안에 산업생산고의 누적 감소치는 51퍼센트에 이르

---

54) 같은 책.
55) *Observer*, 1991년 3월 31일. 독일 자료에서 인용한 추정치.

216

렀고 1991년 전반에 걸쳐 산업생산은 계속 하락했다. 총생산고는 1990년
의 약 5분의 1 정도로 하락했다. 이러한 경제적 붕괴가 발생하면서 노동
력은 이와 마찬가지로 극적인 수축을 겪었다. 실업률은 실제로 이 수축
의 일부분만을 반영할 뿐이다. <도표 2-8>은 이 붕괴의 완전한 충격을
측정하기 위해 첨가되어야만 하는 기본적 자료들 중의 일부를 제시한다.

도표 2-8 : 구동독에서 노동력이 축소된 몇 가지 요인들
(각 유형의 노동인구가 차지하는 비율 : 단위=퍼센트)[56]

		실업 노동자	임시직 노동자	직업계획중인 노동자	정부훈련중인 노동자
1 9 9 0 년	6월	1.6			
	7월	3.1	7.5		
	8월	4.1	17.0		
	9월	5.0	19.4	0.05	
	10월	6.1	19.4	0.1	
	11월	6.7	19.4	0.2	
	12월	7.3	20.4	0.2	
1 9 9 1 년	1월	8.6	20.9	0.4	
	2월	8.9	22.0	0.5	
	3월	9.2	22.6	0.7	
	4월	9.5	22.9	1.0	2.4
	5월	9.5	22.2	1.3	2.7
	6월	9.5	21.4	1.7	3.1
	7월	12.1	18.2	2.4	3.5
	8월	12.1	16.5	3.0	3.7
	9월	11.7	15.2	3.6	4.0
	10월	11.9	13.6	4.0	

여기에다가 또 조기(早期) 은퇴자, 노동을 중단한 여성, 유럽에서 고
국으로 쫓겨난 이민 노동자 등이 가산(加算)되어야 한다. 실제로 최근의
정부 자료는, 58만 명 이상이 1989년 1월에서 1990년 6월 사이에 서독으

---

56) M. Haynes, 'Labour Force Contraction in the former GDR', Working Paper,
School of European Studies, Wolverhampton Polytechnic, 1992에는 구동독에
서 발생한 노동력 축소의 정도에 대해 조사되어 있다.

로 이주했다고 쓰고 있다. 이 이후에 이민은 '내부' 문제로 되었지만 통계들은 지금도 이 문제가 중요한 것으로 남아 있음을 암시하고 있다. 게다가 동독에서 서독의 직장으로 통근하는 20만 내지 30만 명의 사람들이 있다. 또 상당 수의 사람들이 여러 가지 형태의 국가 훈련을 받고 있는 중이다. 만약 우리가 이 모든 유형들을 총계해 본다면, 1989년에 동독에서 일자리의 40퍼센트 내지 50퍼센트가 사라졌음을 분명히 알 수 있을 것이다.57)

혜택을 받을 자격을 가지고 있었던 사람들에게 있어서는 생활수준의 하락이 일정하게 완화되어 나타났다. 왜냐하면 통일 과정에서 동독 지역에도 서독의 사회보장법을 적용하도록 되어 있었기 때문이다. 동유럽의 나머지 지역의 노동자들은, 그들의 사회보장 제도가 기존의 저임 수준에 맞도록 짜여져 있었기 때문에 동독만큼의 혜택을 누릴 수 없었다. 그러나 구동독에서조차도 그러한 극적 붕괴가 요구한 폭넓은 대가는 완화될 수 없었다. 베를린 장벽의 붕괴 이후 일년 뒤에 반대파 운동의 중심지인 라이프찌히 교회의 문에는 '우리 2백만 실업자들은 축제 기분을 낼 이유를 전혀 알지 못하겠다'고 쓰인 벽보가 나붙었다. 이제 일년이 더 지나고 나면 그러한 벽보에 쓰인 실업자 수는 아마도 두 배는 더 늘어날 것이다.

쓰라린 현실 : 동유럽의 경우

동유럽의 나머지 지역들에서 일어난 생산고의 하락은 <도표 2-9>에 집계되어 있다. 동독의 경우와는 달리 동유럽 국가들은 여전히 그들 자신의 정책들에 대한 통제권을 갖고 있었다. 어떠한 경제도—심지어 폴란드도—동독과 같이 세계시장에 완전히 개방되어 있지는 않았다. 이런 의미에서 그 밖의 지역에서의 붕괴는 동독에서만큼 크지 않았다. 그

---

57) (West) German Labour Office의 월례 정기 보고서에 기초한 자료.

럼에도 불구하고 1991년 동안에 OECD나 IMF 같은 서방 대리인들의
낙관주의—이 양자는 그해 초에 생산고의 하락이 상대적으로 적을 것
이라고 예측했었다—는 실질적인 붕괴의 규모가 예상외로 너무 컸던
탓에 폐기되었다. 그들의 계획은 급작스럽게 하향 조정되었다. 그 이유
는 간단했다. 붕괴의 저변에서 작용하는 논리가 구동독에서 전개되었던
것과 완전히 동일했기 때문이다.

도표 2-9 : 동유럽에서 실질 생산고 및 예측 생산고의 하락58)

		실	질	예	측	
		1989	1990	1991	1992	1993
(가) OECD	불가리아	-0.4	-13.6	-20.0	-6.0	-2.0
	체코슬로바키아	1.0	-1.1	-12.0	-5.0	1.0
	헝가리	-0.2	-5.0	-7.0	1.0	2.0
	폴란드	0.5	-12.0	-8.0	-1.0	0.0
	루마니아	-7.9	-10.5	-9.0	-4.0	-1.0
	소련	2.4	-4.0	-12.5	자료없음	자료없음
	6개국 총합	1.7	-4.9	-11.9	자료없음	자료없음
(나) IMF	동유럽과 소련	1.9	-3.6	-10.6	-3.9	자료없음
	동유럽	-0.7	-7.9	-12.0	2.1	자료없음

이러한 논리에 맞서 전통적 이론가들은, 이행이 빠르면 빠를수록 회
복이 그만큼 빨리 시작될 것이라는 식으로 희망을 피력했다. 그러나 예
측 가능한 미래에 성공의 조건들이 마련될 것 같지는 않다. 예를 들어
립턴과 색스의 주장을 살펴보자.

동유럽의 경우에 …… 우리는 근년 내에 성장의 일차적 엔진을 볼 수 있을 것이
다. 그것은 서유럽과의 경제통합에서 주어질 것이다. …… 무역 자유화의 성과를
충분히 거두기 위해서는 기존의 무역 장벽들은 철거되어야만 한다. 동유럽 국가

---

58) OECD, *Economic Outlook*, no. 49, 1991년 7월호, p. 36 ; IMF, *World Economic
Outlook*, p. 2, 1991년 10월호 ; OECD, *Economic Outlook*, no. 50, 1991년 12월호,
p. 55.

들은 서유럽 시장에 접근함과 아울러 유럽공동체의 새로운 일원으로서의 신분을 얻기 위해 협상해야 한다. …… 장기적으로 유럽공동체는 동유럽 국가들을 실질적인 회원으로 받아들일 수 있도록 확장되어야 할 것이다.[59]

설령, 성장의 일차적 엔진의 가동에 대한 그들의 주장이 옳다고 하더라도, 세계경제의 미래적 발전에 대한 이같은 매우 낙관적인 시나리오는, 실제로 세계경제가 그러한 엔진에 연료를 공급하기에 충분할 만큼의 강력한 호황을 경험할지 어떨지에 대해 거의 아무 것도 말해 주지 못한다.[60] 그 결과 통합에 대한 수많은 수사가 난무하고 또 EC 쪽에서 몇 가지 양보 조치를 시행했음에도 불구하고 '자유화의 충분한 성과'가 이 기간중에 나타날 것 같지는 않다. 더구나 동유럽의 상황은 너무나 불안정해서 궤도 이탈을 불러올 가능성이 매우 높다. 이미 걸프전과 이에 따른 경제봉쇄가 1991년 전반기에 동유럽에게는 물가상승 및 무역적자와 같은 매우 어려운 문제들을 제기한 바 있다. 동유럽 전체를 짓누르고 있는 것은 전쟁의 조짐이다. 이들 나라들이 비록 군사적으로 봉쇄되어 있긴 하지만, 유고슬라비아에서 이미 나타난 바 있듯이, 주민들이 도망 난민의 형태로 국경을 빠져나갈 가능성은 여전히 상존하고 있는 것이다.

그러나 그러한 낙관적 시나리오들이 이 나라들을 붕괴시킬 '예상 밖의' 발전에 대해 다룰 필요가 없었다는 것은 말할 것도 없다. 왜냐하면 이 시나리오들은 세계시장으로의 보다 긴밀한 통합의 이면에, 실질적으로 무엇이 잠재되어 있는가를 애매하게 흐리는 거짓 논리 위에 기초하고 있기 때문이다. 자본과 노동의 흐름의 변화나 무역패턴의 변화 등의

---

59) Lipton · Sachs, 앞의 책, pp. 101~102.
60) IMF(IMF, *World Economic Outlook*, p. 2, 1991년 10월호)는 1992년에는 ── 소련을 제외하면 ── 동유럽의 성장률이 2퍼센트에 이를 것이라고 낙관적으로 전망한다. 이 정도의 성장률이 유지된다 해도 1989년의 생산고 수준을 회복하려면 10년 내지 15년이 걸릴 것이다. 동유럽에서 회복이 이루어지고 있는 동안 세계의 나머지 나라들은 앞으로 나아갈 것이고 동유럽과의 격차는 더 커질 것이다. 왜냐하면 선진국과 '개발도상국'은 더 빠른 속도로 성장할 것으로 예측되고 있기 때문이다.

현실을 살펴보면 우리는 이러한 사실을 분명히 알 수 있다.

무역과 비교 손실의 논리

1989년 이전에 동유럽의 무역패턴은 경쟁적인 산업화 과정에 대한 지배계급의 후원 노력을 반영했다. 무역패턴은 세 가지 유형으로 분류되었다. 생산이 선진 서방에서보다 덜 발전했기 때문에 '동·서'간의 무역은 일반적으로 원료의 교환이나 제조업 및 고기술 상품을 위한 반(半)가공품의 교환이라는 형식을 띠었다. 상대적으로 후진적인 지역들과의 무역은 이와는 다른 성격을 띠었다. 이런 지역들에 비해서는 동유럽 블록이 상대적으로 더 발전해 있었기 때문에 동유럽 국가들은 제조업 생산품을 좀더 많이 수출할 수 있었다. 그러나 이 제조업 수출품이 일반적으로 세계시장의 여타 부분에서 획득할 수 있는 것보다 더 열등했기 때문에 동유럽은 이 무역패턴을 뒷받침하기 위해 이 지역들에 원조, 보조금, 정치적 후원 등을 해 줄 필요가 있었고 또 수출품에 대한 대가로서 상대적으로 경쟁력이 약한 제3세계의 상품을 받아들여야만 했다. 제3의 무역지대이자 가장 큰 무역지대는 동유럽 자체내에 있었다. 여기에서는 블록내의 불균등한 발전수준을 반영하는 좀더 복잡한 무역패턴이 발전되었다. 그러나 일반적으로 블록 내부의 무역은, 동유럽이 소련으로부터 원료와 에너지를 수입하고 자신들의 제조업 생산품을 소련에 수출하는 형태를 띠었다. 세계시장 가격의 경화(硬貨)로 이루어졌던 서방과의 무역에서와는 달리 이 무역은 동유럽 블록의 화폐로 이루어졌고 또 그것은, 시간이 흐르면서 세계시장 가격에 더욱 접근해 갔지만 그러나 일정 정도는 세계시장 가격과는 고의적으로 분리된 가격으로 이루어졌다.

특히, 경쟁적 산업화 과정을 막기 위해 세계시장에 맞서 강력한 무역장벽이 설치되어야 했기 때문에 이중의 국가보조금 제도가 발전되었다. 소련 지배자들은 자신들의 원료와 석유를 세계시장 가격보다 싼 가격으로 동유럽에 팔았다. 그리고 다른 지역에서 살 수 있는 것보다 훨씬 질이 떨어지고 가격은 비싼 동유럽의 제조업 생산품을 그 대가로 받았다. 이러한 무역패턴은 두 가지 사태를 낳았다. 경제적으로 그것은 보다 높은 산업화를 촉진시켰으며 이를 통해 서방과의 경쟁 시도를 부채질했다. 정치적으로 이러한 실질적인 보조금 제도는, 소련 지배계급이 자신의 포괄적인 정치적·군사적 목표를 달성하기 위해 동유럽 블록을 장악하기 위해서는 반드시 치르지 않으면 안될 대가의 일부가 되었다.[61]

1989년 이래 이러한 패턴은 산산조각이 났다. 이러한 경제들이 세계시장에 개방되어 자신들의 무역활동의 상당 부분을 세계시장 가격의 경화로 수행하게 된 결과, 무역구조의 거대한 재조정이 있게 되었고 그것은 동유럽 무역구조의 상당 부분을 실질적으로 비(非)산업화시켰다. 또 이러한 사태로 말미암아 이 지역의 취약한 경제들은 선진 지역들과 동등한 조건에서 경쟁을 할 수밖에 없게 되었고 그 결과, 이 경제들은 거대한 무역적자를 기록하게 되었다.

이러한 사태가 어떻게 해서 발생하게 되었나를 알기 위해서는 총체적인 무역패턴의 변화를 살펴볼 필요가 있다. 소련의 지배계급이 동유럽에 대한 자신의 지배권을 포기한 이후 동유럽 블록내에서 낡은 과거적 무역패턴을 유지하도록 만드는 자극제는 그 어느 편에도 존재하지 않게 되었다. 그리하여 블록내의 무역은 1990년이 되어서는 20~30퍼센트씩 하락하였고 이러한 추세는 1991년까지 계속되었다. 1991년 봄부터 일체의 블록 내부 무역은 세계시장 가격의 달러로 결제되도록 되었고 이로써 지금까지 블록 내부 무역을 조정해 온 구(舊)코메콘 구조는 치명적인 손상을 입게 되었다. 특히 지금까지 동유럽 제조업 상품의 주된 수입자였던 동유럽과 소련은 이들 상품에 대한 구매를 중지했다. 그 이유는 간

---

61) 지금까지 이 실질적 보조금의 규모를 계산하려는 다양한 시도들이 있어 왔다. 도표에 의하면 1970~1984년 사이에 소비에트 시민들 개개인은 저질 상품을 구매한다거나 과도한 가격이 매겨진 제조품을 구입함으로써 동독── 동유럽 블록에서 가장 선진적인 나라 ── 산업을 연간 270달러 정도씩 보조했다. *Financial Times*, 1990년 3월 12일.

단했다. 우선 그들은 이들 말고라도 딴 곳에서 얼마든지 필요 물품들을 구입할 수 있었고 또 소련이 원료와 에너지, 특히 석유의 수출 가격을 달러로 결재하도록 요구하기 시작한 이후 자신들의 구매품 대금을 지불할 경화를 갖고 있지 않았기 때문이다.

이와 때를 같이하여 은폐되어 있었던 보조금이 폐지되고 동유럽 국가들이 지불을 위한 경화 요구를 더 크게 갖게 됨에 따라, 상대적으로 후진적인 지역과의 무역 역시 수축하기 시작했다. 실익이 있는 유일한 무역 대상은 선진 서방이었다. 1990년에 모든 동유럽 국가들은 선진 서방에 대한 수출을 확대했다. 단 하나의 예외가 있다면 루마니아였는데 이 나라는 수출이 30퍼센트 하락했다. 헝가리와 폴란드는 특히 성공적이어서 OECD 지역으로의 수출을 26퍼센트 내지 44퍼센트 증가시켰다. 이것은 개별 경우로서는 — 유럽공동체와 더불어 — 가장 강력한 성장을 보인 것이다.62)

서방의 자유시장 지지자들은 선진 서방으로의 이러한 수출 확대를 중시해 왔다. 유엔의 유럽 경제위원회는, '이 나라들에서의 개혁의 진전과 그들의 수출 신장력 사이의 긴밀한 상호관계에 주의를 기울여 보는 것은 흥미있는 일'이며 '최근의 수출 성과를 보면 비록 조심스럽긴 하지만 이곳의 수출 전망이 밝다고 바라볼 여지가 있음을 알 수 있다'고 쓰고 있다.63) 그러나 그러한 언급들은 현재 일어나고 있는 총체적 변혁을 애매 모호하게 만든다. 사실 이 두 지역간의 무역을 살펴보면 고도 산업생산물의 무역은 축소되었음에 반해 하급 산업생산물의 무역이 확대되었음을 알 수 있다. 이러한 사실은 세 가지의 효과를 가져 왔다. 우선 무역의 전반적 수준이 가치면에서뿐만 아니라 총량면에서 하락했다는 것이다. 이것은 엄밀하게 보면 무역 '파괴' 과정의 일환으로 볼 수 있다. 두 번째 효과는, 동유럽 국가들이 농업생산물, 원료 그리고 중·저급 생

---

62) OECD, *Economic Outlook*, 1990년 3월 12일.

63) United Nations Economic Commission for Europe, *Economic Survey of Europe in 1990*~1991(New York, 1991), pp. 90~*91*.

산물의 수출에 더 큰 관심을 기울여 왔다는 것이다. 세 번째로는, 이 나라들이 무역의 상당 부분을 경화로 지불해야 하게 됨에 따라, 무역수지가 급격히 악화되었다는 것이다. 무역의 오직 일부만이 경화로 이루어졌던 1980년대 동안에 이 나라들은 다소간의 균형 무역을 유지해 나갈 수 있었다. 그러나 1990년대에 들어서 이들 나라에서는 매년, 더욱 엄격한 긴축이나 차입에 의하지 않고는 처리될 수 없는 70~80억 달러 상당의 엄청난 계정(計定)상의 적자가 기록될 것으로 보인다.64)

이러한 새로운 무역패턴을 변화시킬 전망은 매우 불투명하다. 물론 동유럽에는 성공한 사례들도 없지 않다. 하지만 이들이 새로 출현하고 있는 무역패턴에서 실익을 거둘 수 있을 것으로 보이지는 않는다. 이 경제들은, 기존의 실질적인 세계시장 경쟁과 상당한 무역 장벽이 존재하는 곳에 스스로를 적응시키는 방식으로 경쟁해 나가지 않을 수 없게 되어 있다. 예를 들어 헝가리, 폴란드, 체코슬로바키아의 대(對)OECD 수출의 25~30퍼센트와 그들의 대(對)EC 수출 가운데 이보다 더 높은 몫이 농업, 섬유, 철, 강철, 그리고 화학 분야의 것이다.

> 이 생산물들은, 수입할당제(quota)나 자발적 수출억제, 가격통제, 반덤핑조치 그리고 상쇄 절차 등등의 중요한 비관세 장벽들에 종속되어 있다. 이 장벽들은, 중앙 유럽 및 동유럽 국가들이 다국간 무역체계에 편입되고자 하는 노력을 가로막는 중요한 장애물들이다.65)

차별이 너무 분명하지 않도록 하기 위해 약간의 양보 조치들이 취해지는 것도 분명 가능했다. 바로 이것이, 유럽공동체에서 취해지기 시작한 조치들이다. 그러나 실제로 이러한 장벽들이 대규모로 철폐되는 것은 거의 불가능해 보인다. 특히 세계경제에서의 성장이 더욱 어렵게 된다면 더욱 그러할 것이다. 동유럽으로부터 서유럽으로의 농산물 수출 증가에 대해 이미 상당한 논란이 일어난 바 있다. 동유럽의 농업 수출품은 70억

---

64) OECD, *Economic Outlook*, no. 49, 1991년 7월호, p. 39.
65) 같은 책.

224

달러의 가치에 달했음에 반해 지난날 유럽공동체로 이전된 가치는 불과 20억 달러에 불과했던 것이다. 그럼에도 불구하고 동유럽에서 서유럽으로의 수출량을 더 늘리는 것은 분명히 가능하다. 동유럽에서 서유럽으로의 수출품 가치가 현재는 유럽공동체 생산고의 불과 1퍼센트 정도에 불과하기 때문에 특히 그러하다. 그러나 서유럽의 농업자본가들은 로비활동을 통해 많은 수의 빈농들과 강력한 동맹을 체결했다. 유럽 자본 전체에 대해 이 동맹이 갖는 비중은 점점 줄어들어 가고 있지만 그럼에도 불구하고 이것은 지금까지 상당량의 양보들과 보조금이 줄어들 수 있음을 보여주었고 또 세계시장에의 더 큰 개방에 대한 저항이 있을 수 있음도 보여주었다.66)

자본 : 잃어버린 호황

동유럽 경제들이 하강하기보다 오히려 상승할 수 있으리라는 희망은 대개 다음과 같은 믿음, 즉 해외 자본이 새로운 기술을 가지고 이 지역에 밀려들어 오리라는 믿음에 기초를 두고 있었다. 어떤 의미에서 보면 지금 이런 일이 일어나고 있다고 할 수 있을 것이다. 특히 1990년은, 사적 자본이 주도권을 쥐고 있는 것으로 보이는 이른바 '합병 모험기업의 전성시대(joint-venture euphoria)'를 보여주었다. 유엔의 유럽 경제위원회는 1990년말에 거의 14,000개의 합병 모험기업들이 들어섰다고 기록하고 있다. 이중 11,500개가 바로 그해에 들어섰는데 이들의 '매매 계약'

---

66) 농업 무역의 대규모 확장은 동유럽을 위한 30대 제안 그룹의 중요한 역할 중의 하나이다. *Financing Eastern Europe : A Study Group Report*, 1991(*IMF Survey*, 1991년 7월 29일자에는 이 그룹의 주요한 결론이 간략하게 요약되어 있다). 동유럽의 농업은 지금 노동인구의 8퍼센트를 사용해서 서유럽 생산고의 겨우 5퍼센트 정도를 생산하고 있다. 그러나 불공평하게도 대농(大農)과 대규모 식품가공 회사에 편중되어진 농업 보조금은 유럽공동체 예산의 약 60퍼센트를 차지한다. 주당 식량 보조비는 가구당 14파운드에 달할 것으로 추정된다.

총량은 73억 달러에 달했다.67) 저널리스트들은 사적 기업가들의 기업심을 부풀려서 칭찬해 댔다. 국가 차원에서는, 신설된 '재건과 개발을 위한 유럽은행(EBRD)'의 쟈끄 아딸라이와 같은 국제기관의 수뇌들이나 국가의 수뇌들이 최상의 낙관적 전망들을 요란스럽게 내놓았다. 만약 새로운 마샬 플랜이 준비되고 있는 것이 아니었다고 할지라도 이곳에는 동유럽이 제 길에 들어서도록 도울 여러 기금들, 즉 기술정보 기금, 기업 기금, 경제원조 및 식량원조 기금들이 있는 것으로 보였다.

이 모든 것들은 기껏해야 소망을 표현한 것이거나 최악의 경우에는 솔직하지 못한 통계 조작에 불과한 것이었다. 이것을 알기 위해서는 실제의 흐름을 살펴보는 것이 필요하다. 제2차 세계대전 이후 마샬 플랜은 오늘날의 가격으로 환산해서 약 3천억 달러의 가치 이전을 의미했다. 최근에는 약 200억 달러로 운영되는 신탁회사 — 동독에서 유통되는 자산을 안전하게 지키는 책임을 진 — 의 담보 하에 약 5백억 달러가 서독으로부터 동독으로 이전되었다. 동유럽의 파산을 막기 위해 필요한 추산치는 그때그때 변화했다. 세계은행은 — 자신들의 낙관적인 시나리오에 입각하여 — 유고슬라비아와 구소련을 제외한 동유럽 지역의 경제들을 기존 수준으로 유지하기 위해 연간 약 200억 달러가 필요할 것이라고 추산했다. 이들 경제들을 일신(一新)하기 위해서는 마샬 원조계획에서 주어진 것과 비슷하거나 혹은 그보다 많은 수준의 원조가 필요할 것이라고 추산되었다. 여기에 구소련을 포함시키게 되면 그 수치는 다시 비약적으로 높아지게 된다. 가장 최근인 1991년 겨울에 제시된 제안에 따르면 새로 출현하고 있는 이들 일군의 국가들이 안정적으로 살아남기 위해서는 1992년에만 200억 달러가 필요하며 또 이 수치는 지금 이들 경제가 보이고 있는 나선형적 하강 과정이 중지되지 않는다면 더 늘어날 것이 확실하다고 한다.

세계경제가 오늘날보다 훨씬 덜 생산적이었던 과거에 거대한 양의 총액이 일시적으로 주어졌던 적이 있다는 사실을 고려해 보면 오늘날의

---

67) OECD, *Economic Outlook*, no. 49, 1991년 7월호, p. 37.

226

합리적으로 조직된 체제가 동유럽을 재건하기 위해 필요한 액수를 제공할 역량이 있다는 것은 의문의 여지가 없다. 그러나 지난 수십 년 동안세계경제에는 세계의 더 가난한 나라들을 도울 수 있는 역량이 존재했음에도 불구하고 그 나라들은 지금까지 일축되어 왔다. 오늘날 이와 동일한 사태가 동유럽 블록에서 벌어지고 있는 것이다. 자본의 실질적 유입은 물방울 떨어지는 것처럼 소량씩 이루어지고 있다. 한편 제3세계에서와 마찬가지로 이 블록은 대규모의 자본유출로 파산할 위기에 처해있는데 그 이유는, 이 블록의 경제들이 구체제의 부채를 인수하지 않을수 없었기 때문이다. 좀더 현실주의적인 관찰자들이 보기에 서방의 국가들과 자본들이 이렇게 여러 차원에 걸친 문제들을 눈앞에 보면서도 전혀 손을 쓸 수 없다는 사실 그 자체가 하나의 비극이다.

> 금세기의 피그미족들 사이에서 자력갱생이라는 슬로건으로 피난처를 찾아온 정치가들과 관료들 —— 독일 배상의 기획자로부터 유화(宥和) 정책의 제안자에 이르기까지 —— 은 지금 자신들 앞에 놓인 지진처럼 격렬한 도전을 이해할 능력이 없으며 그렇기 때문에 이에 대처할 정치적 지도력을 행사할 힘도 전혀 없다.[68]

이러한 관점을 가진 평론가들은 1991년 여름에 소련에서 일어난 쿠데타의 실패를 계기로 서방에서 동유럽에 대한 중대한 정책상의 변경이나타나리라 기대했었다. 하지만 이후의 과정을 보면 구호만 요란했을 뿐현실적 변화는 미미하였고 정책들은 이내 이전의 낡은 궤도로 되돌아왔음을 알 수 있다.

그러나 사태가 이렇게 진전된 이유는 결코 어떤 상상력의 실패 때문이 아니다. 그것은 서방의 실제적 상황 자체 속에 놓여 있다. 우선 선진서방 자신이 동유럽의 구제에 기꺼이 나설 수 없도록 가로막는 그들 자신의 문제들에 직면하고 있었던 것이 하나의 이유이다. 두 번째 이유는,미국이 세계경제를 지배하고 있으면서 자신의 경제가 실질적으로 이득을 보리라는 계산 하에 전후 복구에 박차를 가할 여유가 있었던 1945년

---

68) Will Hutton, *Guardian*, 1991년 7월 10일.

과는 사정이 달랐다는 점이다. 오늘날에는 경제적 권력이 그때보다 훨씬 균등하게 분배되어 있고 상황이 더욱 경쟁적이기 때문에 어떠한 국가도 다른 국가를 무임으로 승차시켜 줄 능력이 갖추어져 있지 않은 것이다. 이처럼 경제적 권력의 균형이 변화하고 있다는 것을 보여주는 한 사례는 재건과 개발을 위한 유럽은행(EBRD)이다. 이 기구는 1945년 이후에 미국에 의해 실질적으로 통제되지 않는 것으로는 처음 출현한 거대한 세계금융기구이다. 보다 중심적인 원조는 선도적 산업국가들의 모임인 G7의 책임 하에 맡겨져 있는데 여기에서 각 국가는, 자신이 자신들의 '동유럽 형제들'을 돕기 위해 무엇을 할 것인가 고민하고 있다고 말로는 떠들면서도 실제로는 자신이 아닌 다른 국가들을 이 원조활동의 전면으로 떠밀기 위해 애를 쓰고 있다. 셋째로, 분별있는 투자 분석가들이 동유럽의 향후 전망에 대한 현실적인 조사들을 통해, 개혁의 확실한 보장이 없이는, 그리고 원조 증가나 투자 증대에 뒤따르는 수익에 대한 보장이 없이는 손해를 회복하려다 더 큰 손해를 볼 것이라는 타산을 내리고 있기 때문이다.

무역 전망에 대한 분석에서 주의해야 하는 것과 마찬가지로 실제 일어난 사태의 특정 부분에 대한 선택적 묘사에 의해 사태를 오판하지 않도록 주의를 기울이는 것이 중요하다. 총체적 상황을 판단하기 위해 우리는 우선 외채에서 시작하지 않으면 안된다. 1990년대의 외채 부담은 <도표 2-10>에 제시된 바와 같다. 1,230억 달러에 달하는 순외채 때문에 1990년에 이자지불로 나간 유출액만도 120억 달러에 달했는데 이것은 그해에 이 지역으로의 실질적 유입액보다도 더 컸다. 달리 표현하면 선진 서방의 국가들이나 은행들이 점차로 가난해져 가는 이 나라들에게 자본 수출자로 작용한 것이 아니라 오히려 이 나라들이 서방 국가나 은행들에게 자본 수출자로 작용하고 있었던 것이다. 설령 약속된 것보다 더 많은 실질 원조가 주어졌다고 할지라도 이 문제는 여전히 남아 있는 것으로 보인다.

<도표 2-10>의 2, 3, 4열이 보여주는 것처럼 이러한 자본유출을 지탱할 능력은 이제 일정한 한도에 도달했나. 이 나라들은 국가 파산의 문턱

에 도달해 있는 셈이다. OECD는 이러한 상황을 보다 우아한 용어로 표현하고 있는데, '실제로 중앙 유럽과 동유럽의 모든 나라들은 시장 신용을 상실당할 위험에 처해 있다'[69]는 판단이 그것이다.

도표 2-10 : 동유럽의 외채, 외채율 그리고 1990년대의 지불액[70]

	1	2	3	4	5
	순외채 (10억 달러)	순외채 / 수출 비율	순이자 / 수출 비율	외채 사용률	순이자지불액 (10억 달러)
불 가 리 아	9.8	468	43	77	0.9
체코슬로바키아	6.3	111	10	25	0.6
헝 가 리	20.3	343	35	65	2.1
폴 란 드	41.8	418	41	71	4.1
루 마 니 아	1.3	38	1	10	0.03
소 련	43.4	139	14	29	4.4
합 계	122.9	211	21	39	12.1

＊순외채 : 총차입액에서 서방 은행에 남아 있는 잔고를 뺀 액수.
＊순외채 / 수출 비율 : OECD가 '전반적 부채를 재는 가장 좋은 지표'라고 묘사한 것. 연간
　　　　　　수출 가운데서 외채가 차지하는 비율. 100 이하의 수치는 부채 수준이
　　　　　　낮음을, 100~200은 중간 수준임을, 200 이상은 높은 수준임을 의미한다.
＊순이자 / 수출 비율 : 수출소득에 비해 연간 이자지불액 부담이 얼마나 되는지를 보여준다.
＊외채 사용률 : 수출소득에 비해 외채상환 및 이자지불액 부담이 얼마나 되는지를 보여준다.
＊순이자지불액 : 선진 서방으로 이전되는 자본 총액을 보여준다.

이러한 위험성의 또 다른 측면은, 개혁이 이 나라들의 정치적 불안정성을 가중시켰고 이로 말미암아 상업 차관을 받기 위해 필요한 신용이 더욱 줄어들었다는 것이다. 그 결과 서방의 은행자본들은 실제로 동유럽 블록에 대한 차관 활동을 유예하였다. 1990년에 동유럽으로의 사적 은행 대출은 65퍼센트 하락했다. 그리고 이러한 낮은 대출 수준은 중단기적으로 계속될 것이다.[71] 여기에서 나타나는 아이러니는, 서방 은행들이 이

---

69) 같은 책, p. 29.
70) OECD, *Financial Market Trends*, no. 48, 1991년 2월호, pp. 20~26.

곳의 구체제를 끝까지 밀어 주려 한다는 것이다. 그 이유는, 이 지역에서의 억압이 서방 자본이 사업을 해 나가기에는 더 좋은 조건을 조성해 주기 때문이다. 경제적으로 볼 때 강력한 중앙 통제는, 부채가 어떻게 해서든지 상환될 수 있을 것으로 보인다는 것을 의미했다. 바로 이것이, 1980년대말에 차우체스쿠가 — 그 나름의 이유에서 — 루마니아에서 수행한 일이다. 정치적으로 볼 때 억압이 이루어진다는 것은 제3세계에서의 외채 이행 중지 압력과 같은 대중적 압력이 거의 없다는 것을 의미했을 뿐만 아니라 하나의 위협 요인인 아래에서의 노동자계급 및 농민의 저항이 제거될 수 있다는 것을 의미했다.

이 지역에서 반란이 터질 때면 언제나 서방이 거짓 위선의 눈물을 뚝뚝 흘리면서도 대출을 계속해 주었던 이유가 바로 여기에 있다. 1981년 겨울에 폴란드에서 사업을 하고 있던 어떤 은행가는 '소련이 침공해 오면 좋을 것이다. 소련은 폴란드의 채무를 인수하지 않을 수 없을 것이니까'라고 말했다. 원료가 한참 이동중이던 때인 그 다음날에는 방송에서 다음과 같은 또 다른 은행가의 말이 인용되었다. '폴란드 경제를 다시 움직이게 하기 위해 한두 사람이 사살된다 하더라도 그러한 비용은 참으로 값싼 것이다.'72) 그래서인지 서방 은행 자본들이 제3세계에서 손가락을 데이고 난 이후인 1980년대말에 이들은 다른 지역에 대해서는 대출을 줄이면서도 동유럽 지배자들에게만은 계속해서 대출을 해 주었다. 사실 동유럽은 1980년대초의 신용 하락 이후에 다시 자신의 신용도를 회복하고 있었을 뿐만 아니라 심지어는 그 때보다 신용도를 더 높이고 있었고 '이 지역은 국제 금융 시장에서 강세를 기록하고 있었다.' 그런데 오늘날은 상황이 얼마나 다른가! 폴란드를 예로 들어보면 '제정신을 가진 서방 은행가들은 지금 당장 폴란드에 신규 대출을 해 줄 마음을 꿈에도 품지 않고 있다.'73)

---

71) 같은 책, pp.30~31.
72) *Sunday Times*, 1981년 12월 13일. 두 번째 은행가의 말은 1981년 12월 14일자 BBC 라디오 방송에서 인용되었다. M. Haynes, 'Russia, eastern Europe and the world economy'(London, 1982년 1월 15일에 비평협회에 제출된 글)를 보라.

여기에서 나타난 것처럼 자본의 유입은 주로, 서방 국가들이나 국제 기구들에 의한 대출이나 원조 혹은 직접적인 사적 자본투자의 형식을 취하고 있었다. 차관 및 원조와 관련해서 제기되는 문제는 이미 높은 수준에 도달한 부채였다. 서방은, 부채가 한편에서는 동유럽 블록 그 자체에 대항하는 무기로 될 수 있다고 보면서도 또 다른 한편에서는 동유럽에게 지나치게 관대할 때 세계 여타 지역의 부채구조를 땜질하는 것보다 더 많은 수고를 요구할 정도로 이곳의 부채가 늘어나지 않을까 염려하고 있었다. 폴란드만이 뚜렷한 예외에 속했는데 이 나라는 1991년 봄에 OECD로부터 '예상 외의 부채감소'가 있었다고 인정되었다. 그 감소의 규모는 총부채의 약 3분의 2에 해당되는 국가간 부채 가운데 50퍼센트에 달하는 것이었다. 이러한 사태가 얼마나 뜻밖의 것이었는가 하는 것은 다음과 같은 사실, 즉 이전까지 가장 큰 부채 탕감은 사하라 이남 아프리카의 빈곤하기 그지없는 경제들에서 있었던 3분의 1 수준의 탕감 기록뿐이었다는 사실을 통해 설명된다.[74] 그런데 폴란드의 부채감소는 정정당당한 보상에 의한 것이었다. 이것은, 재정적 파산으로 1990년 선거에서 구집권자가 패배함으로써 과거의 부채를 인수하지 못한 불가리아의 경우와는 다른 것이었다.[75]

---

73) OECD, *Financial Market Trends*, 앞의 책, p. 16 ; D. Fairlamb, 'Eastern Europe Opportunities for Bankers', *Banking World*, 1990년 4월호, p. 22.

74) OECD, *Economic Outlook*, no. 49, 1991년 7월호, p. 40. 여기에는 폴란드에 대한 대우와 세계의 더 가난한 나라에 대한 대우 사이의 차이가 기록되어 있다. 예를 들어 필리핀에서는 채무이행을 중단해서는 안된다는 막대한 압력이 가해졌다. 한 인권변호사의 말에 의하면 "그러나 그때 필리핀은 공산주의를 폐지해 버린 것은 아니었다[원문이 틀렸지만 그대로 둔다 ― 헤인즈]. 우리는 단지 레이건이 마르코스와 친하게 지내지 못하도록 막았을 뿐이다." 아마도, 일부의 사람들이 냉소적으로 말하는 바와 같이, 외채를 탕감하는 방법은 공산주의 국가가 되어 정부를 폐지해 버리는 것일지도 모른다. J. Seabrook, 'Bad Debts', *New Statesman*, 1991년 6월 21일.

75) M. Glenny, *The Rebirth of History : eastern Europe in the Age of Democracy*,(London, 1990), p. 185를 보라.

국제기구들이나 국가기구들로부터 동유럽으로 이동해 온 총자본유입량을 측정하는 것은 쉬운 일이 아니다. 투자 발의자들이 워낙 다양한 것도 그 이유 중의 하나이지만 수사적 말과 현실을 구별하기가 어려운 것도 또 하나의 이유이다. 예를 들면, 지금까지 쟈끄 아딸라이(Jacques Attalai)와 EBRD가 커다란 주목을 받았지만 EBRD가 생긴 지 얼마 안 되어서 그것은 '시(市) 사령부만 번쩍번쩍 빛나고 호텔 요금과 항공 요금만 엄청나게 비싼' '집단적 낭비의 본보기'가 되어 버렸다.76) 실제로 그 조직은 다른 기구들에 비해 자신의 임의대로 처분할 수 있는 기금 액수가 상대적으로 적다. 그러므로 서방의 원조를 옳게 평가하려면 1)투자된 실질 액수가 얼마인가 2)그 액수가 실제로 지불되었는가 3)차관의 조건이 무엇인가(공짜 선물은 거의 없기 때문이다!) 4)그것이 미칠 수 있는 효과는 어떤 성격의 것인가 ── 예컨대 어떤 EC 기금들은 동유럽의 농업 수출품을 소련 시장쪽으로 덤핑 판매함으로써 일단의 문제가 해결되는 것처럼 보임과 동시에 또 다른 일단의 문제를 야기시키도록 되어 있다 ── 등을 반드시 고려해야 한다.

이러한 항목들이 조사되고 나면 수사적 말들은 빠르게 수그러들게 된다. <도표 2-11>은 동유럽(구소련은 제외)이 주요 국제기구들로부터 승인받은 차관액과 실제로 지불받은 차관액을 비교해 봄으로써 위의 사실을 보여주는 사례 중의 하나이다. 독자들은 이 수치를, 안정을 위해 필요한 것으로 간주된 앞서 언급된 최소 자본유입액과 비교해 보아야 할 것이다.

그렇다면 서방 기업들의 극찬을 받은 사적 투자 붐은 어떠한가? 이에 대한 대답은 간단하다. 그것은, 그러한 붐이 존재했던 것은 겨우 두세

---

76) *Economist*, 1991년 8월 10일, *Guardian*, 1991년 8월 27일. '가난한 나라가 굶어 죽어가고 있는 동안' 호화판 여행을 즐기면서 EBRD는 IMF와 세계은행이 이미 확립해 놓은 패턴을 따라가고 있다. 이들의 활동에 대해 비판적인 글인 'Pinstripes and Poverty : Inside the World Bank', *New Internationalist*, 1990년 12월호를 보라. 이 글은, 이들의 활동을 찬양한 『이코노미스트』 시(誌)의 소사인 'IMF and World Bank Survey', 1991년 10월 12일자와 비교해 보아야 한다.

232

개의 부문에 불과했다는 것이다. 서비스 부문에서는 투자에 있어 좀더 분명한 태도가 보였다. 그것은 세 가지의 특별한 이유를 갖고 있다. 그 중 하나의 이유는, 동유럽이 충분한 화폐로써 뒷받침되기만 한다면 상대적으로 낮은 가격의 서방 상품의 생산자 및 분배자 역할을 할 만큼 투자가치가 있는 하나의 거대한 잠재적 수요시장을 형성하고 있었다는 것이다. 두 번째 이유는, '세계의 소매 및 소비 부문에서 벌어지는 시장, 시장할당 몫, 이윤을 둘러싼 전투에서 서방 시장들이 바야흐로 전 지구적 통합의 문턱에 도달해 있었다'[77]는 것이다. 맥도날드, 버거 킹, 펩시, 마크 앤 스펜스, 베네통 그리고 이와 비슷한 그룹들이 동유럽으로 빠른 속도로 몰려갔던 것은 이 두 가지의 이유로 설명이 된다. 세 번째 이유는, 서방 은행들이나 금융 상사(商社)들, 회계사들, 고문들이 투자를 하지 않고도, 즉 동유럽 정부들이 자신들의 경제를 매력적인 것으로 만들려면 어떻게 해야 하는가를 말해 주는 것만으로도, 한마디로 말해 의심스럽기 짝이 없는 그들의 전문기술을 파는 것만으로도 이제 상당한 이윤을 챙길 수 있었기 때문이다.

도표 2-11 : 1989년에서 1991년까지 IMF, 세계은행, 24개국 그룹으로부터
동유럽으로 주어진 차관 총액 (단위 : 10억 달러)[78]

	승 인	실제 지불
불 가 리 아	1.9	0.2
체 코 슬 로 바 키 아	4.3	0.7
헝 가 리	9.0	1.4
폴 란 드	13.3	1.7
루 마 니 아	2.5	0.9
총 계	31.0	4.9

---

77) Boston 자문단, 'Eastern Europe — the free market makes its debut', *Director*, 1990년 11월호, p. 122.120
78) *Economist*, 앞의 책, p. 49.

이 이야기의 나머지 부분은 이와는 사뭇 다르다. 1989년의 열기 속에서 일부의 서방 자본이 동유럽이 제공할 것으로 보였던 약속들에 넋을 잃었던 적이 있다는 것은 분명한 사실이다. 예를 들면 초기 서독의 합병 모험기업의 약 40퍼센트가 앞을 다투어 사업의 성사 여부를 조사하는 일에 나섰었다.79) 심지어는 지금도 여러 기업들이 상당한 열의를 갖고 동유럽 투자의 가능성에 대해 언급할 태세가 되어 있다. 하지만 그들의 실제적 전략은 이제 훨씬 더 조심스럽다. 투자 계약은 세 가지 목적 때문에 이루어진다. 첫번째 목적은 동유럽의 '왕관 속의 보석'을 신속히 그리고 가능한 한 헐가에 낚아채는 것이다. 두 번째 목적은 가장 매력적인 녹초지를 움켜쥐는 것이다. 그리고 세 번째 목적은 이후 생길 수 있는 경쟁자들에 맞서기 위한 선점 조치로서 전략적 투자를 해 두는 것이다. 그러나 이 모든 경우에 있어서 기본 원칙은 제한된 범위내에서만 투자에 참여하는 것이다. 어떤 지도적인 투자 상담가는 '위험이 따르기 때문에 …… 이 지역에서는 너무 많은 투자를 하지 말고 전략적 선택 부문을 획득해 두는 것이 가장 바람직하다'고 쓴 후에 '투자 결정은 …… 보통 경우보다 더욱더 조심스러워야 한다'고 촉구하면서 지금 당장에 가장 좋은 투자는 최소한의 '휴면(休眠)적' 투자라고 덧붙이고 있다.80)

---

79) R. Hunerberg, 'Risk and opportunities in eastern Europe', *European Management Journal*, vol. 8 no. 4, 1990년 12월호, p. 518.

80) 같은 책. 그가 말하는 정도로 조심하면서 A. Hermann · M. Hermann, 'Eastern and Central Europe : opportunities and problems', *European Management Journal*, vol. 8 no. 3, 1990년 9월호를 보라 ; I. Zloch-Christy, 'Political risk assessment in lending to Eastern Europe', idem., vol. 8 no. 4, 1990년 12월 ; Boston Consulting Group, 'Eastern Europe — the free market makes its debut', *Director*, 1990년 11월호, p. 122, 120. 사적 자문회사들의 충고는 좀더 조심스럽다. 저자가 주목하고 있는 하나의 보고서는 아시아 기업에게, 폴란드를 즉각적으로 이윤을 낼 수 있는 원천이 아니라 '나중에 좀더 큰 시장 지분을 확보하기 위해 필요한 선행 투자 지역'으로 간주하도록 충고한다. 그러나 투자회사들은 '폴란드에서 투자를 위한 좀더 좋은 조건을 획득해 두기' 위해서는 장기간에 걸쳐 실질적인 헌신을 하고 있는 것처럼 보여야만 한다. 여기서 말하는 '좋은 조

가장 낙관적인 시나리오에 입각해서 동유럽의 재정 조달에 대해 연구했던 30개 그룹이, 동유럽으로의 자본유입 총액이 1991~1995년간에 135억 달러에서 198억 달러로 상승(이중에 사적 자본은 12퍼센트에서 불과 25퍼센트로 상승)할 것으로 보고 있다는 사실을 주목하는 것으로 우리는 지금까지의 논의를 종합해 볼 수 있다. 그리고 이 낙관적 시나리오는 급속한 개혁을 가정했다.[81] 그리고 이 수치는 유입 측면만을 계산한 것에 불과하므로 이에 대립하는 유출 측면, 즉 이자지불, 부채의 원금상환, 이윤의 본국 송금 등의 유출 등이 반드시 계산되어야 한다.

그러나 해외 투자와 합병 모험기업에 대한 토론이 한창일 때면 그것은 서방 다국적 자본에 의한 획득물 중의 일부는 반드시 동유럽 국가 쪽에서의 실질적 손실에 기초하고 있다는 사실을 은폐하는 것으로 작용한다. '스코다-폭스바겐 합병 모험기업'이 실제로는 폭스바겐에 의한 스코다의 획득을 의미한다는 것이 하나의 적절한 사례인데 이것이 하나의 모범적인 계약으로 박수갈채를 받았다는 점 때문에 특히 그러하다. 그렇지만 거래의 전모는 런던에 주재한 체코슬로바키아 금융 분석가에 의해 통렬하게 분석되어졌다. 그는 체코슬로바키아 정부가 자신의 상담 고문들 — 프라이스 워터하우스(Price Waterhouse), 크레딧 슈세(Credit Suisse), 퍼스트 보스턴(First Boston), 프라하 투자은행 등 — 에게 설득되어 유일한 선택은 르노와 폭스바겐이 제안한 두 개의 부당한 거래조건 가운데 어느 하나를 선택하는 것이었다고 주장했다.

결국 폭스바겐은 동유럽에서 가장 선진적인 자동차 공장을 서방 기록으로는 가장 싼 값으로 인수했다. 체코슬로바키아 정부가 어리석어서 그랬는지 무지해서 그랬는지 순진해서 그랬는지는 분명치 않다. 하지만 만약 그 분석가의 주장과 그의 어림 계산이 옳다면 폭스바겐은 서방에서

건'이란 '장기간의 세금 면제와 그 이후의 낮은 세금, 그리고 좀더 우호적인 초기 가치평가(initial valuation) 등'이다. 폴란드나 헝가리 같은 나라들은 이미 외국인 투자를 끌어들이기 위해 세계에서 가장 좋은 법적 조건을 창출하는 방향으로 움직이고 있다.

81) 'Business in eastern Europe Survey', *Economist,* 1991년 9월 21일. p. 25.

파산기업을 인수한 것보다 낮은 가격으로 스코다를 인수한 것이다. 실질적으로 계산해 보면, 폭스바겐은 아마도 30억 마르크는 나갈 자산을 겨우 2억 마르크를 주고 인수한 것으로 보인다. 즉 이 거래에서 폭스바겐은 열다섯 배의 이익을 남긴 것이다. 이러한 계산은 물론 하나의 추론에 불과한 것이지만 요점을 벗어나지는 않는 계산일 것이다. 사실상 비용문제에 관한 어떠한 정보도 출판된 바가 없다는 것이 이를 더욱 뒷받침해 준다. '공장의 가격은 시장력에 의해 결정되지 않는다. 오히려 그것은 소규모의 체코슬로바키아 관리 및 정치가 집단에 의해 임의적으로 결정된다.' 그리고 이러한 비판에 대한 응답에 따르면, 그러한 거래를 찬성하는 이데올로기적 여론이 워낙 거세어서 새로운 매체들도 토론의 공개를 피할 수밖에 없었다고 한다. 그 후 이 문제는, '폭스바겐이 자신의 명예와 새로운 합병 모험 회사의 명예(의심스럽지만 원문 그대로 둔다!)를 훼손한다는 이유로 고소할 수 있기'[82] 때문에 그 문제에 대한 토론을 공개하지 못하도록 정부로부터 경고를 받은 바 있는 주간 『프라하』에 의해 공개되었다.

이민 : '그들을 들어오지 못하게 하라'

우리가 앞에서 이미 살펴본 바 있듯이 국가 주도 산업화 패턴의 결과들 중의 하나는 국경을 가로지르는 노동력 이동과 동과 서 사이의 노동력 이동에 대한 엄격한 통제였다. 그러므로 동유럽의 완전한 개방은 노동자들에게 자유로운 이동의 기회를 줄 것이다. 우익에게 매력적인 것으로 보이는 이러한 노동력의 자유로운 이동이 시장 때문이라고 보기는 어렵다. 실제로 1980년대초에 구체제가 점진적으로 붕괴하면서 이미 좀더 자유로운 노동이동은 허용되고 있었다. 예를 들어 1981년에서 1988년

---

82) 'The Skoda-Volkswagen Merger : Salvation or Steal?', *East European Repor-ter*, 1991년 봄 · 여름 합병호, pp. 56 ~58.

사이에 폴란드로부터 떠난 이주민은 실제로 이 나라의 노동연령 인구의 총증가수와 맞먹었다. 1989년이 되자 동유럽에서 노동이동의 일반적 압력은 더욱 증가했다. '독일계 주민'은 동유럽에서 독일로 이주했고 '터키계 불가리아인'은 터키로 이주했다. 1978년에서 1988년 사이에는 18만 5천 명이 이주했는데 1989년에서 1990년 사이에는 그 숫자가 31만 명으로 늘어났다. 알바니아인들은 그리스와 이탈리아로 도주했고 10만 명이 넘는 루마니아인이 자발적으로 자국을 떠났다. 소련을 떠나는 이민도 급격하게 늘어났다.

노동과 인구의 잠재적 이동 규모를 알기 위해서는 잠재적 이주 인구를 세 가지 집단으로 분류한 유럽의 연구를 참조하면 좋을 것이다. 첫번째 집단은 '민족적 이주자' 집단이다. 이들은 일반적으로 스스로가 '모국'이라고 생각하는 곳이나 아니면 지구상에서 지금 사는 곳보다 좀더 강한 공동체로 이주하고 싶어한다. 이중에서 이주를 희망하고 있는 '독일계 사람들'만 하더라도 아직도 3백만 명이나 되는 것으로 보인다. 유태계 소련인은 또 하나의 사례이며 그루지아와 아제르바이잔에 살고 있는 아르메니아계 주민이 세 번째 사례이다. 후자는 미국계 또는 프랑스계의 아르메니아 지역사회에 합류하기 위해 이주하고 싶어한다. 잠재적 이주자의 두 번째 집단은 박해로 인해 정치적 이주를 하고 싶어하는 사람들이다. 예를 들어 동유럽에는 160만 내지 250만의 집시들이 있다. 이들은 억압받았던 역사를 갖고 있다. 여기에다가 동유럽에는 유고슬라비아에서 증가일로에 있는 민족적 긴장과 폭력의 희생물이 될지 모르는 부지기수의 사람들이 있다. 세 번째 집단은 아마도 이 세 집단 중에서 가장 큰 집단일 것으로 보이는 경제적 이주자 집단이다. 시장의 논리는 사람들로 하여금 더 좋은 일자리, 더 높은 임금을 찾아 떠나지 않을 수 없게 만든다.[83] 바로 이것이 노동의 자유라는 구호의 실제 내용이다. 여러 세대에

---

83) 'Is freedom of movement a threat for Europe?', *Forum Council of Europe*. 1991년 2월호, pp. 39~41. 재미있는 일이지만 시장의 또 다른 사도(使徒)들이 쓴, Akerloff 외, 'East Germany in from the cold : the economic aftermath of currency union', *Brookings Papers in Economic Activity*, no. 1, 1991(각주 53

걸쳐 자유를 박탈당한 사람들, 그리고 자기 나라에서 점차 악화되는 상황에 직면한 사람들의 경우에는, 빈곤을 떨쳐 버리고 서유럽에서 좀더 나은 생활을 얻어 보려는 마음이 그들의 이주를 재촉하고 있다. 만약 국경을 지키기 위해 군대가 배치되지만 않는다면, 그리고 새로운 철의 장막이 쳐지지만 않는다면 상황은 아마 그렇게 될 것이다. 그리고 바로 이것이 지금 일어나고 있는 일인 것이다.

지금 문제가 되고 있는 것이 무엇인지를 이해하는 것이 중요하다. 과거에는 비록 수천만 명의 사람들이 이주를 희망해도 그들은 충분히 수용될 수 있었다. 더구나 서유럽에서는, 출생률이 사망률을 대체하는 수준 정도 내지는 그 이하로 하락함에 따라 인구 성장이 정체되고 있었다. 그러나 권력을 쥐고 있는 사람들에게는 이것은 문제가 되지 않았다. 1950년대와 1960년대와는 달리 서방 자본들은, 비숙련 노동력 유입이 대규모로 증가하는 것을 바라지 않고 있었다. 이들은 이미 유럽내에 비축되어 있거나 혹은 유럽 주변부로부터의 합법적이거나 불법적인 이주민들로 구성된 대규모의 비숙련 노동력에 쉽게 접근할 수 있었다. 이 무렵 '문명화된 중앙 유럽'에 관한 민족주의적이고 인종주의적인 주장들에 이끌려, 서유럽 자본들은 터키 노동자들보다는 헝가리 노동자들을 선호했지만 가까운 미래에 이들은, 헝가리에서 오건 터키에서 오건, 대규모 이주보다는 특정한 이주에 더 큰 관심을 갖게 될 것이다. 프랑스 시뜨로엥 (Citroen)의 대변인이 바로 이 사실을 다음과 같이 잘 지적하고 있다.

우리는 모국어를 말할 수는 있지만 종종 읽고 쓸 줄은 모르는 엄청난 수의 이주민들을 더 이상 — 과거에 했던 식으로 — 고용하지 않을 것이다. 우리는 이후에 노동자 부족이 있으리라는 걱정은 하지 않고 있다. 다만 우리에게 문제가 되는 것은 숙련노동자들을 충분히 확보하는 것이다.[84]

을 보라)은, 동독으로의 이주가 구동독 지역에서 더 낮은 임금을 유지하기 위한 것으로서, 임금 격차에 의해 규정되고 있다는 주장을 반박하기 위해 필사적인 노력을 경주한다.

84) 'Paying guests', *International Management*, 1991년 2월호, pp. 39~41에서 인용.

238

다른 말로 표현하면, 건축 같은 산업에서는 동유럽에서 온 이주자들을 매력적으로 보겠지만 일반적으로 대자본은 좀더 선택적인 '중급' 내지 '상급'의 '국외 이주 인재'에 더 큰 관심을 가질 것이라는 것이다. 이 것을 어떤 소련 저널리스트는 이렇게 표현하고 있다.

당신이 일급 노동자라면 그들은 당신을 쌍수를 들고 환영할 것이다. 당신이 그렇지 못하다면 문제가 다르다. 그들은 그러한 소련 이주민이 국경을 넘어 밀려오는 것을 막기 위해 혈안이 될 것이다. …… '특별히 유용한' 것으로 분류된 소련 사람은 아무런 문제도 없을 것이다. …… 본래 부자였던 사람은 말할 것도 없고 KGB나 군 첩보기관의 탈주자들, 스포츠 스타들, 뛰어난 과학자들이나 예술가, 음악가들 등도 별 문제 없을 것이다. …… 고등교육을 받은 경우라면 30세 이하의 소련 사람에게도 좋은 기회가 주어질 수 있을 것이다. …… 영어 지식이 해박한 스물여섯 살 먹은 컴퓨터 프로그래머나 비슷한 나이의 전기 기능공도 마찬가지로 좋은 기회를 얻을 수 있을 것이다. ……85)

서방에서 제기되는 그러한 요구들은, 우익이나 노동운동의 근시안적 분파들로부터 정부에 가해지는 정치적 압력과 잘 맞아떨어진다. 이 요구들은 또한 자신들의 정치적 이익을 위해 유럽적 '인종' 카드를 사용하고자 하는 정부 자신의 욕구와 잘 맞아떨어진다. 1991년 가을이 되어 인종주의적 폭력과 이주자에 대한 협박의 감정에 불이 붙으면서 이 카드는 모든 나라에서 전면에 휘날리기 시작했다.86)

---

85) I. Baranshas, 'West erects its own Iron Curtain', *Guardian*, 1991년 7월 12일.
86) 1991년 봄에 필자는 한 집회에 참석하였다. 거기에서 어떤 폴란드 연설자는, 폴란드가 방금 해외여행에 있어서의 비자 제한을 철폐했다고 선언함으로써 자신의 연설을 시작했다. 그리고 그는 폴란드가 '문명사회'에 다시 가입하게 된 것이 매우 자랑스럽다고 말했다. 불행하게도 영국 정부는 아직도, 모든 폴란드인은 영국 비자를 소지하고 있어야 한다고 주장한다! 그럼에도 불구하고 이것은 영국의 우익에게는 성가신 일이다. 존 메이저는 동유럽에 대한 우익 평론가인 베텔 상원의원에게 이러한 제한이 정당한 것이라고 말하면서 다음과 같이 설명했다.
　　우리는, 우리가 생각하는 규모의 폴란드 이민이 실업에 미칠 충격을 간과할 수

불평등한 위기 : 지배계급의 도피

세계경제와의 통합에 의해 발생하고 있는 사태에 대한 이러한 분석의 결론은, 동유럽이 활기찬 성장을 경험하지는 못하리라는 것이다. 그러나 이것은, 이행의 비용이 제 사회계급들에게 평등하게 분배되리라는 것을 의미하지는 않는다. 오히려 이행의 부담이 불평등할 것이라는 바로 그 이유 때문에 상층계급의 사람들은 그 변화를 지지하는 데 적극적이었다.

우리는 이미 다음과 같은 사실, 즉 1989년 이전 동유럽 블록에는 자신의 권력에 집착하지 않을 수 없도록 운명지워져 있는 지배계급이 존재했고 이 계급은 이 블록에 부는 '변화의 바람'을 수용할 태세가 되어 있었다는 사실을 지적한 바 있다. 이제 이 지배계급이 자신의 권력을 유지하기 위해 어떻게 자신의 기반을 바꾸었는지를 분석할 차례다.

현대 지배계급의 윤곽을 분석하기 위해서는 동과 서에서 권력의 실질적 분배가 어떻게 이루어져 있는가를 파악할 수 있는 예민함이 필요하다. 마르크스주의자들은 때때로 이 두 지역을 분석함에 있어 서툴렀다. 동유럽의 분석에서 이러한 서투름은 세 가지의 공통된 표현을 갖고 있다. 그중 하나는 계급을 생산수단에 대한 실질적 소유권보다는 법률적 소유권과 단순히 동일시하는 것이다. 두 번째의 표현은 통제권이 실질적으로 분배된 다음 그것의 결과로서 형성된 불평등의 실질적 규모를 완전히 무시하는 것이다. 세 번째 표현은——앞의 두 가지에서 연유하는 것인데——상층의 협소한 정치적 행정 엘리트에만 분석의 초점을 맞추면서 이 집단을 보다 광범위한 지배계급의 구성 요소로서 보지 못하는 경향이다. 동유럽에서 이 광범위한 계급의 실질적 권력은 사회의 경제적, 사회적, 정치적 자산에 대한 실질적 통제를 통해 표현되었다. 그리고

없다고 조심스럽게 결론 내린 바 있습니다. 1990에 거의 6만 명의 폴란드인이 이곳으로 왔습니다. 게다가 비자를 거부당한 사람이 2,000명이고 비자를 거부당할 것이라는 생각 때문에 비자 신청을 하지 않은 폴란드인이 또 2만 명입니다. 그러므로 이민자의 잠재적 수치는 훨씬 크다고 할 수 있을 것입니다(*Mail on Sunday*, 1991년 9월 8일).

이 계급이 이행기 전반에 걸쳐 당과 보안 집단의 특정 부분을 잘라 내면서까지 놓치지 않으려 했던 것도 바로 이것이었다. 그렇지만 이 집단에게서 인상적인 것은 그들의 탄력성이었다. 이것은 감옥이 구질서에 책임있는 사람들로 채워지는 일이 거의 없었던 데에서 나타난다.

동유럽을 취급한 평론가들은, 바르샤바의 구공산당 사령부가 증권거래소로 바뀐 것을 자주 이용했다. 그러나 이 농담의 진짜 아이러니는 보기보다 훨씬 더 깊은 곳에 있다. 왜냐하면 이 사실이 더 분명하게 보여주는 것은 다름 아닌 권력의 연속성이기 때문이다. 권력의 연속성이 있다는 말은 공산당 관료들 모두가 증권 브로커가 되었다 —— 비록 그중 일부는 그렇게 되었지만 —— 는 의미는 아니다. 오히려 우리가 여기서 표현하고자 하는 것은 착취적 계급관계의 근본적 연속성이다.[87] 사실상 우리가 이곳에서 지배계급 전체에 걸쳐서 이 점이 어떻게 나타나는가를 추적하는 것은 불가능하다. 그러므로 여기에서 우리는 우리의 주의를 권력의 경제적 지렛대를 쥐고 있는 사람들에게 집중할 것이다.[88]

1989년 이전에 동유럽의 경제들은 국가 주도 하에 놓여 있었다. 왜냐하면 법률상 대부분의 재산은 국유화되어 있었고 경제활동은 중앙계획 네트웍(network)을 통해 중앙으로부터 통제되었기 때문이다. 현실적으로 '계획'이란, 이들 경제가 포위되어 있는 국제적 경쟁 네트웍에 의해 결정된 노선에 입각해서, 자국 경제내의 기업들을 지도하고자 하는 중앙계획자의 시도를 표현하는 것이었다.

각종 중앙계획 관청의 상급 계획 입안자들과 공장 경영자들은 국가기구, 언론·방송 매체, 당 등등을 통제하는 사람들과 더불어 지배계급의 일부를 구성했다. 생산수단에 대한 그들의 실질적 통제는 서방 지배계급의 경영자층 및 관료층에서 볼 수 있는 것과 비슷한 방식으로 표현되었

---

87) 사실 KGB와 같은 조직들이야말로 이같은 특별한 이동을 하기에 좋은 지위에 있었다. 그리고 그들은 소비에트 증권거래소를 설립하기에도 유리한 위치에 있다고 이야기되어 왔다.

88) 이하의 논의는, 필자가 가지고 있는 논문 'Class Recomposition in Eastern Europe'에서 폭넓게 다루어진 분석을 요약한 것이다.

다. 즉 그들은 사회를 통제하면서 축적의 대리인으로서 행동했을 뿐만 아니라 개인적으로는 그들 편에 축적된 높은 소득이나 부의 형태로 이득을 취하고 자신들의 일반적 계급 위치를 직계 자손들과 그 밖의 가족 구성원들에게 상속해 주었다. 권력의 윤곽과 이 사회들이 그것을 구조적으로 반복해서 재생산하는 방식이 드러나면 날수록 사회적 이동, 소득, 그리고 분배의 계급적 성격은 서방과 거의 아무런 차이가 없음이 보다 분명하게 드러났다. 헝가리 사회의 분석을 통해 이러한 권력 집중의 형상 중의 하나를 가장 분명하게 그려낸 사람은 헝가리 사회학자 한키스(Hankiss)였다. 그는 이렇게 쓰고 있다.

> 상층부에 있는 사람들은 자신들의 영지(領地)를 창출하고, 그들의 피지배자들을 진압하고 또 이들을 보호한다. 이들은 자신들의 단골 고객망을 발전시키고 사회로부터 더 많은 자원들을 빨대로 빨아올린다. 이들은 자신들의 성(城)을 짓고 사냥파티에서 사교를 하며, 사치스런 휴일 센터에서 놀이를 즐기고, 자식들을 해외에 내보내고, 낭비적인 거대한 사업들에 엄청난 자원을 쏟아 부으며, 대규모의 해외차관으로 권력 유지의 재정을 조달하고 벨벳 장갑 아래 쪽이나 우호적인 박애의 미소 뒤에 자신들의 발톱을 감추고 있다.[89]

만약 우리가 이 지배계급의 경제적 핵심부에 초점을 맞추어 본다면 구사회의 전성기에, 더 큰 권력은 기업보다는 중앙권력기관에 앉아 있는 사람들에게 놓여 있었다고 해야 할 것이다. 그렇지만 지난 10년 동안에 경영자가 더욱 전문적으로 됨에 따라 이같은 세력균형이 바뀌고 있다는 증거가 있다. 그리고 이 기간에 위기와 부분적인 개혁의 영향 하에서 '중앙계획의 위축'이라고 불리워지는 사태가 발생했다. 이러한 변화가 일어나고 있다는 사실을 조금이라도 인식한 사람들은 당, 국가 혹은 계획기관에서 기업이나 상업기관으로 이전할 기회를 포착했다. 헝가리에서

---

89) Hankiss, 'Reforms and the conversion of power', P. R. Weilemann, G. Brunner · R. Tokes(편), *Upheaval against the Plan : Eastern Europe on the Eve of the Storm*(1991), p. 31을 보라

이러한 이전은 너무나 명백해서 '낙하산 타기'라는 이름이 붙여질 정도였다. 이행의 과정에서 과거의 중앙기관들이 부분적으로 해체됨에 따라 기업 수뇌들이나 금융기관으로의 이러한 권력 이전은 더욱 분명하게 되었다.

중앙기관의 해체는 물론 부분적이었다. 왜냐하면 중앙계획이 비록 사라지고 있는 것처럼 보였지만 국가는 여전히 중요한 역할을 하고 있었기 때문이다. 그 결과 기존의 관리들 중 많은 사람들이 계속 필요했다. 이와 동시에 이들 기존 관리들은 시장에 더욱 큰 기반을 둔 기관으로 옆걸음을 치는 방향으로 적절히 배치되었다. 어떤 헝가리 저널리스트의 조사 덕분에 우리는 이러한 과정이 헝가리 재무부에서 어떻게 진행되었는가를 알 수 있다. 우선 먼저 재무부 장관 미하리 쿠파(Mihaly Kupa)의 경우를 살펴보자. 구체제 하에서 쿠파는 재무부 재정 정책 단위의 최고책임자였다. 그는 1990년 5월에 국가기관을 그만두고 미·일 상사의 헝가리 지사를 설립하였다. 그 후 초여름이 되어서 안탈(Antall) 정부가 들어서자 그 정부의 재무장관으로 다시 국가기관에 복귀했다. 쿠파의 경우를 뭔가 특별한 것으로 보아서는 안된다. 그것은 오히려 하나의 전형적 사례들 중의 하나이다. 경제 행정 분야에서 중간급 지위를 가졌던 사람들은 헝가리 대기업체들의 경영직으로 이전했고 한때는 정부 전문가였던 사람들이 거의 모든 헝가리 은행의 감독직이나 경영직에 자리를 차고앉았던 것이다.

새 정부가 들어섬과 더불어 재무부에서는 차관 다섯 명 전원과 11개 부서장 중 아홉 명이 사직했다. 전직 재무부 장관과 수석 차관은 프랑스 은행 그룹인 빠리바의 헝가리 지사에 채용되었다. 첫번째 재무부 차관은 런던 기업체인 제임스 케이펠 사(社)에 채용되었다. 또 다른 차관은 제임스 케이펠 사(社)와 협력하는 헝가리 회계 회사인 리바이콘설트의 소장이 되었다. 제3의 차관은 헝가리 산업은행의 행장이 되었고 제4의 차관은 애그로 은행의 행장이 되었다. 헝가리 국립은행장은 비엔나 주재 인도수에즈 투자 그룹의 경영자가 되었고 구정부의 수석 경제고문은 중앙 유럽 경제조사 및 상담 유한회사의 사장이 되었다. 이 회사는 헝가리

은행과 서방 투자가를 위해 일하는 회사였는데 전직 법무장관도 이 회사 공동 경영자 중의 일원이었다. 카다르 정권 시절의 은행가로 헝가리 정부가 필요로 하는 돈을 빌리기 위해 자주 서방에 나타났던 야노스 페케테는 헝가리 주재 이스라엘계 은행인 류미(Leumi)은행에 채용되었다. …… 등등.[90]

지배계급내에서의 이러한 옆걸음 운동이나 직책 순환은 장관들 같은 가시적 차원에서뿐만 아니고 그들 아래의 기업 경영자 수준에서도 일어나고 있다. 우선 우리는, 산업의 거대 부분은 경영자진이 거의 변하지 않거나 혹은 전혀 변하지 않은 채 여전히 국가의 수중에 계속 남아 있을 것이라는 사실을 주목해야만 한다. 사유화(私有化) 계획은 가는 곳마다 장애물에 걸려 멈춰 있다. 비평가들은, 국가 사유화(私有化) 기관들은 곧 국가 지연(遲延) 기관들이라고 비꼬기도 한다. 그러나 그들의 지연의 기초는 현실적인 것이다.

제안된 사유화(私有化) 계획은 어떤 시나리오에 따르든 비현실적인 것이었다. 폴란드의 어떤 장관은 그것을 이렇게 표현하고 있다. '과제가 너무 어마어마하다. 프랑스, 영국, 아르헨티나, 멕시코 등에서 이루어진 사유화(私有化)를 다 합쳐도 폴란드에서 이루어져야 할 사유화(私有化)의 11퍼센트밖에 되지 않는다.'[91] 사유화(私有化)를 시작하려 하자마자 일단의 기술적 문제들이 제기되었는데 소유권 분쟁, 법률상의 문제, 회계의 어려움, 사람 부족, 경험 부족 등의 문제들이 그것이었다. 그러나 이보다 더 근본적인 문제는, 자력으로 살아남을 수 있는 기업은 몇 개 되지 않았다는 것이다. 아메리칸 플랜이콘(American Planecon)의 고문인 얀 바누스는 이것을 이렇게 표현하고 있다. '심각한 어려움을 겪고 있는 기업들의 경우 소유권 변경은 그다지 중요한 문제가 아니다. 필요한 것은 자본이다. 바로 이것이 결정적인 문제이다.' 그러나 이러한 주장

---

90) G. Tamas Koranyi, 'Where have all the experts gone?', *The Hungarian Observer*, no. 3, 1991, p. 16.
91) I. Rammonet, 'Pologne — annee zero', *Le Monde Diplomatique*, 1990년 12월호, p. 8에서 인용.

244

은 여타의 서방 고문들의 마음에 별로 들지 않았다. 문제의 해결은 전 산업 부문의 덤핑 판매를 통해 가능하다고 본 제프리 색스 같은 사람들에게도 이 주장은 호감을 주지 못했다. '먼저 사유화(私有化)를 하고 그 다음에 기업의 문제를 풀어야 한다. 다른 우회로는 없다. 영국식 사유화(私有化)는 환상이다. 그것은 런던 시의 실업문제를 해결하고 있다는 미덕을 가지고 있긴 하지만 너무나 비싸고 느린 방식이다.'[92] 서방 사유화(私有化) 고문들이 창업 가치의 20퍼센트 정도까지를 책임맡고 있다고 가정해 보면 이 주장의 마지막 요점을 이해하는 것이 어려운 일은 아니다. 그러나 매각된 기업도 주민들에게 할당된 기업도 기업이 살아남을 수 없으면 가동될 수 없는 것이다. 세계 전역의 주식시장들은 그것들을 뒷받침하는 기관투자가에 의존한다. 하지만 가까운 장래에 어떤 형태로건 사유화(私有化)된 동유럽 기업들에 덤벼들 기관투자가는 별로 있을 것 같지 않다.[93]

소규모의 사유화(私有化)는 지금까지 계속 진행되어 왔다. 그러나 이들은 일반적으로 실질적인 '경영권 매수'를 의미하는 것이거나 혹은 구체제 하에서 상층 직위에 오를 수 있는 사람들을 지칭하는 노멘클라투라라는 명칭을 따서 '노멘클라투라 사유화(私有化)'라고 불리는 것의 한 사례들이었다.

민간 부문의 새로운 기업들의 발전에도 이와 동일한 내용이 적용된다. 이행의 다른 측면들과 관련하여 새로운 기업들의 출현에 대해서는 허튼 소리들이 숱하게 이야기되어 왔다. 위기와 긴축이 제3세계 스타일의 비공식 부문의 신장을 가져온 것은 확실하다. 그러나 이것은, 지난

---

92) *IMF Survey*, 1991년 5월 27일.
93) 개인의 주식 보유 수준은 다양하다. 하지만 모든 주요 나라들에서 그것은 기관투자가의 주식 보유 수준보다는 낮으며 비중도 점차 하락하고 있다. 1980~1988년 사이에 개인의 주식 보유는 영국 총주식 수의 28.2퍼센트에서 21.3퍼센트로 하락했다. 이 기간중에 미국에서는 50퍼센트에서 42퍼센트로, 일본에서는 29퍼센트에서 23퍼센트로 하락했다. C. Breheny, 'Wider share ownership in danger', *Investors Chronicle*, 1991년 3월 15일, pp. 14~15를 보라.

10년간 영국의 자동차 트렁크 판매의 신장이 그렇듯이, 미래의 경제발전과는 무관한 것이다. 이 밖에 이곳에서는 소규모 기업활동의 급격한 증대가 있었다. 1990년과 1991년초에 폴란드에서는 51만 6천 개, 체코슬로바키아에서는 30만 개, 헝가리에서는 25만 개의 새로운 기업들이 생겨났다. 그러나 이들 중의 대다수는 자영기업에 속하는 것들이었다.94) 물론 이 소규모 자영기업 부문 가운데에서 대규모 기업으로 발전해 나간 사례들이 없지는 않을 것이다. 그러나 이것은 계급적 재생산의 실질적 과정에 대한 지표가 될 수 없는데 이는 앨런 슈거 사(社)의 경우가 서방의 계급 동학(動學)에 대한 실질적 지표가 될 수 없는 것과 마찬가지이다. 여기에서 중요한 것은 새로운 기업들 가운데 의미있는 사례들, 다시 말해 상대적으로 규모가 큰 것들을 추출하는 것이다. 이들은, 그 소유주가 체제내에서 자신들이 차지하고 있는 기존의 지위, 즉 그들 자신의 계급 지위를 이용하여 교육, 지식, 자본, 교제 등에 접근함으로써 기업체를 설립한 경우로 정의될 수 있다. 이러한 사례는 국가기업들이 이 새로운 기업체들을 후원해 주는 형식을 취하는 '노멘클라투라 사유화(私有化)'의 경우에 가장 두드러진다. 바르샤바 경제인 연합의 의장은 그 메커니즘을 이렇게 설명한다.

국가와 당의 기관들은 가능한 한 많은 기업들을 설립하는 데 관심이 있다. 그들은 각종 기업의 상담역에 앉을 기회나 혹은 주식을 차지할 기회를 찾고 있다. …… 이 기관들은 기업들이 자신들에게 제공할 이윤에 대한 탐욕으로 혈안이 되어 있다. 그리고 이들은 기업들의 성장을 방해하고 있는 동시에 그들을 보호해 주는 우산이 되어 줌으로써 기업들의 활동을 편하게 해 주고 있다. …… 최초의 기업들은 이들 기관들의 주도로, 그리고 중간급 당기관을 대표하는 사람들의 주도로 설립되어 왔다. 그리고 이 새로운 기업체들 중의 일부는 폴란드 권력 사다리의 최고 서열 사람들을 사장 자리에 앉혔다.95)

---

94) *Business Week*, 1991년 4월 15일.
95) M. Levinson, 'Reforming the economies of eastern Europe', *Dissent*, 1991년 겨울호, p. 129에서 인용.

그러나 여기서 중요한 것은 공식적인 노멘클라투라 사유화(私有化) 그 자체만은 아니다. 상층 인사들이 국가 부문과 사적 부문 모두에서 자기 자신들을 온전히 재생산할 능력을 가지고 있었다는 점도 중요하다. 예를 들어 어떤 헝가리의 연구는, 이 나라의 기업 집단, 지식인 집단, 경영자 집단이 모두 '다소간 동일한 기원을 가진 사람들'로부터 충원되어 왔다는 사실을 보여주었다. 사적 부문에 있는 새로운 기업들의 경우에는,

> 오직 이 기업에 참여하고 있는 사람들 전체의 4분의 1 내지는 5분의 1만이 사회 하층 집단 출신이었다. 이 모든 사실을 통해 우리는, 이러한 자영기업체 집단이 1980년대에 제공된 기회를 활용함에 있어 부모의 사회경제적 지위를 성공적으로 이용하고 있다는 것을 알 수 있다.[96]

이러한 사태의 이유 중의 하나는, 돈을 축적하고 그것의 가치를 유지하기 위해 그것을 외환으로 바꿀 수 있었던 것이 바로 이들뿐이었기 때문이다. 예를 들어 미술품 연쇄점을 경영하는 헝가리의 기업 여성이었고 『비지니스 위크』(*Business Week*) 지(誌)에 의해 '처음하는 모험기업에 8만 달러 상당의 개인적 저축을 투자한' 새 세대 기업가 중의 한 사람으로 인정되었던 안드레아 갈라이(Andrea Gallai)는 "누구나 할 것 없이 얼마간의 재산은 은닉(隱匿)해 왔다"[97]고 말했다. 그러나 대체 누가 8만 달러 상당의 헝가리 돈을 은닉할 수 있었겠는가? 하물며 경화 8만 달러는 엄두도 내지 못할 돈이다. 이 정도의 돈을 은닉하려면 기존 지배계급의 일원이어야 할 것이며 만약 그렇지 못하다면 암시장을 통해 이를 조달해야만 할 것이다.

그리고 끝으로 서구 기업들이 동유럽에 진입해 왔을 때 그들이 기존의 불평등한 사회관계를 계속적으로 발전시키려 했다는 것을 지적해 두

---

96) T. Kuzci · A. Vajda, 'The social composition of small entrepreneurs', *Acta Economica*, vol. 42 no. 3~4, 1990, p. 322.
97) *Business Week*, 1991년 4월 15일, p. 21.

어야겠다. 그들은, 우리가 헝가리 재무부 장관의 경우를 통해 살펴본 바 있는, '최상층 인사들'에게 일자리를 내주는 한편 그 이하 수준에서 그들은 기존의 경영자 집단을, 특히 자신들의 '도제' 노릇을 할 젊은 경영자들을 끌어들였다. 그 후 이 사람들은 회사나 국가에서 서방식 프로그램에 관심을 갖도록 재교육되었으며 선발된 소수의 경우에는 해외 연수를 보냈다. 심지어 구동독에서도 사태는 이와 같았다. 서방 자본은 동유럽의 낡은 생산적 자산들을 다시 갖추는 데는 관심이 없었고 오직 지배계급의 경영층을 재무장시키고 재교육하는 데에만 관심을 쏟았다. 이것은, 독일의 지도적 금융기업 집단인 도이체 반크(Deutche Bank)의 악셀 오젠베르크가 표현한 그대로이다.

우리는 동방에서 인수한 간부들을 훈련중이다. 입사 후 처음 6개월 동안에 그들은 6천 회 이상의 세미나에 참석했다. 또 적어도 1,000명 이상이 서방에서 훈련 과정을 밟고 있다. 우리는 지금 700명 이상의 견습생을 갖고 있는데 그중 130명은 동방의 국영은행에서 데려온 사람들이다. 이들 동독 출신 간부들은 의기충천해 있다. …… 그들은 우리 은행의 목적과 자신들을 완전히 동일시하고 있다.[98]

이 모든 증거들을 통해 우리는 지배계급의 전반적 재구성 과정을 알 수 있다. 그중 일부는 하강 이동을 하고 있음에 반해 새로운 집단들이 지배계급에 발탁되고 있는 것이다. 계급 세력 전체는 여전히 살아 있고 그 계급의 개별 구성원들 상당수도 여전히 살아남아 있다. 이러한 발탁의 과정은, 현재 벌어지고 있는 사태를 이해하고 있는 사람들만을 새로 구성되는 지배계급에 통합시키는 안전 밸브의 역할을 한다. 역설적이지만, 이 과정에서 예리한 시각을 갖고 있었던 관측자였던 엘레머 한키스(Elemer Hankiss) 같은 사람도 헝가리 텔레비전의 신임 사장으로 통합되었다!

이러한 재구성은 우연적인 사건이 아니다. 이것은 보다 깊은 사회적

---

98) A. Osenberg, 'Deutche Bank moves East', *Banking World*, 1991년 6월호, p. 27.

과정의 반영이다. 바로 이것은 사회운동에 기회를 제공하기도 한 그 과정이기도 하다. 이 사회적 과정은 동유럽 사회들의 구조적 특징 속에 뿌리 박혀 있었다. 이 사실은 이행의 두 측면이 동일한 구조적 특징을 보여주고 있다는 바로 그 사실을 통해 알 수 있다. 즉 앞서 우리가 분석했듯이 개인적 기회주의가 대규모로 활개칠 수 있었던 것이다. 우리는 지금 계급사회들을 눈앞에 바라보고 있다. 이 계급사회들은 공통의 생산양식에 뿌리를 두고 있으며 여기에서 변화하고 있는 것은 본질이 아니라 형식일 뿐이다. 이 점을 이해하지 못하면 도대체 어떻게 상층부의 전복에도 불구하고 똑같은 사람들, 똑같은 가족들, 똑같은 사회적 연계망들이 1980년대에 그랬던 것과 똑같이 1990년대에도 행복한 운명을 누리고 있는지 이해할 수 없게 된다. 그들이 서로 잡담을 나누며 서로 사귀어 나감에 따라 그들은 때때로, 이제는 사라지고 없는 약간의 옛 친구들을 위해 얼마간의 시간을 할애할지 모른다. 하지만 그들은 사회의 이행에도 불구하고 자신들이 여전히 상층에 있다는 보다 커다란 전체를 시야에서 놓치지는 않을 것이다. 그들의 발 아래에는 똑같은 노동자계급이 놓여 있다. 이들은, 과거에 그랬던 것과 똑같이, 상층계급의 부와 특권을, 그리고 자신들의 무능력을 어깨에 짊어지고 계속해서 이를 져 나르는 일을 하고 있다.

불평등한 위기 : 노동자들로 하여금 지불케 하라

이제 눈을 이 과정의 이면으로 돌려보면 우리는, 동유럽의 노동자계급과 (이보다는 덜하지만) 농민들이 어떻게 해서, 증가된 실업, 생활수준의 하락, 착취의 증대 등을 통해 위기의 대가를 지불하도록 강요받고 있는지를 살펴볼 수 있다.

실업이 실제로 얼마나 증가했는지를 완전히 확인하는 것은 어렵다. 왜냐하면 통계는 단지 이제 막 만들어지기 시작하고 있을 따름이고 또 그것들이 실제적 증가를 측정하고 있지도 못하기 때문이다. 우익 비평가들은, 사람들이 돈벌이에 나서도록 독려되고 있다는 점을 들면서 공식적 실업 수치가 실제 수준보다 과대평가되어 있다고 주장해 왔다. 이러한 주장에 기초해서 벌써——특히 폴란드에서는——규정을 보다 강화하는 조치들이 나타나고 있다. 이런 의미에서 실업률의 실질 수준에 대한 논쟁 수준은 '소매치기'나 '도둑질'도 직업이라는 식의 논란이 일고 있는 서방의 그것과 다를 것이 하나도 없다. 그러나 동유럽에서는 1989년 이전에 이들 사회에서 노동시장이 작동해 온 특수한 방식 때문에 문제가 좀더 복잡하다.99)

동유럽 사회의 지지자들이 흔히 주장하는 것과는 달리 이 체제는 과거에도 실질적인 실업을 가지고 있었다. 그러나 지난날 이 사회를 지배했던 경쟁 드라이브(drive)가 노동력 부족을 야기하여 특히 여성들 사이에서 높은 취업률을 보였던 것은 사실이다. 그러므로 위기는 생산을 재구조화하는 것으로 작용하고 있을 뿐만 아니라 노동력을 재구조화하는 것으로도 작용하고 있다. 이것은 여성 노동력과 노인 노동력을 압박하여 이들을 노동력에서 추방하거나 아니면 시간제 노동력으로 전환시키는 것을 의미한다. <도표 2-12>의 공식 수치들은 그러므로 변화의 실제 범위를 실질적으로 포착하고 있는 것이 아니다. 그럼에도 불구하고 이들은 이행의 부담을 누가 지고 있는가를 일정하게 보여주고 있다.

생활수준의 하락 정도를 측정해 보아도 문제들이 제기된다. 일반적으로 과거의 공식 통계는 생활수준을 과대평가——그것이 어느 정도인가는 약간 불분명하지만——했다. 그렇기 때문에 1989년 이전과 이후를 단순히 비교하게 되면 생활수준의 하락이 과장되게 된다. 그러나 생활수준의 실질적 하락을 나타내는 증거는 너무나 명백해서 아무리 그것을 수정해 본다 할지라도 하락의 현실 그 자체는 숨길 수가 없다.100) 가장 극

---

99) 실업률에 대한 이하의 논의는 장편 논문인 M. Haynes · M. Perry, 'The measurement of unemployment in eastern Europe and the USSR', *Second European Research Conference*, Nottingham, 1991년 4월호를 요약한 것이다.

100) Lipton · Sachs, 앞의 책은, 1989년 이전에 폴란드인은 줄을 서서 기다린 후에

단적인 경우는 폴란드인데 이곳에서는 충격 프로그램이 도입된 이후 평균 생활수준이 약 3분의 1 정도 하락했다. 이 하락 수준은 '정상적인' 경제적 과정에 의한 평상시의 생활수준의 하락으로는 최근의 세계경제 역사에서 가장 급격한 것이라 할 수 있을 것이다. 이것은 예컨대 1930년대의 대공황 시기보다도 더 큰 하락이며 제1차 5개년 계획의 도입 이후 초래된 소련 노동자들의 생활수준의 붕괴에나 비교될 수 있는 것이다. 이 비교는 중요한 의미를 갖는다. 왜냐하면 이것은 국가 주도의 경쟁적 산업화를 중심으로 구축된 체제의 탄생과 죽음이 노동자계급의 희생 위에 이루어지고 있음을 보여주고 있기 때문이다.

도표 2-12 : 동유럽에서의 월간 실업률 공식 통계[101]

		폴란드	체코슬로 바키아	체코 공화국	슬로바키 아 공화국	헝가리
1990	1월	0.3	0.1	0.1	0.1	자료없음
1991	1월	6.5	1.5	1.1	2.4	2.1
	2월	6.8	1.9	1.4	3.0	2.7
	3월	7.1	2.3	1.7	3.7	3.1
	4월	7.3	2.8	2.0	4.6	3.5
	5월	7.7	3.2	2.2	5.4	3.4
	6월	8.4	3.8	2.6	6.3	3.9
	7월	9.4	4.5	3.1	7.8	자료없음
	8월	9.8	5.1	3.4	8.7	5.2
	9월	10.4			9.5	6.1

도 거의 혹은 아무 것도 배급받지 못했고 이제 그들은 자신들이 거의 혹은 아무것도 살 수 없다는 것을 알기 때문에 줄을 서지 않는다고 주장한다. 이 지역에서의 생활수준의 향상은 이런 식으로 이루어져 왔다. 그 결과 1989년 이후의 생활수준의 하락 수치도 과장되게 된다. 그러나 나는 이러한 나의 주장의 타당성을 설득할 수 있는 동유럽인을 찾아내야만 한다.

101) 폴란드, 헝가리, 그리고 체코슬로바키아의 수치는 이제 각국의 월간 통계 회보에서 정기적으로 발간되고 있다. 다른 수치들은 BBC *Survey of World Broadcasts*에 정기적으로 실리는데 거기에서 발췌한 것이다.

노동자계급에게 가해진 세 번째 압력 요인은 수익성을 높이기 위해 작업 규율을 강화하려는 시도였다. 이것은 장기결근을 줄이고 노동생산성을 높이는 것을 의미했다. 이 과정은 서방 기관들이나 고문들로부터 찬양을 받으면서 의식적으로 시행되었다. 립턴과 색스(연대노조 정부의 고문이었음을 상기하라)는 '미간행 정부조사에 의하면 노동자들이 실직을 두려워하게 되면서 병가(病暇)가 급격히 줄어들었고 …… 임금인상 압력도 약화되었다'고 자랑했다. 또 이들은 어떤 평론가의 책에서 다음과 같은 구절을 인용한다. '산업에서 병가는 80퍼센트나 줄어들었다. 요즈음은 일하는 시간 동안에 사랑하는 친구와 이야기를 하기 위해 그를 불러내는 일조차 불가능하게 되었다. 실직의 위협이 어른거리고 있어 일을 잠시라도 빼먹는 것은 너무나 위험스럽기 때문이다.'[102] 대체 그들은 무엇을 잘된 일로 보는 것일까? 이들 노동자들이, 구체제 하에서도 그랬듯이, 이같은 생산성 향상 드라이브의 직접적 수혜자가 되지 못할 것이라는 점은 그들의 안중에는 없다. 오히려 우리는 여기에서 다음과 같은 야루젤스키 장군의 논리를 느낄 수 있다. 그는 1990년 5월에 서방 잡지 기자와의 인터뷰에서 '우리는 과거에 여러 차례 경제적 개혁을 시행한 바 있다. 그러나 그때마다 그것은 대중의 저항과 분노의 폭발에 직면했었다. 이제는 그때와는 사정이 매우 다르다. 이제 대중의 신뢰를 받는 정부의 출범과 더불어 대중에게 희생을 요구할 수 있게 되었기 때문이다'[103]라고 말했었다.

좌익의 방향 상실

이 모든 사태는 동유럽의 좌익은 어디에 있는가라는 질문을 떠올리게 만든다. 능동적인 좌익이라면 1989년의 실질적 잠재력을 반영하는 실제

---

102) 같은 책, p. 121.
103) *Guardian*, 1990년 5월 7일.

252

적 대안 체제를 구축하기 위해 구체제뿐만 아니라 새로운 체제에도 맞서 싸우는 것에 관심을 가졌어야 할 것이다. 거리에서 파업을 벌이고 시위를 했던 노동자들의 힘, 저항하는 군중에게 영향을 미쳤던 낙관주의와 희망이야말로 실제로 과거와의 단절을 가져올 수 있었다. 이행의 성공이나 지배계급의 도피는 노동자들의 공모를 필요로 한다. 다시 말해 '피고용자들이 저항한다면 사유화(私有化)는 불가능할 것이다. 피고용자들이 파업을 벌이고 있는 회사를 누가 사려고 하겠는가?'104)

불행하게도 좌익은 결정적인 순간에 이러한 공모를 조장했다. 동유럽 전체의 좌익도, 사회주의는 국가와 동일하고 시장은 구원과 동일하다는 결론을 내리고 있었던 것이다. 구체제의 진정한 본질을 파헤치려는 시도는 어디에서도 이루어지지 않았다. 그 결과 좌익의 주장들은 정치적인 것으로 되기보다는 도덕적인 것으로 되었다. 이리하여 체코슬로바키아에서는 하벨이 '희생자들의 연합'이라고 부른 조직이 태어나게 되었다. 오히려 사회개혁의 일정을 폭넓게 제기한 것은 우익이었다. 그 결과 좌익의 상당수는 사회주의에 대해 토론하는 것을 두려워했고 그 대신 자신을 '서구적인 것'과 동일시하기를 더 좋아했다. 이들은 '서방의 성공적인 사회민주주의 모델'을 옹호함으로써 이행의 고통이 덜 가혹하기를 은연중에 바라고 있었다.

이러한 방향 상실은 보편적인 것이었다. 그것의 영향은 노동조합 조직 차원에서 가장 명료하게 드러났다. 노동조합에서는 노동자들의 이익을 방어하려면 독립적인 조직을 꾸려야 한다. 그러나 지난날 정권 자체의 정책을 노동자대중에게 전달하는 전동(傳動) 벨트에 불과했던 낡은 스딸린주의적 구조를 대체하면서 실제로 노동자들을 대표하는 대안적 조직구조를 창출하는 일은 실패로 돌아갔다. 대부분의 나라들에서 이 낡은 '기업 노조들'이 예전 그대로 여전히 상당한 추종자를 가지고 있었다.

---

104) J. Seddon, 'Privatisation in eastern Europe', *European Management Journal*, vol. 8 no. 4, 1990년 12월호, p. 508(이 글의 필자는, Barclays de Zoete Wedd에서 동유럽 정부에 자문을 제공하는 민영화 단체의 의장이다).

이것은 폴란드에도 해당되는 사실이다. 이곳에서는 연대노조가 그 초창기의 규모로 다시 출현하지 못했다. 오늘날 연대노조의 조합원 수는 절정기에 비해 불과 5분의 1 정도에 머무르고 있다. 연대노조의 조합원 수는 전보다 줄어든 것으로 보이는 반면 과거의 관제 국립 노동조합(OPZZ)은 여전히 힘있는 조직으로 남아 있고 또 정부에 구애받지 않기 때문에 자신을 급진적 조직으로 보이게 하기가 쉬운 상태이다. 이 사실은 문제의 두 번째 측면, 즉 새로운 노조 조직의 지도자들이, 대안은 오직 두 개만이 존재한다는 이유로, 흔히 자신들의 과제를 생성중인 정부를 방어하는 것으로 설정한다는 사실을 반영한다. 이것은, 새로운 정부가 바로 그 조직을 기반으로 생성된 경우인, 폴란드의 연대노조에서 가장 뚜렷하다. 최근 많은 조합원들의 탈퇴와 조직적 변화를 겪었음에도 불구하고 연대노조는 아직도, 1991년 2월 3차 대회에서 그 의장이 '우리 모두가 서로 책임져야 할 개혁의 짐'이라고 부른 것을 수행해야만 한다.

이러한 견해에 입각해서는, 과도기적 이행(移行)의 충격에 맞서 노동자들을 단호히 방어하는 태도를 발전시키기는 어렵다. 그렇다고 해서 그러한 가능성마저 없어진 것은 아니다. 오늘날의 동유럽에서는 소규모의 논쟁들이 급격히 증가하고 있고 때로는 보다 커다란 논쟁으로 터져 나오고 있다. 예컨대 1990년 가을에 부다페스트 전역은 택시 운전사들의 파업으로 일시 정지된 적이 있다. 행동에 돌입한 그룹의 전도가 그렇게 밝지 않았음에도 불구하고 그 파업은 순식간에 정부에 대한 더욱 보편적인 분노를 야기하는 초점이 되었다. 정부는 이때 구래의 전통적인 조직들로부터 전혀 공명을 얻을 수가 없었다.

그러나 이 운동에서도 지난날 반대파 활동에서 획득한 지위로 인해 공명을 얻었음직한 사람들의 실질적 지도력은 결여되어 있었다. 예컨대 폴란드에서는 아담 미흐닉이나 야첵 쿠론 같은 지도자들도 폴란드의 이행을 방어하는 데서 책임있는 역할을 수행하지 못했다. 그들은 심지어 자신들의 지위가 약해질까봐 카톨릭 교회의 권력과 같은 쟁점을 제기하는 것조차 꺼려했다.

그 결과 특히 폴란드와 헝가리에서는 공식 정치에 대한 대중의 관심

254

이 놀랄 만큼 시들어 들었다. 폴란드의 경우에 구정부를 밀쳐 내고 그것을 새로운 연대노조 정부로 대치한 것은 1989년 선거에서 연대노조가 거둔 인상적인 승리였다. 그러나 1990년이 되자 가을에 있었던 2차에 걸친 대통령 선거에서 연대노조의 득표력은 하락했다. 부분적으로 그것은 무소속의 티민스키(Tyminski) 같은 후보들에게로 표가 몰린 결과이기도 했지만 또 부분적으로 그것은 투표자 수의 급격한 하락을 가져온 단순한 투표 거부의 결과이기도 했다. 이것은 정당들이 우후죽순처럼 늘어남에 따라 1991년 가을까지 계속되었다. 그리고 폴란드 최초의 자유로운 시장 선거에서 실제의 승자는 무관심이었다. 그러나 폴란드만 그런 것이 아니다. 헝가리에서도 1990년 3월 25일에 있었던 국회의원 선거 1차 투표에서는 65퍼센트가 투표했었는데 4월에 있었던 2차 투표에서는 그 수치가 45퍼센트로 하락했다. 일년 뒤인 1991년 4월에 두 곳의 보궐선거는 투표율이 저조해서 2차 투표까지 가야만 했다. 그중의 하나인 부다페스트 보궐선거에서는 25퍼센트가 넘는 투표자가 참여했던 2차 투표에서는 투표자 수가 3퍼센트 늘어난 것으로 나타났다. 그러나 지역 의석을 놓고 다투었던 두 번째 보궐선거에서는 투표자 수가 11퍼센트에 불과해서 선거가 포기되었다. 헝가리에서의 투표 양상에 대한 연구들을 보면, 보궐선거에서 투표를 거부한 것은 육체 노동자들이며 그 이유는 그들의 정치적 무관심에 있지 않고 오히려 그들이, 지금의 선거가 요구하는 선택이 자신들에게는 아무런 의미도 없다고 보고 있기 때문임을 알 수 있다.105)

만약 경제적 붕괴가 역사상 최대의 장관(壯觀) 중의 하나였다면 무관심으로 인한 이 선거의 붕괴는 그 정치적 짝이라 할 수 있다. 이리하여 정치 체제에는 거대한 진공상태가 있게 되었다.

그러나 그러한 진공상태가 존재한다는 사실 자체는 비록 왜곡된 방식으로이긴 하지만 우리 분석의 요점, 즉 현재 일정에 올라 있는 것은 계급사회 형태의 변화일 뿐 무계급사회에서 계급사회로의 이행이 아니라는 것을 확인시켜 주는 것이다. 1989년 이전의 동유럽에 존재한 것이 사

---

105) 자유 유럽 라디오의 정기 보고서인 *Passim*의 논의를 보라.

회주의의 한 형태 —— 그것이 아무리 타락했다 하더라도 —— 였다고 주장한 사람들은 구체제 하에 존재했던 착취와 소외의 규모를 충분히 이해할 수가 없었다. 또 그들의 어려움은, 그러한 정권에 맞서 노동자계급의 대다수를 조직했던 연대노조의 성장에 의해 더욱 복잡해졌다. 1989년과 그 이후의 사건들은 이 주장이 갖는 문제점을 강화했다. 왜냐하면 노동자들이 과거의 체제를 방어하는 데 전혀 어떠한 관심도 보여주지 않았기 때문이다. 이것은 오늘날, 물질적 의미의 위기의 징후들이 점증하고 있음에도 불구하고 뚜렷이 나타나고 있다.

이것은 부자유스런 사회에서 물질적으로 좀더 낮게 사는 것보다 좀더 가난하더라도 더 자유롭게 사는 것이 더 낫다는 신념을 명확히 가리켜 준다. 그리고 이것은 사회주의자들로부터 여러 각도에서 지지를 받는 견해이다. 왜냐하면 그러한 자유로움 속에 새로운 이념과 진정한 변화를 위해 조직하고 투쟁할 능력이 깃들어 있기 때문이다. 그러나 지금 출현하고 있는 사회들에, 이행의 다른 측면을 드러낼 진정한 실천이 존재하지 않는다는 점도 분명한 사실이다. 오히려 지금의 사태가 드러내는 것은, 새로운 질서에 현혹되어 온 좌익 인사들이 자신들의 정통성을 일관되게 세워 나가지 못하고 있다는 점이다. 그들은 아래로부터의 저항을 창출해야 할 시기에 혼란의 씨앗을 뿌리고 있다. 물론 이 말이, '사회주의'라는 단순한 구호를 제창하는 것만으로 충분하다고 주장하는 것은 아니다. 분명히 그렇지 않다. 구정권이 '사회주의'라는 이름으로 사람들에게 연상시켜 온 것은 참으로 무시무시한 것이었다. 1989년말에 하벨은 이렇게 말했다.

나의 조국에서는 최근 수년 동안, 사회주의란, 의심받기를 원치 않는 사람들이라면 누구나 가급적 피해야만 하는, 일종의 주문과 다름없는 것이었다. …… 사회주의는 …… 이미 오래 전에, 일부 벼락부자가 된 냉소적인 관료들이, 마음씨 좋은 동료 시민들을 '사회주의의 적'이니 '반(反)사회주의 세력'이니 하는 딱지를 붙여 가면서 아침부터 저녁까지 종일도록 두들기기 위해 사용하는, 경찰봉과 같은 것으로 변했다.106)

256

이러한 불신의 유산을 극복하기 위해서는 출발점이 달라야 한다. 그 것은, 우리가 이 논문에서 제기한 바와 같이, 계급권력의 본질에 대한 실질적인 질문이어야 할 것이다. 이 질문이 긴급한 이유는 단순하다. 진 공상태가 무한히 계속될 수는 없기 때문이다. 위기가 심화됨에 따라 사 람들은 해답을 찾으려 할 것이다. 한데 기존의 지배자들이 자신들의 책 임을 모면할 목적으로 이 질문에 대해 점점 더 민족주의적이고 분열조 장적인 형태의 답을 제공하려 할 것이라는 점은 이미 분명하다.

민족주의와 정치적 진공상태

많은 사람들을 놀라게 한 동유럽 사회의 또 다른 측면은 민족주의를 향한 급격한 경사(傾斜)이다. 일부의 사람들이 주장하듯이 동유럽에서 제1차 대전과 제2차 대전 사이의 쁘띠 민족주의가 부활되고 있다는 점 에 문제가 있는 것은 아니다. 세계의 나머지 지역과 마찬가지로 동유럽 에도 민족주의의 선험적 논리는 전혀 존재하지 않는다. 오히려 민족주의 는, 옛 '공산주의' 정권들에 의해 실행되고 또 재생산됨으로 해서 지금과 같은 잠재력을 갖게 되었다고 해야 할 것이다. 이 정권들이 민족주의를 낳는 구조적 조건들과 대결하는 데 실패했다는— 부정적— 의미에서 도 그러하며 그들의 정책들이 민족주의에 의해 추동되고 그들이 자신들 의 목적을 달성하기 위해 민족주의 이데올로기를, 그리고 반유태주의와 같은 불쾌한 이데올로기들을 사용하려 했다는— 긍정적— 의미에서도 그러하다.

이것의 가장 근본적인 측면은, '일국에서의 사회주의'라는 발전의 이 데올로기가 객관적으로 볼 때 민족주의적이었고 민족적 지배계급의 이 해관계의 표현이었다는 점이다. 또 발전을 규정한 경쟁 드라이브도 나라 들 사이의 지역적·'민족적' 차이를 제거하는 방향으로 향해질 수 있었

---

106) *Guardian*, 1990년 12월 30일.

던 실질적 노력을 제한했다. 이런 식으로 '지역적' 발전의 정책들은 서방에 있는 그들의 경쟁자들이 직면했던 어려움들과 똑같은 어려움을 겪었다. 지역적·민족적 불평등을 완화하는 것은 가능하지만 그것을 실제로 제거하는 것은 불가능하다. 왜냐하면 그러한 불균등 발전은, 자원이 최대 수익을 산출하는 부문들 및 목적들에 할당되어야만 하는 경쟁적 세계경제의 논리에 내재적인 것이기 때문이다.

동유럽 체제가 호황을 누리고 있는 한 민족주의는 뒷전에 물러나 있을 수 있었다. 하지만 어려움이 닥쳐올 때면 언제나 고위층 사람들은 그것에 쉽게 의지하곤 했다. 몇몇 나라들에서 민족주의는 이런 수준을 넘어섰다. 예컨대 폴란드에서는 반대파를 진압하기 위해 '도구적 반유태주의'가 사용되었다. 루마니아의 차우체스쿠는 (블라드 더 임팔러라는 영웅을 만들어 내기도 하면서) 루마니아인의 과거와 현재에 대한 자신의 관점을 높이 치켜세웠고 이를 가지고 집시의 형태나 헝가리 소수 민족의 형태로 존재하는 '내부의 적들'을 제압했다. 그러나 민족주의는 아래로부터 형성되기도 한다. 즉 불균등 발전이 존재하고 명확한 대안적 설명이 존재하지 않을 때 이에 대한 해답을 찾고 있던 대중들은 때때로 기존의 관념들 속에서 그 대답을 찾곤 한다.

동유럽의 민족주의는 지난날 언제나 구질서에 의해 양성되고 재생산된 형태로 존재했기 때문에 그것이 오늘날, 이전의 공산당 당원들에 의해 가장 강렬하게 표현되면서, 동유럽 정치판의 상당 부분에 매우 강력한 힘으로 작용하게 된 까닭을 이해하는 것은 상대적으로 쉬운 일이다. 이 민족주의는 공백을 파고들어 한 나라에 다른 나라를 맞세우면서, 이 나라들을 지도부가 찬양하는 서방의 '민족적 모델들' 쪽으로 끌어당긴다. 더욱 혼란스러운 것은 상당수의 소수 민족들이 존재하는 곳에서는 이것이 국내정치를 압도하고 있다는 것이다. 예컨대 많은 사람들이 가장 안정된 나라들 중의 하나라고 상상했던 체코슬로바키아에서는, 공황의 불균등한 충격이 체코와 슬로바키아 지역의 불균등 발전이라는 생각을 해당 지역 사람들에게 불러일으키고 있고 이것이 지금은 자신의 유권자를 늘리기 위해 민족주의를 사용하고 있는 정치가들에 의해 이용되고 있다.

이행이 시작된 지 2년째 되는 해에 바츨라프 하벨은 '왜 우리의 정치적 분위기는 악선동에 의해, 정치적·민족적·인종적 불관용에 의해 이토록 체계적으로 오염되어 있는가?'[107)라는 애처로운 질문을 제기한 바 있다. 이 질문에 대한 해답은 다름 아니라 체코슬로바키아에, 아니 더 나아가 동유럽 전반에 존재했던 착취와 억압의 불균등성의 연속 속에 존재한다.

종교가 갖는 모순적 힘도 똑같은 방식으로 설명될 수 있다. 과거의 정권들이 계급사회에 뿌리를 두고 있었다는 사실은, 그것들이 대중들로 하여금 희망과 구원을 찾아 교회로 향하도록 강요하는 사회적 힘들을 결코 제거할 수 없었다는 것을 의미한다. 반대로, 종교적 관례를 억압하려는 시도를 얼마간 해 본 뒤에 정권들은, 자신들이 안정을 유지하도록 돕는 유익한 동맹자인 이들 각종의 민족적 교회들과 묵시적 '협정'을 체결하는 방향으로 이동했다. 기회주의자들과 공식 교회들은 협상을 통해 제한된 자유의 영역을 획득할 기회를 놓치지 않았다. 그런데 교회가 제한된 자유의 영역을 획득했다는 바로 이 점 때문에 교회는 반대파가 사용할 수 있었던 중심적 장소가 되었다. 이러한 양상은 낯익은 것이며 동유럽에 국한된 것만도 아니다. 이러한 양상은 라틴 아메리카나 남아프리카에서도 찾아 볼 수 있다. 동방 블록에서 이러한 양상은 폴란드에서 가장 뚜렷했는데 이곳에서는 카톨릭 교회가 정권과 연대노조 사이에서 불안한 균형을 유지하면서 '양다리를 걸치고' 있었다. 오랫동안 사회민주주의적 반대파 활동을 해 온 말년의 얀 죠셉 립스키(Jan-Josef Lipski)가 죽기 전에 간략하게 표현했듯이, 지금 '교회는 과거에 연대노조를 지지해 주었던 것에 대한 청구서를 제출하고 있다.'[108)

그 청구서는 어떤 합의 각서도 기재되어 있지 않은 것이다. 폴란드에서는 교회도 1989년의 격정의 시기 이래 상당한 지지 상실을 겪었다. 그러나 그것은 아직도 학교에서의 종교 교육, 낙태 금지, 전통적이고 보수적이며 민족적인 가치에 대한 일반적인 헌신 등의 형태로 대가(對價) 지

---

107) *Guardian*, 1990년 11월 19일.
108) I. Ramonet, 앞의 책, p. 9에서 인용.

불을 요구하고 있다. 더구나 쇠퇴의 와중에서도 폴란드 교회는 상당히 드센 소수파의 지지를 불러일으키는 강력한 민족적 상징으로 남아 있다. 그리고 좌익에 있는 교회 반대자들은 지지를 잃는 것을 두려워하여 카톨릭 교회에 공공연히 도전하는 것을 꺼리고 있다. 그러나 바로 그렇기 때문에 그러한 계산된 '선거주의'는 자신이 두려워하던 바로 그것을 초래하는 것으로 끝나고 만다. 논쟁을 회피하고 도전을 거부함으로 해서 주도권은 '중앙선'을 보다 우익으로 밀어젖히고 있는 사람들에게 돌아가게 되는 것이다.

이리하여 민족주의와 종교의 혼합물이 현실의 어려움을 자신의 연료로 이용하게 된다. 그러나 그들이 겨냥하는 것은 문제들의 실제적 원인을 빗나가며 그들의 해결책은 해결책이 아니게 된다. 이것은 반유태주의의 광범위한 발전 속에서 가장 분명히 드러난다.

반유태주의의 성공이 유태인에게 의존하지 않는다는 사실은 말할 필요조차 없다. 두 대전 사이의 전간기(戰間期) 독일에서 유태인은 인구의 1퍼센트도 되지 않았다. 문제를 규정한 것이 유태인이었던 것이 아니고 문제가 유태인을 규정했던 것이다. 이 점은, 19세기말 비엔나의 지도적인 반유태주의적 시장(市長)이었으며 유태인의 '좀먹듯이 사회를 파먹어 가는 역할'에 대해 공격의 화살을 퍼부었던, 칼 루에거(Karl Lueger)에 의해 잘 표현되고 있다. 유태인의 정의가 무엇이냐는 질문을 받았을 때 루에거는, 자신은 누가 유태인이고 누가 유태인이 아닌가만을 정의할 뿐이라고 간단히 응답했다. 바로 이것이 히틀러가 취했던 바로 그 관점이다.

오늘날 동유럽에서 우리는 이와 비슷한 과정이 진행중인 것을 볼 수 있다. 예컨대 폴란드에서 레흐 바웬사는 자신의 인민주의적 민족주의의 자연스런 어휘 속에서 반유태주의의 기미를 발견하였다. 그는 적어도 '세대를 거슬러 올라가는 100퍼센트 순종 폴란드인'인 것이다. 바르샤바 봉기와 연대노조를 이끈 베테랑이었던 마렉 에딜민(Marck Edelman)은 그것을 이렇게 표현한다. '바웬사는 반유태주의자는 아니다. 그는 인민주의자다. 그러나 그는 사람들로 하여금 반유태주의의 외침을 멈추라고 말

260

하지는 않는다.'109) 마조비에츠키(Mazowiecki) 정부가 패배한 이유들 중에서 상대적으로 덜 주목받고 있는 이유 중의 하나는—다른 이유들에 대해서는 눈물을 흘려야 할 까닭이 없다—바로 그가 유태인이었고 '유태인 좌파들'에 둘러싸여 있었다는 점이었다. 사실 히틀러는 폴란드에 남아 있는 유태인은 극소수에 불과하다는 사실을 이미 알고 있었다. 1차 대전 이전에 3백만 내지 4백만이 있었음에 반해 그때에는 4천 명 정도에 불과했던 것이다. 그러나 이런 사실은 중요한 것이 아니었다. 그리고 1차 대전 전에 80만 명의 유태인이 있었으나 이제 단지 18,000명만이 남아 있는 루마니아에서도 이 사실은 과거에도 중요한 것이 아니었고 지금도 중요한 것이 아니다. 그럼에도 불구하고, 한때는 지도적인 차우체스쿠 지지자였고 지금은 악성 민족주의 프로그램과 반유태주의 정치 프로그램을 책임 맡고 있는 코르네이유 바딤 튜더(Cornelieu Vadim Tudor)에게는, '의회와 정부에 유태인들이 넘쳐흐르고'110) 있는 것으로 보이는 것이다.

그러나 낙관의 근거는 아직도 남아 있다. 민족주의와 그 일가붙이들이 위기를 이용하고 있음에도 불구하고 그들이 고속으로 전진하려면 아직도 멀었다. 그리고 이것은 저지될 수 있는 것이다. 이것은, 1991년에 민족주의와 그 일가붙이들에 의해 완전히 장악된 것으로 보였던, 유고슬라비아가 남겨 주는 역설적 교훈이다. 지난 10년간은 산업갈등 속에서 극적으로 표현되었던 아래로부터의 점증하는 반대와 그 불만을 민족주의적 통로로 전환시키려 한 상층부의 시도 사이의 경합을 반영하고 있다고 보는 것은 일리있는 일이다. 여기까지 나아 오는 데에만도 오랜 시간이 걸렸다. 지금 상층부 사람들의 권력은 자주 도전에 직면하고 있다. 우리는, 1991년에 유혈사태 속으로 빠져 들어간 유고슬라비아가 바로 그해 초에 갈등을 야기할 수밖에 없던 정책들에 맞서 저항하는 거대한 파업들, 시위들, 그리고 의회의 개입 등이 있었던 바로 그 유고슬라비아라

---

109) *Guardian*, 1990년 11월 19일.
110) *Guardian*, 1991년 8월 15일.

는 사실을 상기해야만 한다. 문제는 다음과 같은 곳, 즉 구정권의 착취적이고 억압적인 정체를 폭로하고, 잘못된 해결책에 맞서 싸울 수 있을 만큼 명확한 정치학을 갖고 있고 규모가 큰 좌익 정치조직이 창출되지 못했다는 데 있었다. 동유럽에는 그같은 실수를 피할 수 있는 기회와 필연성이 여전히 존재한다.

큰 과제들, 작은 시작들

우리는 동유럽에서 발생한 경제적·정치적 위기의 규모에 대해, 그리고 진정한 대안을 건설함에 있어 이 위기가 제기하는 문제들의 규모에 대해 어떠한 환상도 가져서는 안된다. 1989년 이전에 존재했던 반체제 운동들은 언제나 용감했지만 수적으로 취약했다. 그들이 고립되어 있었기 때문에 그들은 서로를 지원하도록 강제되었고 이것은 정치적 차이점을 분명히 드러내는 것을 억제하였다. 또 이들이 어딘가에서 지지를 찾아 나서게 됨에 따라 서방 사람들이 이들에게 영향을 미치기가 한결 쉬워졌다. 부분적으로는 바로 이들의 용감한 노력의 결과로 공개적 조직화가 가능하게 되자, 운동은 완전히 분열되었다. 그들 중의 일부는 새로 들어선 정권 속으로 흡수되었다. 그리고 다른 일부의 사람들은 지난날과 마찬가지로 오늘날에도 주변화된 채 남아 있다. 지난날 암묵적으로 구정권을 지지했었으나 지금은 새로운 정권 속에서 잘 살아 보려는 심산으로 기회를 잡으려 하고 있는 사람들에 의해 밀려난 것이다.

이러한 상황 속에서 동유럽의 실질적인 사회주의 전통은, 19세기에 사회주의자들이 자신들의 운동을 시작했던 것과 동일한 방식으로 현장에서 한두 사람씩 모여 토론을 하는 사람들에 의해 아래로부터 다시 건설되고 있다. 이런 상황에서 지름길을 찾는 것은 쉽다. 하지만 그런 사람들이 자신의 목적을 달성하는 것은 불가능하다. 과거의 정권들은 주민들을 통치자들의 필요에 종속시켰다. 그들은 세계의 나머지 부분과 더 잘 경쟁하기 위해 노동자계급의 희생을 바탕으로 하여 축적의 속도를 높였다. 오늘날에도 형태는 변하고 있지만 동일한 논리가 지배하고 있다. 과거와의 차이는, 이제 대중들이 자신들의 주장을 펼칠 수 있고 체포의 공포 없이 아무리 작은 형식으로라도 사람들을 공공연히 조직할 수 있게 된 데에 있다.

바로 이것이야말로 1989년의 위대한 진보였으며 대중에 의해 창조된 광장이었다. 이 광장 속에는 이제, 낡은 질서나 새로운 질서에 맞서 노동자들의 이익을 방어할 하나의 대안 질서를 구축할 가능성이 열려 있다. 동유럽의 진정한 사회주의의 미래뿐만 아니라 저 민주적 광장이 얼마나 오래 지속될 것인가 하는 문제도 이 작은 시작의 성공 여부에 달려 있다. 서방에서와 마찬가지로 이곳에서도, 작업장에 기초하고 있고 강력한 노조에 뿌리를 박고 있는 활력있고 독립적인 좌익 노동자계급 운동이야말로, 노동자들의 당면한 이익을 방어하기 위해 효과적인 싸움을 전개할 유일한 기초이며, 나아가 대안적 해결책을 받아들일 준비가 된 지배계급 일부에게까지 이 민주적 광장을 열어 놓을 수 있는 유일한 기초이다. 동과 서를 변화시킬 현실적 전망을 제시하는 운동들은 바로 이같은 방어의 토대 위에 건설되어야 한다.

찾 아 보 기